KNAUR.LEBEN

Jen Cownie | Fiona Lensvelt

MODERNES TAROT

Was die Symbolik der Karten über
dich und dein Leben verrät

Aus dem Englischen
von Christa Broermann

KNAUR.LEBEN

Die Originalausgabe erschien 2022 unter dem Titel *Wild Card* bei Bluebird.

Besuchen Sie uns im Internet:
www.knaur-leben.de

Deutsche Erstausgabe Mai 2023
Knaur.Leben Taschenbuch

First published 2022 by Bluebird, an imprint of Pan Macmillan, a division of Macmillan Publishers International Limited

Redaktion: Werner Wahls
Covergestaltung: Isabella Materne
Coverabbildung: venimo, nontthepcool/Shutterstock.com
Illustrationen: Mel Four
Satz und Layout: Adobe InDesign im Verlag
Printed in Germany
ISBN 978-3-426-87944-3

Kontaktadresse nach EU-Produktsicherheitsverordnung:
produktsicherheit@droemer-knaur.de

2 4 5 3

Inhalt

The Lovers

I was always afraid
of the next card

the psychic would turn
over for us –

Forgive me
for not knowing
how we were

every card in the deck.

Timothy Liu
Aus: *Don't Go Back To Sleep*
(Saturnalia Books 2014)

Die Liebenden

Ich hatte immer Angst
vor der nächsten Karte,

die das Medium für uns
umdrehen würde –

verzeih mir,
dass ich nicht wusste
wir waren ja

jede Karte im Spiel.

Kapitel 1

Hallo Freundin, hallo Freund …

Was empfindest du, wenn du an Tarotkarten denkst? Falls du Angst bekommst: Brauchst du nicht. Falls du neugierig wirst: Schon besser. Der Schein dieser Karten trügt. Wahrscheinlich entsprechen sie überhaupt nicht dem, was man dir erzählt hat – sie prophezeien in Wirklichkeit kein Unheil und verheißen auch keine glanzvolle Zukunft. Aber sie sind auf ihre ganz eigene Weise magisch im Kleinen. Jede von ihnen erzählt eine Geschichte: Dreh eine Karte um, und sie kann dich in die Vergangenheit versetzen, ein Licht auf die Gegenwart werfen oder Fragen an die Zukunft stellen. Sie kann dir helfen, dem Flüstern deines Unbewussten zu lauschen, oder als Linse dienen, durch die du noch einmal genauer auf die Erfahrungen blicken kannst, die dich zu dem gemacht haben, was du bist. Jede Karte im Tarot ist ein Stellvertretersymbol, ein Tor zum Unerwarteten. Jedes Mal, wenn du Karten ziehst, eröffnest du dir Möglichkeiten. Was wird erscheinen, und was wirst du darin sehen? Welche Lehren kannst du aus ihnen ziehen? Welche Aspekte deiner selbst könnten sie dir offenbaren?

Das Tarot ist schon sehr alt. Die frühesten erhaltenen Kartensätze stammen aus der Mitte des 15. Jahrhunderts, und wahrscheinlich waren die allerersten Decks, die man herstellte und nutzte, sogar noch älter. Ursprünglich war

Tarot ein Spiel (und ist es unter dem Namen Tarock in manchen Kulturen noch heute), und in der Standardform unterscheidet sich seine Struktur kaum von der anderer, gewöhnlicher Kartenspiele. Es hat vier Sätze, vom Ass bis zur Zehn, mit Hofkarten für König, Königin und ihr Gefolge, dazu 22 Trumpfkarten – das sind die berühmten, von denen du wahrscheinlich schon einmal gehört hast, auch wenn du noch nie Tarotkarten in der Hand hattest. Das eigentlich Besondere an diesen Tarotkarten ist aber, dass im Laufe der mehr als 600 Jahre, die es sie schon gibt, jede dieser 78 Karten mit Sinn und symbolischer Bedeutung aufgeladen wurde. Jede von ihnen steckt voller Geheimnisse, Geschichten und Fragen.

Breite die Karten vor dir aus, und du wirst mythische Bilder finden, die dich in eine Welt von Königen und Königinnen hineinziehen, von Gehängten und Magiern, Sternenhimmeln, Kronen aus Mondsicheln, Teufeln in Ketten und Frauen, die Löwen zähmen. Diese Karten sind »wild«, und zwar nicht nur in dem Sinn, dass sie Überraschungen bieten und Unerwartetem die Tür öffnen, sondern auch in dem Sinn, dass sie immer noch ungezähmt sind. Tarot ist etwas, das wächst und sich verändert. Es gibt unzählige, verschieden gestaltete Kartendecks und so viele subtile Deutungsnuancen für jede dieser Karten, wie es Menschen gibt, die sie auslegen. Diese Karten enthalten eine ganze Enzyklopädie von Erfahrungen und Emotionen, Archetypen und Narrativen, die jedem Menschen begegnen können und die jeder auf den Prüfstand stellen kann – sei es, indem er sie annimmt, infrage stellt oder eine neue Linse findet, durch die er sie betrachten und verstehen kann.

In ihrem Buch *Storming the Gates of Paradise* schreibt Rebecca Solnit: »Die Sterne sind uns gegeben. Die Konstellationen machen wir selbst. Das heißt, die Sterne existieren im Kosmos, aber die Konstellationen sind die imaginären Linien, die wir zwischen ihnen ziehen, unsere Deutungen des Himmels, die Geschichten, die wir erzählen.« Genauso kannst du dir das Tarot vorstellen: Es gibt einen festgelegten Grundstock von Bedeutungen für die gängigen Tarotkarten, aber was den Umgang mit ihnen so lohnend macht, ist der Tanz der Muster dieser Karten, die Assoziationen, die sie bei unterschiedlichen Menschen auslösen, und die einzigartigen Verbindungen, die sie im Geist eines jeden Einzelnen schaffen.

Das Tarot in der uns heute bekannten Form wurde zu Beginn des 20. Jahrhunderts von einer Gesellschaft namens *Hermetic Order of The Golden Dawn* (Hermetischer Orden der Goldenen Dämmerung) kodifiziert – was für ein Name, nicht wahr? Aus dieser Vereinigung, zu deren Mitgliedern auch W. B. Yeats zählte, ging auch das bekannteste Tarotdeck, das *Rider Waite Smith Tarot* (RWS) hervor. Auf ihm beruhen fast alle modernen Versionen. Manchmal nennt man es einfach das Rider-Waite-Deck, nach dem Rider-Verlag, der es herausbrachte, und dem Urheber der Konzeption, Arthur Waite, aber wir bevorzugen entschieden den Namen, der den äußerst wichtigen – für manche sogar entscheidenden – Beitrag der Künstlerin würdigt, die die Karten gemalt hat: Pamela Colman Smith. Die Bilder und die Bedeutungen dieses Decks sind häufig der Ausgangspunkt einer Tarotdeutung, aber sie sind bei Weitem noch nicht alles. Wir werden dich nicht nur mit der geläufigen Ikonographie und Interpretation des RWS bekannt machen, sondern dir auch helfen, auf eigene Faust mit dem Tarot umzugehen, unabhängig von der Version der Karten, die du für deine Auslegung wählst.

Gar nichts werden wir dagegen über die Praxis der divinatorischen Deutung sagen, weil wir ganz einfach nichts darüber wissen und die Karten auch nicht in dieser Weise nutzen. Tarot auch ohne hellseherische Fähigkeiten zu deuten, nimmt ihm nichts von seiner Kraft. Für uns liegt der Zauber dieser Karten nicht im Wahrsagen, sondern im Geschichtenerzählen. Die Deutung der Tarotkarten hat uns und denen, für die wir sie legen, neue Perspektiven für den Umgang mit verschiedenen Bereichen unseres Lebens und uns selbst eröffnet. Sie können helfen, Orten, Gefühlen und Handlungen in einer oft chaotischen Welt Sinn zu verleihen. Manchmal bieten sie uns die Chance, uns für Themen zu öffnen, die sonst vielleicht nicht angesprochen würden, und zwar auf eine Weise, die sonst nicht gewählt würde. Die Karten liefern keine Ja-Nein-Antworten, aber sie können Verständnis ermöglichen, zu Gesprächen anregen, Menschen auf neue Wege führen und manchmal einfach nur Raum bieten, die eher schwierigen Gefühle und Momente des Lebens anzuerkennen.

Tarot wurde lange mit verschiedenen mystischen, religiösen und okkulten Praktiken assoziiert, von Astrologie bis Wicca – aber das ist nicht zwangsläufig ein Gesamtpaket. Wenn man sich einen Punkt herausgreift, unterschreibt man nicht automatisch alles andere mit. In unserer Ausbildung zum Tarotlesen bekamen wir auch eine Einführung in die Arbeit mit Magie und sollten im Rahmen einer Gruppe entsprechende Rituale vollziehen. Es war faszinierend, ein bisschen unheimlich … und definitiv nichts für uns. Wir wissen nichts Hilfreiches über Kristalle, können dein Sternzeichen nicht erraten und haben nie eine Astralreise gemacht (bekennen uns allerdings beide zu einem ungewöhnlich starken Interesse am Mond). Tarotdeutung überschneidet sich mit vielen verschiedenen Disziplinen, Kunstfertigkeiten und Glaubenssystemen. Diese Überschneidungen können wertvoll und bereichernd sein, aber sie sind nicht obligatorisch – und wenn du dir eine zusätzliche Praxis aneignen möchtest, ist es am besten, dich erst einmal von einem geeigneten Lehrer unterweisen zu lassen. Aber die Wahrheit ist, dass die Karten keiner einzelnen Gruppierung gehören und dass es nicht nur eine Möglichkeit gibt, sie zu nutzen. Jeder kann Tarotkarten deuten, und jeder sollte sich auch so frei fühlen, das zu tun.

Für uns ist die stärkste Verbindung nicht die zwischen den Karten und der Magie, sondern die zwischen dem Tarot und der Tradition der mündlichen Überlieferung von Geschichten: Märchen und Folklore, Mythen und Legenden. Jahrtausendelang haben Menschen auf der ganzen Welt versucht, ihr Schicksal dadurch zu begreifen, dass sie uralte Erzählungen und Geschichten in ihre Betrachtung mit einbezogen, die viel mehr umfassen als ein einzelnes Menschenleben. Das geschriebene Wort war sehr lange Zeit einer Elite vorbehalten, und selbst das Konzept der Autorschaft gibt es erst seit relativ Kurzem, sodass es nur einen kleinen Teil der Menschheitsgeschichte umfasst. Geschichten durften sich früher frei bewegen, wurden von einem Erzähler zum nächsten weitergereicht und an neue Umgebungen und wechselnde Umstände angepasst. Selbst diejenigen, die aussehen, als besäßen sie eine festgelegte Form – Märchen, die Charles Perrault oder die Brüder Grimm gesammelt und aufgezeichnet haben, oder die klassischen Mythen, wie sie uns Ovid oder Homer erzählen –, geben in Wahrheit nur einen Eindruck der Geschichte wieder, die eine einzelne Person in einem bestimmten Moment innerhalb einer Kultur erzählt hat. Diese Geschichten gibt es auch in Myriaden von anderen Versionen und Erzählformen, alten und neuen, die aus unterschiedlichen Köpfen, Gemeinschaften und Kontexten hervorgegangen sind – und sie sind nicht weniger wichtig oder bedeutsam, weil sie nicht in der Schule gelehrt wurden. Die langlebigsten Geschichten, diejenigen, die wir alle kennen, kann man weder besitzen noch zähmen. Sie haben immer Wege gefunden, neue Ranken sprießen zu lassen und eine neue Gestalt anzunehmen, wenn die Welt um sie herum sich verändert hat.

Beim Tarot ist es genauso wie bei diesen alten, ewig jungen Geschichten. Es besteht aus Archetypen und vertrauten Narrativen, die über Jahrhunderte hinweg von Tausenden von Stimmen geformt und wieder umgeformt wurden, und die ständig reicher und schöner werden, indem sie neue Bedeutungsebenen dazugewinnen. Es gibt nicht die eine Lesart – kein Richtig oder Falsch –, sondern nur ein kollektives Verständnis ihrer Symbolik, zu dem wir alle unsere eigenen Nuancen und unsere eigenen Interpretationen beisteuern dürfen.

Angela Carter schrieb in der Einleitung zu ihrer Märchensammlung[1], diese Erzählungen zeigten »die außerordentliche Fülle und Vielfalt der Reaktionen auf das gleiche, geteilte Los – lebendig zu sein.« Damit hätte sie ebenso gut über das Tarot schreiben können: Ein Kartenspiel, das irgendwie all die merkwürdigen, wunderbaren, traurigen und köstlichen Dinge des Lebens in sich trägt – und in dem immer noch Raum für neue Entdeckungen ist. Das Tarot kann dir helfen, das, was du erlebst, in einen größeren Kontext zu stellen, es kann dir helfen, dich weniger allein zu fühlen, und es kann dir helfen, Zugang zu Weisheit und Ratschlägen zu bekommen, die durch die Jahrhunderte menschlicher Erfahrung hindurch wertvoll und gültig geblieben sind.

Wenn wir die Karten für andere Menschen deuten,

sagen wir ihnen, dass es keine Karte gibt, die sich nicht in irgendeiner Weise vertraut anfühlt. Du bist in jeder Karte des Spiels, und jede Karte des Spiels steckt auch in dir. Das Tarot bietet dir eine Chance, von deinem Leben zurückzutreten und es nicht als eine zusammenhanglose Folge von Momenten und Erfahrungen zu betrachten, sondern als eine durchgängige Geschichte. Und das kann sehr stärkend sein: Wenn du dein Leben als eine Erzählung ansiehst, mit Bogen und Mustern und wiederkehrenden Figuren, dann erkennst du, dass du vielleicht in Wahrheit mehr Kontrolle darüber hast, als dir bisher bewusst war. Du kannst nicht immer bestimmen, was dir zustößt, und es schon gar nicht vorhersehen, aber du kannst auf jeden Fall darüber nachdenken, wie du darauf reagieren willst und wie es dein Selbstgefühl formen soll. Ganz wie Joan Didion in *Das weiße Album* geschrieben hat: »Wir erzählen uns Geschichten, um zu leben.«[2]

Im Kern ist das Tarot ein Hilfsmittel zum Geschichtenerzählen, ein Weg, eine Frage oder eine Erfahrung durch Symbole und Archetypen zu formulieren. Die Geschichten sind alle bekannt, und das Tarot hilft, die Lehren und das kollektive Wissen zu offenbaren, das in einer jeden von ihnen steckt. Es ist zeitlos, alterslos und fließend. Mit diesem Buch möchten wir dir einen Einstieg anbieten und dir zeigen, was diese Karten mit dir und deinem Lebensweg zu tun haben könnten, ganz gleich, wie speziell oder schwierig deine Geschichte gewesen sein mag. Wir werden darlegen, welcher Sinn den einzelnen Karten üblicherweise zugeschrieben wird, ihre Bedeutung erklären und die Fragen erläutern, die sie am häufigsten an jemanden richten, der sie deutet. Außerdem werden wir euch an einigen persönlichen Assoziationen und Geschichten teilhaben lassen, die uns dabei einfallen – gerade so, als säßen wir mit einem Kartendeck vor dir. Und genauso, wie wir das in diesem Szenario tun würden, laden wir dich ein, auf dem Weg auch über deine eigenen Interpretationen nachzudenken.

Karten zu ziehen und den Mustern nachzugehen, die sie bilden, kann zum Ausgangspunkt eines Gesprächs werden. Es ist eine Gelegenheit zu Selbstreflexion und Selbsterkenntnis und vielleicht auch eine Möglichkeit, deine eigene Geschichte zu verstehen. Hab keine Angst, auf das zu hören, was sich dir eröffnet, wenn du die Karten näher kennenlernst und anfängst, die potenziell Millionen von verschiedenen Kombinationen und Anordnungen zu sehen, die auftreten können, wenn du sie wiederholt ziehst. Notiere dir, woran die Muster dich erinnern und was du sonst noch in ihnen siehst. Genau das heißt es im Kern, das Tarot zu lesen.

Schließlich wird dir aufgefallen sein, dass wir hier zu zweit am Werk sind. Manchmal wird die eine Stimme »ich« sagen, manchmal die andere, und manchmal sprechen wir gemeinsam, wie jetzt gerade. An manchen Stellen wirst du herausfinden können, wessen Geschichte du liest, an vielen anderen nicht. Im Hinblick auf das, was wir dir gerade über die essenzielle Natur des Tarot erläutert haben – seine Vielfalt und Komplexität, die Tatsache, dass es aus einer Tradition entstanden ist, in der viele Stimmen im Chor sprechen und durch die Jahrhunderte hallen –, hoffen wir, dass du uns diese Eigenheit verzeihst. Und wir hoffen, dass du mit der Zeit den Wunsch entwickelst, deine eigene Stimme hinzuzufügen und diese Geschichten auf deine eigene Art zu erzählen.

Kapitel 2

Die Geheimnisse des Tarots

Zu unseren Lieblingsmerkmalen des Tarots gehört, dass es voller Überraschungen steckt. Wie lange du es auch praktizieren magst, es gibt immer noch Neues dazuzulernen, weitere Geschichten zu entdecken, andere Möglichkeiten, die Karten zu interpretieren. Es ist ein Spiel ohne Ende, ein Gespräch, das nie langweilig wird. Tarot lässt sich nicht leicht in eine Schublade stecken – es entzieht sich einer Festlegung, jeder benutzt es auf seine ganz eigene Weise. Das ist wunderbar … macht es aber auch schwer, zu lernen, wie man die Karten benutzt, wo sie ihre Grenzen haben und wie eine ethische Tarot-Praxis aussehen könnte.

Bevor wir dir also die Karten selbst vorstellen, möchten wir einige der Fragen beantworten, die uns immer wieder zum Tarot gestellt werden – und auf die wir auch gerne selbst eine Antwort bekommen hätten, als wir noch Anfänger waren.

1. Kann ich mit Tarot die Zukunft vorhersagen?

Das ist die Frage, die wir am allerhäufigsten zu hören bekommen. Und die unbefriedigende Antwort darauf lautet, dass du das ein Stück weit selbst entscheiden musst – Jen sagt den Fragestellern immer, dass sie keine Vorhersagen macht; Fiona ist eher offen dafür, je nach Situation. Einig sind wir uns beide darüber, dass ein Vorhersagen der Zukunft mit dem Tarot keine Wahrsagung im traditionellen Sinn ist: Es geht nicht darum, schon vorab mal einen verstohlenen Blick auf Künftiges zu erhaschen. Vielmehr ist eine Zukunftsdeutung mithilfe des Tarots eher etwas Psychologisches als etwas Übersinnliches.

Der Tiefenpsychologe Carl Gustav Jung hat gesagt, wir könnten die Zukunft dann vorhersagen, wenn wir wüssten, wie sich der gegenwärtige Moment aus der Vergangenheit entwickelt hat. Oft schauen wir – sei es im persönlichen Leben, bei der Arbeit oder in der Science Fiction – in die Kristallkugel und stecken unsere ganze Energie in den Versuch, vorherzusagen, was sich in Zukunft so verändern und wandeln wird, dass es für uns nicht wiederzuerkennen ist. Dabei vergessen wir, dass die Zukunft immer das Ergebnis der Vergangenheit ist, und dass sich zwar manche Dinge verändern mögen, viele aber auch gleich bleiben. Es gibt langfristig gültige Wahrheiten, Bedürfnisse, Erfahrungen und Entwicklungsverläufe – sonst würde natürlich niemand ein jahrhundertealtes Hilfsmittel zum Wahrsagen nützlich finden.

Anders gesagt: Wenn man Tarotkarten legt, um vorherzusagen, was künftig geschehen wird, heißt das in Wahrheit, dass man das extrapoliert, was in der Gegenwart vor sich geht. Wenn sich jemand auf eine bestimmte Weise verhält oder eine bestimmte Einstellung hat, dann können ihm über buchstäblich Jahrtausende gesammelte, ähnliche Geschichten eine ziemlich genaue Vorstellung davon geben, was als Nächstes geschehen wird – oder was er tun könnte, um den Kurs zu verändern. Auf den Teppich geholt und von der Assoziation der Wahrsagerei befreit, ist eine gute Tarotdeutung ein Weg, die Gegenwart noch einmal neu zu beleuchten, von der Vergangenheit zu erzählen und die Zukunft zu diskutieren. Nicht wer die Tarotkarten liest, hat die Kontrolle, und auch nicht die Karten, sondern die fragende Person.

2. *Wird mir das Tarot sagen, was ich tun soll?*

Es wäre wunderbar und natürlich äußerst praktisch, wenn ein Kartendeck verborgene Wahrheiten offenbaren, künftige Partner oder Partnerinnen ausfindig machen, vielleicht ein wenig zwanglose Kommunikation mit Verstorbenen ermöglichen und uns die Lottogewinnzahlen für nächste Woche verraten könnte. Wenn du dich vor den Pfeilen des Schicksals duckst, sei es wegen einer Herzensangelegenheit oder ganz allgemein wegen der bangen Frage, was du mit deinem Leben anfangen sollst, könnte es nichts Beruhigenderes geben als ein Zeichen des Universums, dass du auf dem richtigen Weg bist. Es wäre schön, eine Bestätigung zu bekommen, dass jegliche Schwierigkeit, vor der du stehst – ob du zu deinem hundertsten suboptimalen Date gehen sollst, ob du den Job wechseln sollst oder dahinterkommen willst, warum es bei dir irgendwie nie so zu laufen scheint wie bei anderen –, einem höheren Zweck dient. (Das wird doch um Gottes willen so sein!)

Betrüblicherweise gibt das Tarot keine direkten Antworten. Tatsächlich beantwortet es Fragen meistens mit weiteren Fragen. Manchmal beantwortet es Fragen sogar mit Rätseln (danke, Tarot). Aber es ist auch nicht so, dass es dir *keine* Lösungen bietet. Damit meinen wir, dass das Tarot keine passive Übung ist, sondern eine aktive. Es zeigt dir Möglichkeiten, Dinge vielleicht anders zu sehen. Es könnte einen Vorschlag machen, wie du ein Problem angehen kannst. Es kann dich zum Nachdenken darüber anregen, was genau du denn machst, dass es bei dir nicht funktioniert. Es kann dich auffordern, dich mit etwas auseinanderzusetzen, das dir Sorgen gemacht hat, vor dem du aber die Augen verschlossen und den Kopf in den Sand gesteckt hast. Es könnte etwas sagen, das dir zutiefst gegen den Strich geht. Oder es könnte dir helfen, mit mehr Vertrauen deinem Instinkt zu folgen.

Wenn du detaillierte Anweisungen dazu erwartest, was du mit deinem Leben anfangen sollst, wirst du enttäuscht werden. Die Karten sind Symbole, keine Wegweiser – und, ehrlich gesagt, gibt es höchstwahrscheinlich schon mehr als genug Menschen, Bücher und unsichtbare Kräfte, die versuchen, deine Entscheidungen zu beeinflussen. Doch wenn du nach neuen Perspektiven und Hinweisen Ausschau hältst, die dir helfen, dein eigenes Handeln, deine Überzeugungen und Verhaltensweisen zu reflektieren, dann bist du bei diesen Karten richtig.

3. *Kann ich mit den Karten einen Blick in das Leben eines anderen Menschen werfen?*

Deute sie für dich selbst, deute sie für andere, deute sie für zwei Menschen und ihre Beziehung zueinander, wenn du willst. Ziehe eine Karte, die dir helfen soll, deine Gefühle in Bezug auf einen anderen Menschen zu verstehen, selbst wenn du ihn jahrelang nicht gesehen hast – oder ziehe zehn Karten als Hilfsmittel, um deine Gefühle für zehn andere Menschen auseinanderzudividieren. Der zentrale Punkt dabei ist: Es sind *deine* Gefühle.

Tarotkarten für jemanden zu legen, der nicht da ist und nicht mit dir darüber sprechen kann, ist ein bisschen merkwürdig und wird dir – ganz ehrlich – auch nicht viel an nützlichen Erkenntnissen einbringen. Es wird dir nichts über die Perspektive des oder der anderen sagen; es wäre lediglich eine Übung in Projektion, und das ist niemals etwas Gesundes.

Kurz gesagt, es gibt keinen festgeschriebenen ethischen Code für Tarot, aber wenn es einen gäbe, würde er sagen: Nein, das solltest du nicht machen.

4. *Beobachten diejenigen, die Tarotkarten lesen, nicht einfach den Gesichtsausdruck der Menschen und reagieren dann darauf?*

Die Antwort darauf lautet »jein«, und dafür gibt es einen sehr guten Grund. Viele Klagen, die man über das Tarot hört – und ebenso über jede Art von Wahrsagerei oder Hellseherei –, drehen sich um den Vorwurf, wer so etwas praktiziere, sei im Grunde nur gut darin, die Körpersprache von Ratsuchenden und ihre Reaktionen auf Fragen und Aussagen zu analysieren. Die Wahrheit ist, dass solche Leute das wahrscheinlich wirklich gut können.

Aber ich meine, das kann man auch anders sehen. Tarot kann ein Weg sein, den Menschen etwas anzubieten, das die meisten im täglichen Leben nicht oft erleben: Aktives und unterstützendes Zuhören. Wenn ich für dich Tarotkarten deute, dann kannst du dir sicher sein, dass ich sehr sorgfältig auf alles höre, was du sagst, und dass ich mich auf den Klang deiner Stimme, deinen Tonfall und all deine subtilen nonverbalen Signale einstelle, denn das ist meine Aufgabe. Die Deutung von Tarotkarten hat nichts mit der

Person zu tun, die die Karten interpretiert. Sie ist keine Chance, groß rauszukommen oder zu beweisen, wie clever oder magisch begabt man ist. Sie ist eine Gelegenheit, einen Dialog zu eröffnen: manchmal zwischen Kartenlegerin und Fragestellerin, manchmal auch nur zwischen der Fragestellerin und ihr selbst.

Und wenn man als Deutender nicht sorgfältig zuhört und beobachtet, um zu sehen, wie der Fragende sich fühlt und was in ihm vielleicht hochkommt, wenn man nicht mit Freundlichkeit und Sorgfalt und Empathie reagiert, dann macht man mit Sicherheit etwas falsch. Niemand möchte zu hören bekommen, dass seine neue Beziehung zum Scheitern verurteilt sei, weil eine Karte das sagt: Es ist nicht hilfreich, und es ist nicht wahr. Und es braucht auch niemand eine tolle Zukunft angedichtet zu bekommen, damit er sich besser fühlt. Man sollte mit dem Fragesteller darüber sprechen, was eine Karte bedeutet, und ihn dann fragen, was sie bei ihm auslöst – besonders, wenn es eine schwierige Karte ist –, nicht, weil man beweisen muss, dass das Tarot funktioniert, sondern weil der Fragende verdient, eine hilfreiche Erfahrung zu machen, und keine, die ihn deprimiert und schwächt. Schäme dich nie, genau zuzuhören.

5. Was genau muss ich wissen, um Tarotkarten deuten zu können?

Es gibt drei Dinge, die du wirklich wissen musst, um dich vertrauensvoll am Tarot versuchen zu können. Erstens brauchst du ein solides Wissen darüber, was die Karten bedeuten. Das ist ohne Frage das Schwerste daran, Tarotkarten lesen zu lernen. Aber wenn du wirklich Freude am

Auslegen haben willst, musst du einfach ins kalte Wasser springen und anfangen, die Kernbedeutungen auswendig zu lernen. Ganz wie bei der Lektüre einer Zeitung in einer Fremdsprache macht es einen Unterschied, ob ich nur flüchtig lese oder ob ich sorgfältig jedes einzelne Wort im Wörterbuch nachschlage. Zum Glück ist das Tarot ja ein illustriertes Kartenspiel, sodass wir bei jeder Karte ein Bild vor Augen haben, das unserem Gedächtnis auf die Sprünge hilft.

Zweitens musst du in der Lage sein zu erkennen, wie der Kontext einer Deutung sich darauf auswirkt, welche der subtilen Bedeutungsnuancen einer Karte gerade in den Vordergrund rückt. Sobald du ein gutes Gefühl für die grundlegende Symbolik der Karte hast, kannst du anfangen, dich an Legungen mit zahlreichen Karten zu versuchen. Legungen sind Muster, bei denen jede Position etwas Bestimmtes repräsentiert: So kann eine Karte etwa deine aktuelle Situation symbolisieren und eine andere eine Herausforderung, vor der du stehst. An dieser Stelle kommen die Tiefe und die Komplexität der Tarotsymbolik voll zur Geltung: Du siehst dir jede Karte einzeln an und erkundest dann ihre Bedeutung mittels ihrer Position im Muster. Deine Aufgabe ist dabei ganz wörtlich, zu lesen: dir anzuschauen, wie die Karten gefallen sind, und zu sehen, was das für eine Geschichte erzählt. Das ist eher eine Kunst als eine Wissenschaft – eine Kunst, die sich auf unsere Intuition und Kreativität stützt.

Und schließlich musst du dir ausmalen, wie die Karten miteinander interagieren. Das mag vielleicht merkwürdig klingen, aber du musst dir vorstellen, dass deine Tarotkarten in Beziehung zueinander stehen, und dann herausfinden, wie diese Beziehungen beschaffen sind, wenn du sie in einer Legung siehst. Manche Karten gehören zur gleichen Familie, andere sind geschworene Feinde. Manche haben eine sehr ähnliche Energie, die in unterschiedlicher Intensität ausgedrückt wird; andere bilden krasse Gegensätze. Karten können sich gegenseitig verstärken oder einander annullieren. Wenn du nach und nach mit dem Deck vertrauter wirst, werden diese Beziehungen allmählich deutlicher hervortreten.

6. Gibt es Karten, vor denen ich mich fürchten sollte?

Ich habe einmal für eine Bekannte eine Legung mit drei Karten gemacht, die sich einen düsteren Blick aufs Leben als persönliche Note zugelegt hatte. »Wahrscheinlich bekomme ich die ganzen schrecklichen Karten«, sagte sie mit ihrer charakteristischen Schwarzseherei und zog dann den Tod, den Turm und die Zehn der Schwerter, die in den Augen der meisten Menschen tatsächlich die schrecklichsten Karten sein dürften. Aber es war okay – sie fand das sogar urkomisch. Die Moral von dieser Geschichte – und die kurze Antwort auf die Frage – ist, dass manche Karten zwar den Ruf haben, Grimmiges anzukündigen, oder schwierige Wahrheiten ausdrücken, dass aber keine einzige von ihnen dich verletzen kann.

Die längere Antwort gibt der Ursprung der Karten. Beim Tarot muss man immer bedenken, dass es schon mindestens seit dem 15. Jahrhundert existiert. Und das 15. Jahrhundert war in Europa in jeder Hinsicht ganz anders als unsere heutige moderne Welt. So spielte etwa Religion für alle eine enorm große Rolle und der Tod stand eigentlich immer vor der Tür. Schwerter und diverse andere Waffen wurden bei einem Teil der Bevölkerung als akzeptierter Bestandteil der Tagesbekleidung angesehen.

Das heißt, dass die optische Symbolik des Tarots ihre Grundlage und Wurzeln in kulturellen Normen hat, die von den unseren sehr verschieden sind, und daher sollte sie nicht immer von unseren eigenen, modernen Standards her beurteilt werden.

Einige Karten sehen ziemlich beängstigend aus: Der Schnitter Tod hoch zu Pferd auf einem Acker mit Toten; ein Mann, der mit dem Gesicht nach unten flach auf der Erde liegt und zehn (jawohl, zehn!) Schwerter im Körper stecken hat; ein Bildnis von Satan. Für all diese Bilder gilt, dass sie visuelle Metaphern sind und immer schon waren – nur sind sie Menschen nicht mehr vertraut, die in einer Welt mit Mobiltelefonen, Flugreisen und wissenschaftlicher Medizin leben. (Aus diesem Grund interpretieren so viele Künstler und Designer das Tarot durch eine moderne Linse neu.) Manche Karten mögen oberflächlich positiver, manche eher negativ erscheinen, aber in Wahrheit ist eine jede von ihnen fähig, sowohl von guten als auch von schlechten Zeiten zu erzählen. Ich kann nicht versprechen, dass sie nicht manchmal ein Nachdenken über Verletzungen, Ängste und Traumata hervorrufen. Aber ich kann mit absoluter Sicherheit sagen, dass keine einzige Karte eine Warnung vor Schrecklichem ist, das auf dich zukommt, und keine von ihnen sollte gefürchtet werden.

7. *Was mache ich, wenn eine Karte bei einer Legung umgekehrt ist?*

Manche Deutende schreiben der Umkehrung eine Bedeutung zu – die Lage der Karte entscheidet darüber, ob man die positiven oder die negativen Aspekte der Karte hervorhebt – und manche nicht. Wir machen es beide nicht, weil sich das für uns zu sehr nach Vorschrift und Einschränkung anfühlt. Jede Karte hat sowohl Gaben als auch Herausforderungen zu bieten, eine Licht- und eine Schattenseite, und man sollte immer beide Elemente betrachten, wenn man ihre Bedeutung ausloten will.

Manchmal ist es ganz offensichtlich, in welche Richtung die Karte tendiert. In anderen Fällen sollten die Position der Karte in der Legung und der Kontext der Deutung als Entscheidungshilfe dafür genügen, welcher Aspekt die Oberhand hat. Wenn beispielsweise bei einer Legung das Ass der Kelche auftaucht, bei der es um emotionales und kreatives Potenzial geht, gibt es zwei Hauptrichtungen der Deutung. Eine ist positiv: Man hat enorm viel zu bieten und ist bereit, sich auf die Welt einzulassen. Die andere ist ein bisschen pessimistischer: Sie gilt in Zeiten, in denen du vielleicht viel Herzblut in eine Beziehung oder eine Sache steckst, die nirgendwohin führt und dir vielleicht schadet oder deine Kräfte aufzehrt.

Eine Person, die beim Tarot Umkehrungen deutet, würde nur die zweite Bedeutung berücksichtigen, wenn das Ass der Kelche bei einer Legung auf den Kopf gestellt erscheinen würde, während wir dir raten würden, deine Deutung auf den Kontext zu stützen. Wenn beispielsweise deine Fragestellerin das Ass als herausfordernde Karte empfindet, ist das ein guter Zeitpunkt, sich deren Schattenbedeutung anzusehen – nicht dann, wenn du die Karten einfach nur so gemischt hast, dass das Ass umgekehrt zu liegen kommt.

Gelegentlich wirst du nicht unmittelbar ein Gefühl dafür haben, welche Seite der Karte heute dominiert – und es gibt auch Karten, die besonders leicht zwischen ihren beiden Seiten hin und her pendeln. In einem solchen Fall ist es am besten, offen zu bleiben. Spüre in die verschiedenen Möglichkeiten hinein und schau, welche eine Resonanz erzeugt. Das Tarot ist ein bisschen wie der Rorschachtest: Wenn du in einem Tintenklecks etwas siehst, dann wahrscheinlich deshalb, weil dein Unbewusstes weiß, dass dieses Etwas ausgedrückt werden will. Wenn ein Fragesteller stark auf einen bestimmten Aspekt einer Karte reagiert, dann heißt das wahrscheinlich ganz ähnlich, dass sie etwas angesprochen hat, mit dem er sich beschäftigen sollte.

*8. Ist man als Tarotkartenleger*in eine Art Therapeut*in?*

Wenn du dir die Karten näher anschaust, wirst du feststellen, dass die Geschichten im Tarot sich mit einigen sehr schwierigen und bedrückenden Aspekten des Lebens befassen. Gespräche über geistige und seelische Gesundheit sind dabei nicht selten. Darin liegt ein großer Trost des Tarots: Deutungen schaffen Raum für die damit verbundenen Emotionen. Das Ritual des Legens und Deutens, des aktiven Hörens auf sich selbst oder der wirklichen Verbindung mit jemand anders, all das ist sehr wertvoll. Es kann sich therapeutisch anfühlen; es kann ein Weg sein, Achtsamkeit und Erdung zu üben, und für manche ist es auch eine gute Möglichkeit, ihre seelische Gesundheit zu prüfen. Aber nein, wer Tarotkarten deutet, ist kein Therapeut, keine Therapeutin und sollte auch nicht als Ersatz für professionelle Hilfe angesehen werden. (Und ich spreche hier als jemand, der sowohl Tarotkarten deutet als auch eine langjährige Therapieerfahrung hat und das Verhältnis zwischen Tarot und Therapie ausgiebig diskutiert hat.)

Auf der praktischen Ebene bringt das einige Implikationen für den Gebrauch der Karten mit sich. Wenn du sie für jemand anders legst, und ganz besonders, wenn du diese Menschen nicht kennst, solltest du auf ein bestimmtes Szenario vorbereitet sein. Tarotdeutungen können eine Menge schwieriger Gefühle hervorrufen. Manchmal bittet dich jemand im vollen Bewusstsein dessen um eine Deutung, dass er etwas Schwieriges zu verarbeiten hat, und hofft, dass das Tarot ihm vielleicht hilft, es zu verstehen.

Und manchmal kommt jemand zu einer Legung, um ein bisschen Spaß zu haben, und ist dann überrascht über die Tiefe und Intensität der Gefühle, die in ihm ausgelöst werden. Wenn du die Karten für andere legst, wirst du auch irgendwann einmal erleben, dass jemand in Tränen ausbricht, ob Freund, Kollegin oder Fremder. Das kann ziemlich bestürzend sein. Und noch bestürzender ist es vermutlich für die Person, die weint, daher ist es das Beste, sich in einem solchen Fall einfach wie ein Mensch zu verhalten, der die Traurigkeit eines anderen mitbekommt. Frag nach, ob alles in Ordnung ist, ob die Person eine Umarmung oder eine Tasse Tee braucht oder ob es etwas gibt, über das sie sprechen möchte. Sei wie ein Freund, eine Freundin, selbst, wenn du die Person gar nicht kennst, und sei es auch nur für zehn Minuten. Du erfährst vielleicht nie (oder manchmal auch erst Jahre später), wie wohltuend deine Freundlichkeit war und was sie bewirkt hat.

9. Woher weiß ich, ob ich alles richtig mache?

Es gibt ein untrügliches Zeichen, das dir verrät, ob du richtig mit dem Tarot umgehst: Ist es eine hilfreiche und beglückende Erfahrung für dich und für die Person, der du die Karten legst (und das bist vielleicht ebenfalls du), oder nicht? Wenn jemand jede Sekunde der Veranstaltung hasst, ist es vielleicht an der Zeit, dein Vorgehen zu überprüfen. Aber wenn sie Spaß macht, interessant ist oder zum Denken anregt, dann spielt es keine Rolle, ob du eine erfahrene Kartenlegerin mit jahrelanger Erfahrung bist, oder ein blutiger Anfänger, der nur ein rudimentäres Wissen über Tarot hat. Wenn es für dich funktioniert, dann ist es in Ordnung.

Und wenn es nicht funktioniert, zeigt sich das meist sehr deutlich. Meine erste professionelle Deutung war ein Beispiel dafür. Die Kartenlegerin ließ mich Platz nehmen und fing dann ohne große Vorrede an: »Die letzte Zeit war besonders schwer für dich, und ich fürchte, es wird auch nicht leichter.« Sie redete pausenlos weiter und war nicht zu bremsen, nicht einmal, als ich sagte, derzeit wäre in meinem Leben nichts sonderlich Dramatisches los. Ich fühlte mich nur ein bisschen orientierungslos. Ich war in den Zwanzigern, und alles in meinem Leben fühlte sich unsicher an und war es auch. Verwechselte sie meine Vergangenheit mit meiner Gegenwart? Sie gab nicht nach: Nein, ich stand kurz vor dem Tiefpunkt meines Lebens und sollte mich auf harte Zeiten einstellen. Wunderbar. Und, wie sich herausstellte, auch vollkommen falsch.

Die Kartenlegerin von damals versuchte, mir eine Geschichte über mein Leben zu erzählen und mich in den Mittelpunkt zu stellen – sie fing das nur ganz verkehrt an und hat mir damit Kraft und Mut genommen. Diese Erfahrung war eine von vielen, die meinen eigenen Umgang mit dem Tarot zunehmend prägten: Für mich liefert es keine Zaubertricks, sondern ist eher eine Navigationshilfe – eine Landkarte, die mir zeigt, welche Wege Menschen lange vor unserer Zeit eingeschlagen haben und wohin diese Wege sie geführt haben. Ich praktiziere nach dem Prinzip, dass man nicht alles sagen muss, was man in einer Tarotlegung sieht. Stelle Fragen, statt Vermutungen auszusprechen. Es ist wesentlich besser, sich auf die Subjektivität einzulassen. Lass die Karten eher als Stichwortgeber fungieren denn als Handlungsanweisung, und sorge dich weniger über die Frage, ob du es »richtig« machst, als darüber, ob du genug Raum lässt, dass sich die ganze Geschichte entfalten kann.

10. Ich habe noch mehr Fragen!

Haben wir das nicht alle? Wir tauchen jetzt gleich in die Struktur des Kartendecks ein und vor allem in die Bedeutung jeder einzelnen Karte. Aber keine Sorge – am Ende des Buches werden wir zu weiterer praktischer Anleitung dazu zurückkommen, wie man Tarot erlernt und deutet, und dir auch eine Liste von Ressourcen an die Hand geben, die dir helfen können, deine Praxis weiterzuentwickeln.

Kapitel 3

Die Sätze

Willkommen zu den Karten der Kleinen Arkana. Lass dich nicht von dem Wort »klein« hinters Licht führen: Die vier Sätze der Kleinen Arkana machen den Löwenanteil des Tarotdecks aus – und in diesen 56 Karten steckt das ganze Leben.

Wenn du gerade erst mit dem Tarot anfängst, hast du vielleicht das Gefühl, es wäre das Beste, direkt zu den Großen Arkana zu springen: Diese Karten sind am leichtesten wiedererkennbar und ihre Bezeichnungen hören sich meist ziemlich eindeutig an. Aber der erste Eindruck kann täuschen. Die 22 Karten der Großen Arkana sind bedeutungsschwer, jede Karte hat eine vielschichtige Symbolik und Metaphorik – es sind die »wildesten« Karten im Spiel. Wir empfehlen dir dringend, zuerst einmal die zahmeren Geschöpfe der Kleinen Arkana gut kennenzulernen.

Das soll nicht heißen, dass nicht auch sie recht respekteinflößend sein können. Die Kleinen Arkana umfassen viele Karten, und ihre konventionellen Bezeichnungen geben dir auf den ersten Blick kaum einen Hinweis auf ihre Bedeutung. Selbst wenn alle Karten Bilder tragen, wie in den meisten Tarotdecks, kann man im Allgemeinen nicht behaupten, sie würden sich von selbst erklären. Stößt du beispielsweise auf die Zwei der Münzen – eine Karte, auf der traditionell eine Person mit einem sehr hohen und poppigen Hut dargestellt ist, die am Strand tanzend jongliert –, magst du dich zu Recht fragen, was in aller Welt das soll. Und die Karten der Kleinen Arkana sind fast alle so: viele Bilder von kleinen Figuren, die begeistert irgendetwas völlig Obskures treiben. Aber wenn du erst einmal einen Blick dafür entwickelt hast, bekommen die Miniaturtableaus auf jeder Karte allmählich einen Sinn. (Wenigstens meistens.)

Die gute Nachricht zu den Kleinen Arkana ist, dass sie zunächst einmal einem Muster folgen, in eine Art Raster passen. Jede Karte hat eine Farbe – wie in einem Spielkartendeck, nur dramatischer – und eine Zahl oder Hofposition. Die Bedeutung einer jeden Karte ist eng mit ihrer Reihe und ihrem Zahlenwert verbunden; wenn du also erst einmal das Muster einer Reihe erlernt hast, wirst du die drei anderen wesentlich schneller in den Kopf bekommen. Die weniger gute Nachricht ist, dass jede Regel auch ihre Ausnahmen hat und dass es bei der Interpretation oft um Feinheiten geht. Aber diese Finessen entschlüsseln zu lernen, ist schon der halbe Spaß beim Tarot. Hier also nun für den Anfang die Grundmuster der Kleinen Arkana.

Kelche, Stäbe, Schwerter und Münzen

Die vier Sätze des Tarots werden in verschiedenen Kartendecks manchmal auch anders benannt – ein Künstler entscheidet sich vielleicht dafür, eine Farbe mit Schmetterlingen oder Blumen darzustellen, wenn das zu seinem kreativen Konzept besser passt. Doch am häufigsten werden die Bezeichnungen der Rider-Waite-Smith-Tradition verwendet: Kelche, Stäbe, Schwerter und Münzen. Und unabhängig davon, mit welchem Deck du arbeitest, sollte es dir ohne Weiteres möglich sein, die Entsprechungen der Sätze festzustellen.

Jedem Satz ist ein Element zugeordnet: den Kelchen das Wasser, den Stäben das Feuer, den Schwertern die Luft und den Münzen die Erde. In fast allen Decks ist die Ikonographie der Karten mit der Einteilung nach Elementen verknüpft. Wenn du das Element eines Satzes weißt, kannst du ihn leichter verstehen: Das Element der Reihe ist die Grundlage ihrer Metaphern, das Rohmaterial, aus dem die Geschichten zusammengesetzt sind. Die vier Sätze und die vier Elemente stehen für unterschiedliche Aspekte des Lebens, wobei jedes Element einem anderen Teil des Selbst und einer anderen Art des Handelns entspricht. Wenn du anfängst, Kartenlegungen zu machen, achte darauf, ob Karten eines bestimmten Satzes vorherrschend sind, was darauf hindeuten könnte, dass dieser Teil des Lebens des Fragestellers bei dieser Sitzung im Vordergrund stehen sollte.

Es folgt noch eine detailliertere Einleitung zu jedem Satz in den Kapiteln zu den jeweiligen Karten, aber es lohnt sich, eine Übersicht über das Ganze zu bekommen, ehe du etwas über die einzelnen Karten erfährst:

Die **Kelche** sind die Reihe des Herzens. Wenn man ihnen ein Verb zuordnen kann, dann »fühlen«. Sie sind eine Enzyklopädie der Emotionen, hängen mit allen möglichen Arten von Beziehung und auch mit Kreativität und Inspiration zusammen.

Die **Münzen** sind der erdhafte Satz des Körpers, der realen und handfesten Dinge. Sie haben mit Gesundheit, Wohlstand, Heim und Herd zu tun. Bei ihnen geht es um Sein und Machen: was man hat und was einem fehlt.

Die **Schwerter** sprechen das Mentale an. Sie stehen für Gedanken: unsichtbar und unberührbar wie ihr Element, die Luft, aber dennoch außerordentlich mächtig. Das Verb zu dieser Reihe ist »denken« (und, wie manche sagen würden, auch sein naher Verwandter »überdenken«).

Die **Stäbe** stehen für Energie im ursprünglichsten Sinne – die Seele oder den Geist. Bei ihnen geht es vorrangig ums Handeln: wohin du deine Willenskraft lenkst, ob und wie du dein inneres Feuer nähren und in deinem Leben zur Geltung bringen kannst.

Malen nach Zahlen

Als Nächstes geht es um die Position der Karte innerhalb des Satzes. Wenn du mit normalen Spielkarten vertraut bist (und ehrlich gesagt, selbst wenn nicht), sollte das ein leicht verständliches Konzept sein. Jeder Satz hat 14 Karten: vom Ass bis zur Zehn gefolgt von den vier Hofkarten Bube, Ritter, Königin und König. Durch alle vier Reihen hindurch spielen die Karten mit der gleichen Position auch eine ähnliche Rolle und haben eine ähnliche Geschichte zu erzählen – wenn du also erst einmal eine kennst, kannst du dir oft die Entsprechungen in den anderen Sätzen erschließen.

Es gibt drei wichtige Dinge, die du wissen solltest, ehe du die Bedeutung einer jeden Position lernst.

Erstens erzählen in allen Sätzen die nummerierten Karten eine Geschichte, der du von Anfang bis Ende folgen kannst. Diese Geschichte ist keine traditionelle und würde wahrscheinlich auch keinen sehr guten Roman ergeben, aber sie ist geradlinig: Am Anfang besteht die Möglichkeit zu etwas und dann wird es Schritt für Schritt mehr. Anders ausgedrückt: Die Energie eines jeden Satzes baut sich immer weiter auf, bis du am Ende eine ganze Menge davon hast. In vielen Decks, besonders im Rider-Waite-Smith-Deck, siehst du das ganz direkt auf den Karten abgebildet. Welches Element auch immer zum jeweiligen Satz gehört, du siehst mehr und mehr davon in den Illustrationen, während du dich durch den Satz arbeitest. So beginnst du bei den Münzen mit einer leeren Landschaft, und am Ende siehst du eine ganze Stadt voller Leben. Die Position einer Karte im Satz kann ein Indikator dafür sein, wie weit eine Fragestellerin auf ihrem Weg gekommen ist, was bei einer Deutung hilfreich sein kann.

Zweitens solltest du wissen, dass zwar die Struktur der Wege in den nummerierten Karten gleich ist, aber was erreicht wird, geht in zwei verschiedene Richtungen. Die Kelche und die Münzen haben ein ähnliches Ziel; die Schwerter und die Stäbe ein ganz anderes. Und das Ergebnis hat mit der Natur des Satzes zu tun. Als Faustregel gilt: Du kannst nie zu viele Kelche und Münzen haben, aber weniger Schwerter und Stäbe ist im Allgemeinen besser. Wenn etwas rund ist, dann setze alles darauf, versuche so viel wie möglich zu erhaschen usw. Wenn etwas spitz ist … nähere dich mit Vorsicht.

Als Drittes und letztes solltest du wissen, dass die Hofkarten (Bube, Ritter, Königin und König) eigenartig sind. Sie sind so eigenartig, dass wir ihnen später ein eigenes Kapitel mit weiteren Einzelheiten darüber widmen, wie sie zu deuten sind. Aber grob gesagt repräsentieren diese anthropomorphen Karten entweder Aspekte von dir selbst oder Menschen in deinem Leben.

So, hier folgen jetzt ohne weitere Vorrede die Positionen der Kleinen Arkana, eine nach der anderen:

Die **Asse** sind Quelle und Ausgangspunkt eines jeden Satzes, sie stehen für die Möglichkeiten und das Potenzial seiner Energie. Sie sind noch roh und unfokussiert: Sie fordern dich auf, dir zu überlegen, was du anzubieten hast, und was du willst.

Die **Zweien** sind der einfachste, unkomplizierteste Ausdruck der Energie des Satzes. Sie stehen für die Grundsubstanz, liefern die Alltagsaufgaben des Satzes. Sie fragen danach, ob die Energie ausgeglichen ist und fließt, oder ob sie blockiert ist.

Die **Dreien** sind Erfahrungen, die die Kraft des Satzes verkörpern. Sie sprechen oft Dinge an, die du tun musst, um stärker zu werden und zu wachsen, und zeigen, wie du mit anderen interagierst.

Die **Vieren** sind eine Chance, einmal tief Luft zu holen auf deinem Weg. Sie sind eine kleine Pause – sichere Räume, stabil und geruhsam, wenn auch manchmal ein bisschen fad. Sie fordern dich auf, Bilanz zu ziehen, zu schauen, wo du stehst und wie es dir geht.

Die **Fünfen** sind die ungemütlichen Stellen innerhalb des Satzes. Sie sind Herausforderungen, Konflikte und Schwierigkeiten, vor denen du stehst. Sie rufen dich normalerweise nicht dazu auf, etwas zu tun – vielmehr fordern sie dich auf, bei einem Gefühl zu bleiben.

Die **Sechsen** sind Verschiebungen des Gleichgewichts und Momente des Übergangs. Sie haben oft mit dem Zusammenspiel von Vergangenheit, Gegenwart und Zukunft zu tun. Sie fragen, was du bis jetzt gelernt hast und was du mit diesem Wissen anfangen willst.

Die **Siebenen** stehen für Augenblicke der Bewertung und Entscheidung. Sie fordern dich auf, deine Handlungen, Überzeugungen und Gefühle ernsthaft auf den Prüfstand zu stellen. Sie sprechen die Ehrlichkeit an – und weisen manchmal auf deren Fehlen hin.

Die **Achten** sind die Stellen, an denen du die Transformationskraft des Satzes findest und sie so kanalisieren kannst, dass sie eine Veränderung herbeiführt. Das sind nicht immer leichte Momente, aber sie sind sehr befriedigend.

Die **Neunen** sind ganz und gar darauf ausgerichtet, was es heißt, ein Individuum zu sein, das schon eine Menge der im jeweiligen Satz enthaltenen Energie aufgebaut hat. Wie du sehen wirst, können das gute Stellen oder außerordentlich beunruhigende sein. Die Neunen lassen einen Blick auf das erhaschen, was am Ende des Weges kommt.

Die **Zehnen** stellen die Vollendung dar, das Ende des Zyklus. Sie sind das letztendliche Ergebnis der Energie dieses Satzes, ob im Guten oder im Schlechten. Und sie fragen dich, was du als Nächstes vorhast.

Die **Buben** sind jugendliche, naive, beinahe kindliche Figuren. Sie verkörpern die Energie der Sätze in ihren Embryostadien, in denen noch alles möglich zu sein scheint, in denen du keine auf früheren Erfahrungen beruhenden Vermutungen anstellst und Regeln noch nicht existieren.

Die **Ritter** sind Macher. Sie sind die Figuren, die die Energie ihres Satzes bis zum logischen Extrem vorangetrieben haben – d. h. wahrscheinlich zu weit. Sie haben die Lautstärke des Satzes auf voll gedreht. Das ist ziemlich gewaltig.

Die **Königinnen** sind Figuren, die ein ausgeglichenes, hoch entwickeltes und doch intuitives Verständnis für den Satz gewonnen haben. Sie bringen seine Energie in ihrem eigenen Leben zum Tragen und geben anderen Raum, das ebenso zu tun.

Die **Könige** sind Figuren, die den Satz wahrhaft beherrschen. Sie nutzen seine Energie und haben sie gebändigt. Sie können Kräfte im Dienste des Guten und Leuchttürme in der Dunkelheit sein. Sie können aber auch schrecklich sein.

Wie du dir vielleicht schon vorstellen kannst, spricht das Zusammenspiel von Satz und Kartenposition ein außerordentlich breites Spektrum von Emotionen, Erfahrungen und Perspektiven innerhalb der Kleinen Arkana an. Die Muster geben dem Deck Struktur und Form, aber wenn du die Karten besser kennenlernst, wirst du sehen, dass es vor allem auf die Feinheiten ankommt. Die größten Geschichten entstehen nicht einfach durch die breiten Pinselstriche der Erzählbogen: Sie leben in den winzigsten Einzelheiten, den Kleinigkeiten des Lebens.

Kapitel 4

Die Kelche

Im Satz der Kelche geht es um das Element Wasser, und das sollte dir schon auf der visuellen Ebene ein Gefühl dafür geben, was es mit diesen Karten auf sich hat. Wasser bewegt sich frei und man kann ihm nichts befehlen. Es findet seinen Weg selbst durch winzige Ritzen, es kann Berge versetzen (oder zumindest äonenlang auf sie einwirken und sie allmählich zu Staub zerbröseln), und man kann es niemals dazu bringen, bergauf zu fließen. Wasser ist veränderlich, wechselt seine Gestalt, es strömt, wo es will, ob es dir gefällt oder nicht.

In der Welt des Tarots steht Wasser daher für Gefühle. Emotionen können, ebenso wie Wasser, tiefgründig sein, sich in einem Augenblick verändern, dich überwältigen oder zermürben. Du kannst lediglich versuchen, vernünftig mit ihnen umzugehen – einen Weg zu finden, sie so zu handhaben, dass sie ein wenig verständlicher werden und etwas mehr Form und Gestalt gewinnen. Und hier kommen natürlich die Kelche ins Spiel. Sie sind ein Gefäß, das Gefühle aufnehmen kann (wenn auch nur vorübergehend). Kurz gesagt, sie betreffen Fragen des Herzens.

Wenn wir »Herz« sagen, denkst du vielleicht automatisch an »Liebe«. Und damit würdest du auch nicht falschliegen, aber auch nicht ganz richtig. Es geht hier um Liebe in all ihren vielen Erscheinungsformen: Die Kelche sprechen von romantischer Liebe, Freundschaft, Familie. Aber nicht nur die Liebe ist im Herzen zu Hause. Auch Kreativität wohnt den Kelchen inne: Diese Reihe ist Sitz des Unbewussten, der Träume und der Inspiration. Sie hat auch eine üppige Seite: Fantasien, Leidenschaft, Lust, Genuss, Hedonismus, Hunger und Sättigung. Und die Kelche bieten auch, wie es für das Element Wasser angemessen ist, Raum für Momente der Reflexion. Die Intuition gehört zu dieser Reihe, ebenso Kummer, Heilung, Abschluss und Erfüllung.

Wenn bei einer Legung Kelche auftauchen, besonders, wenn sie zahlreich sind – oder sogar alles andere ausschließen –, dann führt das im Allgemeinen zu emotionsgeladenen Gesprächen. Wenn du jemand anders die Karten legst, dann fragst du dein Gegenüber hoffentlich sowieso, wie es sich fühlt, aber die Kelche können etwas genauere Hinweise dazu geben, auf welches Gebiet in den weiten, wilden Landschaften des menschlichen Herzens du heute deine Aufmerksamkeit vor allem richten solltest. Manchmal begegnen dir Menschen, die sagen, dass sie immer Kelche ziehen, oder du stellst vielleicht fest, dass häufig Kelche auftauchen, wenn du Karten für dich selbst ziehst. Du kannst dem so viel oder so wenig Bedeutung beimessen, wie du willst, aber man kann getrost sagen, dass es Menschen gibt, die einfach Kelch-Energie haben: Menschen, die das Herz auf der Zunge tragen und sich von ihren sprudelnden Emotionen leiten lassen, die sprunghaft und oft unmöglich zu kontrollieren sind.

Und manchmal gilt auch das Gegenteil. Dann weisen die Kelche auf das hin, was fehlt. Sie können zu Gesprächen über eingemauerte Herzen und abgewürgte Kreativität führen. Nicht jeder kann seinen Gefühlen freien Lauf lassen. Nicht alle hat man dazu ermuntert und ihnen beigebracht, dass sie das ohne Angst vor Bestrafung tun dürfen. Bei Menschen, die sich mit einem offenen Gefühlsausdruck unwohl fühlen oder Mühe haben, ihre Gefühle freiheraus in Worte zu fassen, können die Kelche zu schwierigen Gesprächen führen. Aber bei solchen Menschen können diese Karten die Kommunikation so sehr fördern, wie nur wenige andere im Tarot, wenn man behutsam mit ihnen umgeht

Die Kelche sind normalerweise nährende Karten. Sie sind sanfter als die anderen Sätze und haben auf alle Fälle mehr Subtilität und Takt als die Großen Arkana – besonders wenn man sich anschaut, wie sie in den meisten Decks dargestellt sind (nur eine Person sieht unglücklich aus, und es gibt keine Toten!). Aber es steckt mehr dahinter, als die ruhige Oberfläche vermuten lässt. Diese Karten sind nicht flach: Es gibt eine Menge verborgener Unterströmungen, und es gibt Schätze, Schiffbrüche und fantastische Geschöpfe, die in der Tiefe zu finden sind. Wir sagen gerne – und das ist sicherlich eher erfreulich zu hören: »Komm herein! Das Wasser ist … veränderlich.«

DAS ASS DER KELCHE

Fülle, Potenzial, kreative Fähigkeiten, Offenheit, Liebe, Großzügigkeit, Verletzlichkeit, fehlgeleitete Gefühle

Wie uns das Internet schon viele Male anschaulich gezeigt hat, spricht eine Menge dafür, dass Katzen eine Flüssigkeit sind. Der Beweis: Sie können sich perfekt an die Form eines jeden Gefäßes anpassen, das gerade verfügbar ist, sie schmiegen sich an die gesamte Oberfläche an, keine Stelle bleibt ungefüllt. Anscheinend gibt es keinen Hohlraum, in den sich eine Katze nicht hineinfließen lassen kann, woraufhin sie eine große Zufriedenheit mit sich an den Tag legt, dass ihr das gelungen ist.

Dieses Bild solltest du vor Augen haben, wenn das Ass der Kelche bei einer Tarotlegung auftaucht. Wenn diese Karte erscheint, läuft metaphorisch so eine geschmeidige Katze frei herum. Jemand hat die Möglichkeit zu entscheiden, welche Art und Größe von Raum er in der Welt einnehmen möchte. Und dabei hat er jede Menge Optionen! Die Welt steht ihm offen, sie ist sein Schuhkarton, seine Pfanne, sein Waschbecken, seine Dekovase, seine Wandersocke – was auch immer. Diese Karte signalisiert eine Fülle von Möglichkeiten. Normalerweise ist darauf ein großer Kelch zu sehen, der buchstäblich überläuft, als hätte er keinen Boden, sondern wäre eine Quelle, die niemals versiegen wird. Die Karte hat einem Menschen etwas zu sagen, der voller Potenzial steckt – und da wir es mit den Kelchen zu tun haben, geht es normalerweise um kreatives oder emotionales Potenzial –, aber noch nicht so recht weiß, wohin er es lenken soll.

In vielfacher Hinsicht und fast immer, wenn sie auftaucht, ist das eine wunderbare Karte. Sie drückt aus, dass die Fragestellerin der Welt eine Menge zu geben hat, dass sie aus einem reichen, noch unberührten und vielleicht sogar unerschöpflichen seelischen Vorrat schöpfen kann. Die Karte lädt dich dazu ein, sie zu fragen, worauf sie ihre Kreativität, ihre Gefühle, ihre Liebesfähigkeit richten möchte. Ist es Zeit, ein neues Projekt zu beginnen? Ist sie bereit, sich für eine neue Beziehung zu öffnen? (Vielleicht für einen Partner oder eine Partnerin, vielleicht auch für etwas anderes – einen Freund, eine Freundin, ein Haustier, eine Zimmerpflanze.) Die Karte fragt, was das Herz der Ratsuchenden begehrt und in welche Richtung es gehen möchte; was es vorhat und was das aus ihr macht. Sie besagt, dass die Betreffende genug Farbe hat, um eine ganze Leinwand zu füllen – oder auch tausend Leinwände –, und dass sie genug Liebe in sich hat, um etwas Neues und Vitales zu nähren. Sie ist in aller Regel eine Karte der Hoffnung, eine Karte, die mit strahlenden Augen in die Zukunft blicken lässt.

Aber achte darauf, wo die Karte bei einer Legung ihren Platz hat, und höre hin, wenn dieser Optimismus bei einer Person keinen Widerhall zu finden scheint – oder wenn er sich anfühlt wie etwas, das sie einmal besaß, aber inzwischen verloren hat. Manche haben Potenzial in Hülle und Fülle, merken aber, dass es ihnen durch die Finger rinnt, weil sie zu viel auf einmal zu machen versuchen. Dann geht es wie bei einem Eimer, der hundert winzige Löcher hat. Andere haben einen unerschöpflichen Vorrat an Liebe zu verschenken, lenken sie aber an die falsche Stelle oder auf die falsche Person: ein Fass ohne Boden, das niemals gefüllt werden kann, sodass sie niemals genügen können.

In manchen Fällen ist es gefährlich, ein grenzenlos gutes Herz zu haben. Vielleicht dauert es eine Weile, bis du erkennst, dass du dich niemals für etwas oder jemanden bis zur Erschöpfung verausgaben solltest. Aber wenn du ein Gefäß findest, das sich für dich gut anfühlt, das so aussieht, als würde es dir eine Stellung ermöglichen, die du angenehm findest, solange du im Sonnenlicht badest, dann lädt dich das Ass der Kelche dazu ein, hineinzuschlüpfen und es zu füllen.

FRAGEN, DIE DU STELLEN SOLLTEST, WENN DU DIESE KARTE SIEHST: Wohin möchtest du dein Potenzial lenken? Fühlst du dich bereit, etwas Neues zu beginnen? Was möchte oder braucht dein Herz? Widmest du dich den richtigen Dingen? Hast du noch mehr zu geben?

DIE ZWEI DER KELCHE

Vereinigung, Verbindung, Ehe, Partnerschaft, gesunde Beziehungen, kreativer Flow, Gleichgewicht, Zeit für sich selbst

Menschen, die sich Tarotkarten legen lassen und gerade verliebt sind, wollen immer gerne, dass bei ihren Karten die Liebenden dabei sind. Ist ja klar. Die Liebenden sind der Stoff großer Epen, dramatischer Balladen und romantischer Tagträume. Wer hätte das nicht gerne? Aber wenn man jemanden fragt, der sich mit Tarotkarten auskennt, was er in einer Legung zum Thema Beziehung gerne sähe, würde die Wahl wahrscheinlich auf die Zwei der Kelche fallen. Bei dieser Karte geht es nicht um eine spirituelle

Verbindung oder Ideale oder Fantasien. Diese Karte bezieht sich ganz bodenständig auf die physischen und weltlichen Aspekte einer Beziehung. Sie fragt, ob sie tatsächlich funktioniert. Und wie.

Wenn wir im Tarot eine Zwei sehen, dann wird danach gefragt, ob die Energie der jeweiligen Reihe blockiert ist oder fließt, und in diesem Fall ist die Energie emotional. Diese Karte hat mit Verbundenheit der Art zu tun, die wechselseitig ist, bei der es keine Machtkämpfe gibt und bei der man einander versteht. Es ist eine Verbundenheit, bei der beide auch an die Bedürfnisse des anderen denken und nicht nur an die eigenen, und bei der es ein Gleichgewicht von Geben und Nehmen gibt. Es ist die Karte der sicheren Bindung und offenen Kommunikation. Sie ist SEHR gesund. Wenn die Zwei der Kelche erscheint, ist das eine Gelegenheit, deine Beziehung einer Prüfung zu unterziehen: Was funktioniert? Gibt es Bereiche, in denen eine Verbesserung wünschenswert wäre? Hast du das Gefühl, du kannst deinem Partner oder deiner Partnerin gegenüber offen sein? Falls bestimmte Themen zu Reibungen führen, was meinst du, warum das so ist?

Obwohl es bei der Zwei der Kelche nicht immer um romantische Liebe geht, kann man auch nicht sagen, es ginge nicht darum. Oft möchten die Menschen über romantische Beziehungen sprechen, wenn diese Karte erscheint. Beim Rider-Waite-Smith-Deck sieht man auf der Zwei der Kelche ein Paar, das sich zu einem Ritual trifft, das sehr nach einer Vermählung aussieht. Für manche steht die Karte auch ganz wörtlich dafür: Werde ich heiraten? Werde ich mich bald verloben? Möchte ich mich verloben? Warum verloben sich denn gerade alle? Wie stehe ich gefühlsmäßig zur Ehe? Ich gehe zu einer Hochzeit! Aber wir möchten doch darauf hinweisen, dass diese Karte nicht nur für Liebespaare gedacht ist. Sie umfasst alle möglichen gleichwertigen Beziehungen und Bindungen, von der Freundschaft zwischen Menschen über Freundschaft zwischen einem treuen Menschen und einem treuen Hund bis hin zu einer geschäftlichen Partnerschaft oder jeder anderen Kombination, die dir sonst einfallen mag. So kann diese Karte für dich auch dafür stehen, wie gut du dich mit den Menschen in deiner Umgebung verbunden fühlst.

Diese Karte kann auch von deiner Beziehung zu dir selbst handeln. (Wenn du nicht für dich selbst Liebe und Mitgefühl aufbringst, für wen dann?) Sie kann auch das Gefühl von kreativem Flow charakterisieren, wenn alles zusammenkommt, wenn alle Teile deiner selbst integriert sind und harmonisch zusammenarbeiten, wenn du sozusagen zaubern kannst. Nicht alle großen Duos sind romantische Duos. Wenn du diese Karte siehst, denk also an die Freude an Verbindungen im weitesten Sinne. Und frage dich selbst, wie es dir damit geht. Sind diese Verbindungen ausgeglichen? Was brauchst du von ihnen? Was gibst du hinein?

FRAGEN, DIE DU STELLEN SOLLTEST, WENN DU DIESE KARTE SIEHST:
Welche Beziehungen in deinem Leben geben dir Energie und werden auch von dir mit Energie genährt? Welchen Platz hatten Liebesbeziehungen in deinem Leben? Was erwartest du von einer aktuellen Beziehung? Fühlst du dich verstanden? Drückst du dich auf gesunde Weise aus? Wie fühlst du dich in deiner eigenen Gesellschaft und wie fühlst du dich in Gesellschaft anderer?

DIE DREI DER KELCHE

Freundschaft, Beziehungen im weiteren Sinne, Zusammenarbeit, gute Zeiten und Feiern, fehl am Platz sein

Diese Karte, auf der im Rider-Waite-Smith-Deck drei im Kreis tanzende Frauen in umwerfenden Kleidern zu sehen sind, die Kelche hoch in die Luft halten, hat nur ein einziges Thema: die Freude an der Freundschaft und an ihrer Kraft. Und zwar an einer bestimmten Art von Freundschaft, nämlich einer, in der es keinen privaten Raum und niemals ein Zuviel an Informationen gibt. Ein Verhältnis, in dem du du selbst und verletzlich sein kannst.

Diese Karte erinnert daran, dass Freundschaften gefeiert werden wollen. Sie wollen gepflegt werden wie ein Garten. Ob du ein weitläufiges Gelände, einen Schrebergarten oder einen bescheidenen Blumenkasten hast, spielt keine Rolle. Wichtig ist nur: Wann immer du eine Verbindung knüpfen kannst, betrachte sie als einen Schatz und sorge dafür, dass sie wachsen kann. Freunde sind schon da, ehe Liebespartner auftauchen – und manchmal bleiben sie uns wesentlich länger erhalten. Sie können die Familie und die Gemeinschaft sein, die du dir selbst schaffen kannst, besonders dann, wenn die Beziehungen zur biologischen Familie angespannt sind. Aber wir haben keine eigenen Begriffe, um solche Beziehungen zu bezeichnen – beste Freundin? Arbeitspartnerin? Wie eine Schwester? Mein Kumpel durch Dick und Dünn? Mein Ein und Alles? Das sind nur euphemistische Umschreibungen. Ein Teil des Problems ist vielleicht, dass die Regeln einer Freundschaft nicht dieselben sind wie die von Liebes- oder Familienbeziehungen. Man schuldet einander nicht dieselben Dinge, man muss sich selbst überlegen, wie man das Ganze gestalten soll, und der Weg ist nicht so klar vorgezeichnet.

Und immer noch werden Freundschaften – vor allem die zwischen Frauen – allzu leicht als Warteschleife für jene abgetan, die noch nicht den großen Traum der Gesellschaft verwirklicht haben: sich erfolgreich mit dem Richtigen zusammenzutun und sich häuslich niederzulassen. Das ist natürlich Unsinn. Eine Freundschaft ist kein Trostpreis. Freundschaften sind absolut unentbehrlich. Sie formen uns und bringen uns bei, wer wir sind und sein können. Sie zeigen uns unsere Grenzen und schleifen unsere Ecken und Kanten rund (oder machen sie noch schärfer, wenn es sein muss).

Als Jen und ich mit Mitte zwanzig gleichzeitig Single

wurden, führten wir viele Gespräche über die Frage, ob wir überhaupt dazu taugen, in einer Beziehung zu leben. Wir kamen zu dem Schluss, dass wir zwar gerne auf manche Begegnungen mit Liebespartnern in unserem Lebenslauf verzichtet hätten, aber eines zweifelsfrei feststand: Dass wir mit unserer Freundschaft etwas Wunderbares aufgebaut hatten – eine andere Art von Beziehung, die uns aber deshalb nicht weniger wichtig war. Unsere Liebe zueinander hat der Zeit sowie räumlicher Trennung standgehalten. Wir hatten einzeln und gemeinsam Herausforderungen zu bestehen und haben sie gemeistert. Wir kümmern uns um einander, praktisch und emotional. Wir haben gelernt, heftig zu streiten und gesunde Meinungsverschiedenheiten zu haben. Wir vergöttern einander. Je nach Bedarf sind wir füreinander Begleitperson bei Partys, Hochzeiten und Abenteuern. Unsere Freundschaft ist im Grunde ein fest verankertes Zeichen, das Stürmen getrotzt hat und nie (dauerhaft) erschüttert wurde – sie ist wirklich der Stoff, aus dem die Heldendichtung ist. Wir blicken auf epochemachende Filme zurück und haben gemeinsame Witze, die niemand außer uns versteht. Es ist eine Freundschaft ganz im Zeichen der Drei der Kelche.

Wenn du diese Karte siehst, ist das eine Erinnerung daran, wie wertvoll Freundschaften und Verbindungen überhaupt sind. Und sie kann auch daran erinnern, wie fehl am Platz du dich fühlen kannst, wenn du nicht im Einklang mit den Menschen um dich herum bist. Wenn die Freundschaften nicht blühen, wenn du vielleicht in einer Übergangsphase deines Lebens bist, wenn du an einen neuen Ort ziehst oder das Gefühl hast, von Menschen umgeben zu sein, mit denen du absolut nichts gemeinsam hast, kannst du dich schnell ausgeschlossen fühlen. Aber es braucht nur *einen* Freund oder *eine* Freundin, *einen* Menschen, mit dem du dich verbinden kannst, *ein* bekanntes Gesicht hinter dem Tresen eines Cafés, damit sich das Blatt zu wenden beginnt. Setze also auf Menschen. Schätze und liebe sie. Ein Hoch auf sie.

FRAGEN, DIE DU STELLEN SOLLTEST, WENN DU DIESE KARTE SIEHST:
Welche Verbindungen schätzt du am meisten? Wie haben diese Freundschaften dich geprägt? Welche Verbindungen rauben dir Energie? Was bist du für eine Freundin, für ein Freund?

DIE VIER DER KELCHE

Möglichkeiten, Entscheidungen, Erwartungen, Verpflichtungen, Bewertung, Unzufriedenheit, Aufregung

Im Tarot ist das Auftauchen einer Kelchkarte nur sehr selten ein Alarmzeichen. Die Kelche sind wohl der netteste und freundlichste Satz von allen: Es geht um Gefühle, Liebe und Kreativität. Die meisten Menschen möchten mehr davon in ihrem Leben haben. Man kann nie zu viele Kelche haben! Aber stimmt das? Diese Karte erzählt dir genau darüber etwas.

Jedes Mal, wenn du im Tarot eine Vier siehst, bietet sie dir eine Pause zum Luftholen an, eine Rast auf deiner Reise. Setz dich hin. Betrachte deinen Weg – wohin gehst du? Ist es der richtige Weg? Die Vier der Kelche bildet genau diesen Moment unmittelbar ab. Im Rider-Waite-Smith-Deck sehen wir eine Person, der drei sehr schöne Becher gehören, die dasitzt und still in sich versunken ist. Von hinten her bietet ihr eine geheimnisvolle Macht einen weiteren Becher an. Der Becher selbst kann alles Mögliche repräsentieren: eine emotionale Verbindung, eine Gelegenheit, schöpferisch zu sein, ein neues Gefühl – sei es schmerzhaft oder wunderbar – oder vielleicht sogar nur das Angebot von Beistand. An und für sich ist der Becher weder gut noch schlecht, weder richtig noch falsch. Er setzt keine korrekte Antwort voraus, sondern er stellt eine Frage und erfordert eine Entscheidung: Möchtest du ihn haben? Möchtest du das, was immer es ist, was dir angeboten wird?

Was diese Karte dir schenkt, ist die Möglichkeit einer Wahl: Du kannst das Angebotene annehmen oder du kannst es ablehnen, und beide Optionen sind völlig in Ordnung. Die Herausforderung besteht oft darin, das, was du wirklich willst und brauchst, von dem zu unterscheiden, was vielleicht von dir erwartet wird, von äußeren Kräften, die vielleicht deine Hand in die eine oder andere Richtung drängen. Wenn diese Karte in einer Legung erscheint, ist es wichtig darauf zu achten, was sie anspricht, was dir dein Bauchgefühl darüber sagt, worauf sie sich bezieht. Und dann ist es wichtig, dich hinzusetzen und nach Möglichkeit zu versuchen, deine vorgefassten Meinungen und deine Tendenzen zu identifizieren. Frage dich, wie das *Sollte* in dieser Situation aussieht? Welche Entscheidung *sollte* ich nach meinem Gefühl treffen? Was erwarten andere – die Gesellschaft, die Kultur, meine Familie, meine Altersgenossen – als Antwort von mir? Und ist das auch das, was ich tun *möchte*?

Wir leben alle in Strukturen. Es gibt Dinge, die wir wollen sollen, und Dinge, von denen man uns sagt, sie seien uns nicht erlaubt. Oft genug geht es bei diesem Sollen und Nichtdürfen nicht um das jeweilige Ding selbst, sondern darum, wer wir sind und wo wir in der Gesellschaft angesiedelt sind. Ich habe einmal einen außergewöhnlichen Essay von Jess Zimmerman über Hunger gelesen (*Hunger Makes Me*, 2016), genau genommen darüber, welcher Unterschied zwischen den Geschlechtern bei der Zulässigkeit von Hungergefühlen besteht. »Ein Mann kann einen herzhaften Appetit haben«, schreibt sie, »aber eine Frau mit großem Appetit ist stets gefräßig: Ihr Hunger ist immer eine Nummer zu groß, weil es ihn eigentlich gar nicht geben sollte.« Manchmal erwartet man von uns, dass wir den vierten Kelch höflich ablehnen, so tun, als wollten wir ihn nicht, weil wir schon so viele Kelche haben (oh, nein danke!). Bei anderen Gelegenheiten haben wir das Gefühl, der Kelch wird uns aufgezwungen: Aber natürlich möchtest du dieses neue Projekt übernehmen oder diese neue Verbindung annehmen. Es wäre unhöflich, das nicht zu tun.

Die Wahrheit ist, es ist weder unhöflich, Nein, noch unangemessen, Ja zu sagen. Sei einfach ehrlich zu dir selbst: Möchtest du das?

FRAGEN, DIE DU STELLEN SOLLTEST, WENN DU DIESE KARTE SIEHST: Welche Chancen werden dir gerade geboten? Fühlst du dich in irgendeiner Weise verpflichtet, etwas anzunehmen oder abzulehnen? Was möchtest du in der Tiefe deines Herzens wirklich tun? Hungerst du nach mehr und anderem? Musst du dir Erlaubnis geben, wenn du Nein sagen willst?

DIE FÜNF DER KELCHE

Verlust, Kummer, Reue, Pessimismus,
Weitergehen, Akzeptanz, Heilung

Diese Karte übermittelt sehr intensive Emotionen – in vielen Decks gehört sie zu den Karten, die äußerst bedrohlich wirken, wenn sie in einer Legung auftauchen. Doch obwohl sie eine melancholische Karte ist, die dich auffordert, sehr vorsichtig mit den Gefühlen des Fragestellers oder der Fragestellerin umzugehen (auch, wenn du selbst die oder der Fragende bist), ist sie auch eine der Karten, die das größte Potenzial für eine Katharsis anbieten.

In den meisten Decks ist eine verloren wirkende Gestalt

dargestellt, die dem Betrachter den Rücken zukehrt und der Landschaft auf der Karte zugewandt ist. Vor ihr liegen mehrere Kelche, die umgefallen oder zerbrochen sind. Diese Kelche stehen für Verluste, Enttäuschungen und Fehlschläge, und auf diese Dinge konzentriert sich der Charakter der Karte unter Ausschluss von allem anderen. Die Stimmung entspricht der alten Nintendo-Botschaft beim Verlassen des Bildschirms: »Everything not saved will be lost« (alles, was nicht gespeichert ist, geht verloren). Jemandem, der gerade mitten in einer Fünf-der-Kelche-Phase steckt, geht es nicht gut. Er ist betrübt, er trauert, und zwar höchstwahrscheinlich aus gutem Grund. Diese Karte anerkennt und würdigt dieses Gefühl.

Aber normalerweise gibt es an einer anderen Stelle der Karte weitere Kelche. Diese Kelche stehen aufrecht und sind heil. Sie symbolisieren Hoffnung und Möglichkeiten – das, was nicht ausgelaufen und nicht verloren ist, auch wenn du das im Moment noch nicht sehen kannst, auch wenn du noch zu sehr mit dem beschäftigt bist, was verschwunden ist. Es ist selten (aber natürlich nicht vollkommen ausgeschlossen), dass einem das Leben eine reine Pechsträhne serviert. Und noch seltener gibt es dann gar keinen Ausweg: kein Licht, wie zart auch immer, das noch im Dunkeln brennt und dir den Rückweg zeigen kann.

Die Fünf der Kelche hat zwei miteinander verknüpfte Botschaften, und es ist der Mühe wert, sie auseinanderzuklauben. Sie erinnert daran, dass Verlust zum Leben gehört und dass Trauer gesund ist. Wenn sie auftaucht, ist das manchmal ein Zeichen dafür, dass du dich zwar vielleicht obsessiv mit dem Grund deines Schmerzes beschäftigst, dir aber dennoch nicht erlaubt hast, seine ganze Tiefe zu empfinden. Die Fünf der Kelche erinnert daran, dass der einzige Weg nach vorn durch den Schmerz hindurchführt: Du kannst dich nicht gegen den Lauf des Wassers stemmen, wenn Trauer ansteht, und auch deine Verluste nicht leugnen. Du kannst nur die Arbeit machen, die nötig ist, um die Verluste in deine derzeitige und zukünftige Persönlichkeit zu integrieren. Und das gelingt dir nur, wenn du dem Scheusal in die Augen geschaut und es bei seinem wahren Namen genannt hast.

Diese Karte erinnert dich auch daran, dass eine Zeit kommen wird, in der du fähig sein musst, deine Trauer hinter dir zu lassen und weiterzugehen. Sie kann auftauchen, wenn du dir nicht erlauben kannst oder willst, in die Zukunft zu schauen – du aber genau das tun musst. Du kannst die Zeit nicht anhalten und solltest das auch nicht wollen. Manchmal schiebt dich die Karte auch sanft in Richtung der Erkenntnis, dass es der Schlüssel zum Loslassen ist, den Blick zu heben, sodass du die Dinge siehst, die noch da sind, und nicht nur die, die du verloren hast.

Im Rider-Waite-Smith-Deck sieht man im Hintergrund der Karte eine Brücke, die überquert werden muss: Das ist der Weg auf die andere Seite deiner Gefühle. Diese Karte fragt dich ganz einfach: Was musst du unternehmen, um dorthin zu gelangen?

FRAGEN, DIE DU STELLEN SOLLTEST, WENN DU DIESE KARTE SIEHST:
Hast du vor Kurzem jemanden oder etwas verloren? Vermisst oder betrauerst du etwas? Wie fühlst du dich? Gibt es irgendetwas, das du erhoffst oder auf das du dich freust? Hast du dir die Zeit gelassen, die du brauchst, um deinen Schmerz zu spüren? Bist du bereit weiterzugehen?

DIE SECHS DER KELCHE

Nostalgie, Erinnerung, Süße, Unschuld, Kindheit, Tradition, die Vergangenheit

Uff! Mit der Fünf sind wir ja durch etwas steiniges Gelände gewandert. Aber keine Sorge. Nimm dir einen weiteren Kelch, jetzt hast du die Chance, dich neu aufzustellen.

Die Sechs der Kelche ist eine der eher süßen Karten der Reihe. Wenn man dieser Karte einen Namen geben sollte, dann wäre es »Nostalgie«. In den meisten Decks, vor allem in denen, deren Grundlage das *Rider Waite Smith Tarot* ist, sieht die Karte wie ein verblasstes Familienfoto aus: eine verschwommene Traumlandschaft mit einer Fülle von

Blumen und kaum erkennbaren Gestalten. Das ist ein bisschen verwirrend und auch nicht so recht verständlich, wie das bei Kindheitserinnerungen häufig der Fall ist. Man muss sich einfach darauf einlassen.

Deutet man die Karte sehr wörtlich, lädt sie einen ein, mit einem früheren Ich in Verbindung zu treten. Das kann bedeuten, an einstige Lieblingsplätze oder frühere Wohnorte zurückzukehren, Kontakt zu Menschen aufzunehmen, die du lange nicht gesehen hast, oder dich an Menschen zu erinnern, die nicht mehr da sind. In diesem Gelände fühlen sich nicht alle wohl, besonders, wenn Kindheit oder Vergangenheit schwierig waren oder wenn ihr Kindheits-Ich nicht mehr für das repräsentativ ist, was sie heute sind. Aber diese Karte lädt dich ein, Raum zu schaffen für einen Moment des Friedens, des Glücks, der Verbundenheit oder Zufriedenheit – wann immer und was immer das war. Kleine Augenblicke wie diese können sehr tief gehen: Sie geben dir eine Chance, zu bedenken, wofür du dankbar bist oder was du bereitwillig hinter dir lassen willst.

Unterschätze nicht den Wert, den dieses Nachdenken über die Vergangenheit haben kann. Nostalgie kann Menschen ein Gefühl der Identität geben, sie kann uns spüren lassen, dass wir Wurzeln haben, und sie kann dem Leben mehr Bedeutung verleihen. Man hat festgestellt, dass wir sie an kalten Tagen dazu nutzen können, uns buchstäblich wärmer zu fühlen. Die Psychologin Erica Hepper hat in einem Interview mit der *New York Times* die Theorie vertreten, dass Nostalgie Menschen sogar helfen kann, mit Übergangsphasen im Leben besser zurechtzukommen.

Das Tarot symbolisiert sehr häufig Veränderung und scheut sich nicht, auf die Tatsache hinzuweisen, dass Veränderung nicht immer leicht ist. Wie schön ist es daher, dass die Sechs der Kelche uns eine Art metaphorische Wohlfühlblase anbietet, die uns einhüllt und gegen die Beulen und blauen Flecken polstert, die unser Leben, unvorhersehbar, wie es ist, so mit sich bringt. Bei dem ständigen Eiertanz auf der Suche nach Neuem bei gleichzeitiger Vermeidung von Risiken, der das menschliche Verhalten charakterisiert, geht es mit dieser Karte ganz und gar um die Freude daran, sich an bekannte Wege zu halten oder sie noch einmal zu gehen, und eher zurück- als vorwärtszuschauen. Sie wird mit gutem Grund als Wohlfühlblase bezeichnet, und es gibt Zeiten, in denen es genau das Richtige ist, mit einer Tasse Tee und deinen Lieblingskeksen in deiner Blase zu sitzen und eine Samstagabendshow im Fernsehen anzuschauen.

Die andere Seite der Sechs der Kelche hat weniger mit dem zu tun, was du brauchst, als mit dem, was du zu geben hast: mit deinem Vermächtnis. Unser Geist beschwört immer wieder die Vergangenheit herauf, und wenn wir älter werden, intensiviert sich das. Philippa Perry schreibt in ihrem Buch *Wie man den Verstand behält:* »Wenn wir älter werden, wird eher unser Kurzzeitgedächtnis schwächer, unser Langzeitgedächtnis bleibt aktiv. Vielleicht haben wir uns im Laufe der Evolution so entwickelt, damit wir der jüngeren Generation von jenen Geschichten und Erfahrungen berichten können, die uns geformt haben und die womöglich auch das Wohlergehen der nachfolgenden Generationen sichern können.«[3] Die Sechs der Kelche fragt dich, welche Geschichten das für dich sein könnten.

FRAGEN, DIE DU STELLEN SOLLTEST, WENN DU DIESE KARTE SIEHST:
Welche Geschichten erzählst du von dir selbst, wenn du anderen Menschen begegnest? Was hat dir die Vergangenheit geschenkt? Wo und wann fühlst du dich wohl und sicher? Hast du in der Zeit des Heranwachsens etwas verloren, das du zurückgewinnen möchtest? Was wirst du hinterlassen?

DIE SIEBEN DER KELCHE

Begehren, Träume, Fantasie, Vorstellungskraft,
Ehrgeiz, Wahlmöglichkeiten, Gier, Illusionen

Zu den Dingen, die beim Tarot Spaß machen (die man sich aber auf jeden Fall klarmachen muss), gehört, dass es eine Vorliebe für das Drama hat. Ja, es geradezu *liebt*. Warum sollte man etwas in einfacher, schnörkelloser Sprache ausdrücken, wenn es auch anders geht?

So ist dies die Karte der müßigen Tagträume, der Fantasien und der tiefsten Wünsche, seien sie ehrenhaft und nobel oder ehrgeizig oder pikant. Die Sieben der Kelche sagt dir, dass du deinen Gefühlen Aufmerksamkeit schenken sollst, und mahnt dich zu fragen, was hinter den Entscheidungen steht, die du triffst. Das *Rider Waite Smith Tarot* drückt das durch das Bild einer Person aus, die zu einer Reihe von sieben Kelchen hochschaut, die auf einem Förderband aus Wolken schweben. Aus diesen Kelchen quellen Juwelen und andere Schätze, Versuchungen und Geheimnisvolles, Flüche und Häupter und … jawohl! Schlangen! Es sieht aus wie eine chaotische psychometrische Gameshow, und tatsächlich fühlen wir alle uns manchmal genau so.

Im Kern sagt diese Karte einfach: Du hast Gefühle, und zwar viele und sehr verschiedene. Manche sind gesund und gutartig, andere weniger. Hier kommt eine Einladung an dich, sie zu beobachten, besonders wenn sie dich im Griff zu haben scheinen. Die Karte ist ein Anstoß, dir darüber klar zu werden, ob das, was du in dir selbst und der Welt siehst und was du darüber denkst, in der Realität verankert oder eine Illusion ist. Sie fordert dich auf, unter die Oberfläche deiner Ängste und deiner Sehnsüchte zu schauen und ihren Ursprung zu erforschen.

Die Siebenerkarten im Tarot haben alle damit zu tun, dass man etwas für sich selbst tut – und dementsprechend kann diese Karte neue Chancen dafür symbolisieren, deine Träume und Fantasien in die Tat umzusetzen. Diese Karte steckt voller Möglichkeiten, ist ein Smörgåsbord an Optionen, das vor dir ausgebreitet wird und aus dem du die leckersten Bissen herauspicken kannst. Doch wie die merkwürdigen Objekte, die in den Kelchen dargestellt sind, nahelegen, ist die Karte auch eine Warnung, Dinge nicht immer unbesehen zu glauben – insbesondere, wenn es um die Stimme des Herzens oder das Wirken der Fantasie geht. Wie die Speisen, die bei einem Feenmahl gereicht werden, können Dinge, die für das Auge köstlich und verlockend aussehen, in deinem Mund zu Erde und Asche werden. Diese Kelche sind noch keine Wirklichkeit. Bist du sicher, dass sie eine korrekte Darstellung dessen sind, was möglich ist? Bist du sicher, dass du ehrlich zu dir bist und nicht eine Illusion oder eine idealisierte Version dessen heraufbeschwörst, was du dir erhoffst? Gibt es einen Schatten auf dem Traum, den anzuerkennen du dich hartnäckig weigerst?

Die Sieben der Kelche sagt dir, dass es Zeit ist, zur Tat zu schreiten, aber nicht, ohne sicherzustellen, dass die Gefühle und Absichten hinter deiner Entscheidung richtig sind. Denn es ist recht und gut, dir vorzustellen, dass du dein Kaminsims mit prächtigen Kelchen füllen willst, die jedermann bewundert – aber hast du schon jemandem von den Schlangen erzählt?

Kurt Vonnegut schrieb in *Mutter Nacht:* »Wir sind, was wir vortäuschen, und deshalb müssen wir bei dem, was wir vortäuschen, vorsichtig sein.«[4] Dieser Ausspruch passt gut zur Sieben der Kelche. Am Ende des Tages wirst du zu dem, was du immer wieder tust. Manchmal siehst du die Auswirkungen deines Handelns erst Jahre später, triff also deine Wahl jeweils bewusst und auch weise.

FRAGEN, DIE DU STELLEN SOLLTEST, WENN DU DIESE KARTE SIEHST:
Was geht dir durch den Sinn, wenn du Tagträumen nachhängst? Gibt es irgendwelche Muster in dem, was dir in Mußestunden durch den Kopf geht? Stellst du fest, dass du immer wieder die gleichen Sorgen oder Ängste oder Auseinandersetzungen durchspielst? Was würdest du tun, wenn du keine Angst hättest?

DIE ACHT DER KELCHE

Abschluss, Weitergehen, Lernen, Verlust,
neue Kapitel, neue Abenteuer

Es gibt ein Sprichwort, das sowohl Fiona als auch ich schon oft in Bezug auf Partys angeführt haben, allerdings sind wir beide nicht sonderlich gut darin, es zu beherzigen: »Man soll immer gehen, wenn es am schönsten ist.« Jeder weiß, dass es alles andere als cool ist, bei irgendeinem Event als Letzter die Stellung zu halten. Und doch ruft manchmal die Nacht, und deine Begeisterung und deine natürliche Lebensfreude antworten … und ehe du dich versiehst, sind alle anderen gegangen, und du stehst noch da und weißt, du hättest viel lieber zu den Leuten gehört, die gemerkt haben, wann die Stimmung den Zenit überschritten hatte (So elegant! So achtsam!), und genau im rechten Moment aufbrachen.

Wie es bei geselligen Anlässen ist, so ist es auch bei vielen anderen Dingen im Leben: Sie haben einen natürlichen Endpunkt, eine Art Verfallsdatum, das man beachten sollte, aber häufig ausblendet. Denn manchmal ist es schwer, aufzuhören, schwer, loszulassen. Manchmal ist es sogar schwer, zu merken, dass man viel länger geblieben ist, als man willkommen war und mit seinem Erscheinen Freude ausgelöst hat. Wer kann schon von sich behaupten, noch nie an etwas ein wenig zu lange festgehalten zu haben: an einer einst wunderbaren Beziehung, die schal geworden ist, an Freundschaften, die für die Beteiligten nicht mehr stimmen, an einem Traum, der einmal alles bedeutet hat, nun aber nicht mehr den alten Glanz hat.

Veränderung ist unvermeidlich und häufig unbequem. Das Tarot erinnert die Deutenden oft und gerne an diese Tatsache, und diese Karte ist eine ziemlich direkte Aussage dazu. Die Acht der Kelche ist die leisere und etwas weniger schroffe Schwester der Karte »Tod«. Sie besagt, dass manchmal Dinge zu Ende sind, ob du das willst oder nicht, und dass es keinen Sinn hat, so zu tun, als sei das nicht so. Nicht alle Beziehungen sind dauerhaft, nicht alle Ideen reifen und tragen Frucht, nicht jedes Zuhause (ob real oder metaphorisch) ist eine Bleibe für immer. Und die Karte erinnert dich daran, dass du mit dem Versuch, diese Dinge allzu lange festzuhalten, manchmal auch das ruinierst, was sie dir einmal bedeutet haben.

Es ist ein hohes Gut, zu wissen, wann man Schluss machen muss, wann man etwas hinter sich lassen muss, weil seine Zeit abgelaufen ist. Es ist nicht immer leicht, aber es kann eine sehr kraftvolle Aktion sein: Es ist sicherlich befreiend, aber es ist auch ein Akt der Freundlichkeit und der Fürsorge für dich selbst und für andere. Es erlaubt dir, die Erinnerung an das zu behalten, was du hattest, und mit einem wohligen Gefühl darauf zurückzublicken – tatsächlich zeigt diese Karte meist jemanden, der von acht Kelchen weggeht, die allesamt aufrecht und unversehrt am Ufer stehen. Das ist eine Art friedlicher Weggang, bei dem man keinen Scherbenhaufen zurücklässt. Hollywoodstar Gwyneth Paltrow hat den Fachausdruck »conscious uncoupling« populär gemacht; gemeint ist damit ein Prozess, der Paaren zu einer friedlichen Trennung verhelfen soll, allerdings gilt diese Philosophie im Tarot schon seit Langem.

Die sanfte, aber bestimmte Botschaft der Acht der Kelche lautet, dass es in Ordnung ist, loszulassen. Die Karte kann auftauchen, wenn jemand gerade zu einem Abschluss gefunden hat, oder wenn das notwendig ist. Es gibt Gelegenheiten, bei denen eine Politik der verbrannten Erde das Beste sein kann (siehe »Der Turm«), aber wenn diese Karte erscheint, weißt du, dass das in diesem Fall nicht gilt.

FRAGEN, DIE DU STELLEN SOLLTEST, WENN DU DIESE KARTE SIEHST:
Gibt es etwas in deinem Leben, dessen Zeit abgelaufen ist und an dem du immer noch festhältst? Ist es Zeit für dich, es loszulassen? Wird es wirklich zum erwünschten Resultat führen, wenn du darum kämpfst? Hast du kürzlich etwas losgelassen? Hast du Schuldgefühle, wenn du weggehst?

DIE NEUN DER KELCHE

Persönliche Befriedigung, Abschluss, Zufriedenheit, Wohlgefallen, Genuss, Dekadenz, Stolz

Meine Güte, wie viele Kelche du hast! Kelche, Kelche, Kelche, so weit das Auge reicht! Selten habe ich eine so stattliche und vielfältige Reihe von Kelchen gesehen – und so schön zur Geltung gebracht! Ich freue mich riesig für dich, wie schön für dich!

Ich bezeichne diese Karte gerne als »eine Frau in der Blüte ihrer Jahre«. Dabei ist zunächst einmal festzustellen, dass jeder Mensch jeglichen Geschlechts »eine Frau in der Blüte ihrer Jahre« sein kann – wir sprechen hier vom Tarot und alles ist metaphorisch gemeint (der lustige Bursche im Rider-Waite-Smith-Deck passt auf alle Fälle sehr gut zu dieser Beschreibung). Ich habe inzwischen sogar eine Anzahl männlicher Kollegen, die diese Formulierung übernommen haben und sie munter in ihrer täglichen Arbeit nutzen. Sie haben sie kennengelernt, nachdem ich ihren Inhalt zu einem Neujahrsvorsatz erhoben hatte: Vergiss spezifische, messbare Objektivität; das Ziel für das damalige Jahr war, eine Frau zu werden, die Lust am Leben hat und es genießt, ohne sich dafür zu entschuldigen; die sich nur noch mit Menschen umgibt, die sie liebt, und der es rundherum bestens geht. Kurz, jemand zu werden, von dem andere sagen konnten: »Ah, das ist eine Frau in der Blüte ihrer Jahre.« Habe ich erreicht, was ich mir vorgenommen hatte? Natürlich nicht. Bereue ich, dass ich den Vorsatz überhaupt gefasst habe? Kein bisschen!

Die Neun der Kelche fordert dich auf, dir einen Augenblick Zeit dafür zu nehmen, das zu schätzen, was dich umgibt, das Leben, das du dir aufgebaut hast, die Freundschaften, die du geschlossen hast, die Dinge, die du gestaltet hast. Ich denke, manchmal scheuen wir uns ein wenig, all unsere Erfolge und Freuden vor uns aufzureihen und zu sagen: »Schau nur, wie herrlich!« Wir können einen Anflug von Aberglauben verspüren – habe ich das wirklich verdient? Werden mir diese Dinge genommen, wenn es aussieht, als sei ich stolz auf sie? Ist wirklich alles so gut, wie es aussieht, oder wartet gleich um die nächste Ecke schon eine Katastrophe auf mich? Kann ich mir leisten innezuhalten? Die Neun der Kelche behauptet, dass du all das verdienst: Sie sagt auch, dass du diese Fülle selbst geschaffen hast. Diese Kelche sind dir nicht einfach durch Zufall in den Schoß gefallen. Du hast sie geschmiedet, und es ist recht, dass du dich an ihnen freust. Es ist in Ordnung, dass du innehältst und sie genießt.

Diese Karte handelt vom Leben im Augenblick und davon, die großen oder kleinen Glücksmomente, die dir das bringen kann, wirklich zu erleben. Sie ermutigt dich zum Schwelgen: Verschiebe nicht auf die Zukunft, was du schon jetzt genießen kannst. Sie sagt dir, du sollst die Bedenken in den Wind schlagen und einfach leben, in das eintauchen, was du gerne tust, und die Menschen, die du dir aussuchst, von ganzem Herzen lieben. Sei ruhig ein bisschen albern, wenn du dazu in der Stimmung bist. Sei romantisch, sei impulsiv, sei spontan. Freue dich an den Genüssen von Leib und Seele. Bewundere jeden einzelnen deiner schön geschmiedeten Kelche und lade andere Menschen dazu ein, sie ebenfalls zu betrachten.

Der Schatten der Karte ist das Wissen, dass diese Freude vergänglich ist. Jawohl. Es werden in Zukunft immer auch schlechte Tage kommen. Es wird immer neue Herausforderungen zu bestehen geben, neue Ziele, die du dir setzen musst, neue Höhen, die es zu erklimmen gilt. Es gibt kein dauerhaftes Happy End (mehr dazu gleich bei der Zehn der Kelche). Aber es gibt ein Hier und Jetzt, und manchmal, wenn es überquillt von Süßigkeit, ist das einzig Richtige, einen tiefen, langen Zug von diesem Trunk zu nehmen.

FRAGEN, DIE DU STELLEN SOLLTEST, WENN DU DIESE KARTE SIEHST:
Was bringt dir Befriedigung? Was hast du für dich selbst gestaltet, das eine Würdigung verdient? Wie kannst du das Gute im Hier und Jetzt feiern? Wie definierst du Erfolg? Was gibt dir ein Gefühl von Erfüllung? Ist beides dasselbe? Verleugnest du Gefühle des Stolzes? Machst du dir Sorgen darüber, ob du Gutes verdient hast? Womit kannst du dich heute verwöhnen?

DIE ZEHN DER KELCHE

Familie, Glück, Vollendung, Freude,
unerfüllte Erwartungen, Selbstzweifel

Ist das nicht wunderbar? Auf dieser Karte ist oft ein Paar abgebildet, das sich umarmt und dessen Kinder unter einem Bogen aus glänzenden Kelchen vor einem blauen Himmel spielen. Eine heiterere Szene fällt mir unter den Kleinen Arkana kaum ein. Ja, ja, ich weiß, du bist mit der Vorstellung zum Tarot gekommen, dass an allen Ecken und Enden Verhängnis und böse Vorzeichen lauern, und wir kommen dir hier mit Regenbogen. Damit rechnet keiner von uns. Und wenn die Karte bei einer Legung auftaucht, gehen – ehrlich gesagt – auch bei vielen die Augenbrauen hoch. Fühle ich mich so? Oder sollte ich mich so fühlen? Sieht so das Glück aus? Ist das … gut?

Was man beim Auftauchen der Zehn der Kelche in einer Legung als Erstes betonen sollte, ist, dass bei dieser Karte – im Gegensatz zur Karte »Tod« – weitgehend das Bild ihrer Bedeutung entspricht. Sie steht für Freude, Glück, Erfüllung und Familie. Wenn du emotional gerade an einem guten Punkt bist, kann sie signalisieren, dass du einen Moment innehalten und feiern sollst, wie weit du im Leben gekommen bist. Du bist emotional gewachsen und hast am Ende Zufriedenheit gefunden. Hier kann man es sich gutgehen lassen!

Doch viele Menschen haben beim Anblick der Zehn der Kelche in einer Legung das Gefühl, sie seien noch nicht ganz so weit. Oder Erfüllung sehe für sie nicht so aus, wie es die heteronormative Familienszene auf der Karte zeigt. Sie sieht verdächtig nach einem Märchenende vom Typ »und lebten glücklich zusammen bis ans Ende ihrer Tage« aus, während das Leben doch in Wahrheit selbst im besten Falle wesentlich nuancierter und komplexer und unordentlicher ist. Wenn man der Zehn der Kelche nachjagt, kann sich das anfühlen, als sei man auf der Jagd nach dem Ende des Regenbogens: Es verschiebt sich ständig und bleibt stets knapp außer Reichweite.

Eine der großen Fragen, die diese Karte aufwirft, lautet: »Wer soll ich eigentlich sein?« Heute fühlt es sich an, als müssten wir uns alle mit unzähligen Vorstellungen davon befassen, wie wir unser Leben gestalten sollen. Sie sind nicht immer hilfreich und kommen einander oft ins Gehege. Sei beruflich erfolgreich! Finde das, wofür du brennst! Kaufe auch ein Haus! Sei um deiner selbst willen schön! Führe ein erfülltes Leben! Lebe als Single! Finde aber auch eine Liebe! Und vergiss nicht, ein Baby zu bekommen! Diese sozialen Narrative, die da sagen: Werde erwachsen, wähle einen Beruf, suche einen Partner oder eine Partnerin, gründe eine Familie, bieten dir ausgetretene Pfade an, denen du natürlich folgen kannst. Aber letzten Endes sind das nur Geschichten, manche davon uralt, von denen manche zu dir passen und andere nicht. Es kann erschöpfend sein, zu entscheiden, was man mit seinem Leben anfangen soll, ganz besonders, wenn andere Menschen andere Wege wählen, was die Unsicherheit über deinen eigenen Weg noch vergrößert.

Jen und ich bevorzugen Interpretationen der Zehn der Kelche, die die Bedeutung der Karte offenlassen, jenseits von »hab eine Familie, hab Kinder, finde einen Regenbogen und tanze«. Beim Tarotdeck *Carnival at the End of the World* (von Kahn und Selesnick) trägt bei dieser Karte ein maskierter Cowboy ein Tablett mit zehn verschiedenen Gefäßen in den Händen. Das legt dir nahe, sie zu ergreifen und zu füllen, wie du möchtest. Das ist keine kleine Aufgabe, aber das ist die Herausforderung, die den Kern der Zehn der Kelche ausmacht: Schreibe deine eigene Geschichte. Sie ist vielleicht nicht perfekt, sie sieht vielleicht nicht wie die aller anderen aus und sie bleibt vielleicht nicht für immer gleich, aber wie immer sie aussieht: Sorge dafür, dass es deine ist.

FRAGEN, DIE DU STELLEN SOLLTEST, WENN DU DIESE KARTE SIEHST: Worauf bist du stolz? Was macht dir Freude? Bist du glücklich? Was ist die Quelle deines Glücks? Hast du dir das Leben aufgebaut, das du haben möchtest? Vergleichst du dich mit anderen? Wer sind deine Vorbilder?

DER BUBE DER KELCHE

Inspiration, Träume, das Unbewusste, Magie, Wunder, Intuition, verborgene Tiefen, kreative Neugier

In den meisten Tarotdecks ist der Bube der Kelche als eine Gestalt dargestellt, die einen Kelch mit einem kleinen Fisch darin in die Höhe hält: eine kleine Überraschung, etwas Lebendiges und Unerwartetes im Geschirr. Im *Circo Tarot* von Marisa de la Peña ist die Überraschung noch größer: Ihr Bube der Kelche ist ein riesiger, lächelnder Fisch, der einen Becher mit einem kleinen Jungen darin mit den Flossen in die Höhe hält. Das ist für mich das bestmögliche Bild für den Buben der Kelche: eine Karte, die die Fantasie anspricht, den unscharfen Grenzbereich zwischen dem Realen und dem Unwirklichen. Sie ist die Karte des Unbewussten, in dem Mythen und Legenden geboren werden, und in dem Fantastisches lebendig werden kann. (Wenig überraschend ist in einigen anderen Decks dieser Bube als Meerjungfrau dargestellt.)

Der Bube der Kelche steht häufig für kreative Inspiration: eine plötzliche Erkenntnis, einen originellen Gedanken. Jetzt ist der Moment, in dem nach langem Herumkauen auf einem Problem oder einer Herausforderung plötzlich eine Lösung auftaucht wie ein unbekanntes Geschöpf, das aus den Tiefen des Meeres aufsteigt und endlich zur Oberfläche durchbricht. Es ist der Moment, der dich daran erinnert, dass unter dem klaren, eindeutigen Narrativ, das für dein Bewusstsein charakteristisch ist, noch geheimnisvolle verborgene Grotten liegen; dass da fortwährend Prozesse stattfinden, deren du dir gar nicht bewusst bist, die aber ständig irgendetwas in Arbeit haben. Du siehst und spürst wesentlich mehr, als dir bewusst ist, viel mehr, als dir in Erinnerung ist, und jeder sensorische Input ist Brennstoff für den Hochofen deines Unbewussten.

Aus diesem Grund wird der Bube der Kelche in hohem Maße mit sehr kreativen Menschen assoziiert. Aber er hat auch starke Verbindungen zu den Träumen: den merkwürdigen, wunderbaren und höchst eigenartigen Produkten deines Gehirns im Schlaf. Wie wir alle wissen, kann es sein, dass man bei den Träumen eine ganze Menge Schutt durchkämmen muss, bis man auf etwas stößt, das Sinn macht. (Du tätowierst einen Schnurrbart aus Blumen auf dein Gesicht! Du erfindest einen neuen Farbton für Rouge und nennst ihn SCHINKEN! Du findest eine Goldmünze, so groß wie ein riesiger, runder Keks, in deiner Tasche und gibst sie einem Obdachlosen! Du reitest auf einem Pferd!) Aber der Bube der Kelche sagt dir, du sollst das trotzdem tun und dich an dem Prozess des Erforschens, des Durchsiebens der Bruchstücke freuen, um zu sehen, ob du dabei auf Gold stößt. Er legt dir nahe, neugierig auf dich selbst zu sein, ganz ähnlich, wie das ein Therapeut oder eine Therapeutin wäre, und oft aus ähnlichen Gründen. Die Karte fordert dich auf, dich zu fragen: Woher ist dieser Gedanke gekommen? Wie passen diese Erinnerungen zusammen? Was sagt mir das über mich selbst?

Man könnte sogar mit gutem Recht sagen, wenn es eine Karte gäbe, die unsere Art, das Tarot zu deuten, am besten repräsentiert, dann wäre es der Bube der Kelche. Sie lädt dich dazu ein, die Geschichten, die du dir selbst erzählst, und die Geschichten, die du dir *über* dich selbst erzählst, zu erforschen und infrage zu stellen. Sie lädt dich ein, einige der Dinge auszumustern, die du als unumstößliche Wahrheiten ansiehst, und zu überlegen, was geschehen könnte, wenn du stattdessen auf deine Träume hören würdest. Sie verspricht keine einfachen Antworten, aber sie öffnet die Tür zur Erleuchtung.

FRAGEN, DIE DU STELLEN SOLLTEST, WENN DU DIESE KARTE SIEHST: Was inspiriert dich? Wovon hast du in letzter Zeit geträumt? Ist etwas immer wieder aufgetaucht? Gibt es in deinem Leben etwas, das gerade jetzt Verwirrung stiftet? Gibt es irgendwelche Ideen, die immer wieder kommen, die dir zwar albern erscheinen, denen du aber trotzdem gerne nachgehen möchtest?

DER RITTER DER KELCHE

Romantik, Leidenschaft, ungeformte Emotion, Instinkt, Ideale, Abenteuer, neue Beziehungen, neue Ideen

Die einfachste Beschreibung für den Ritter der Kelche lautet, dass er *eine Menge Gefühle hat.* Du hast bestimmt schon mal so jemanden kennengelernt. Und ich bin mir beinahe sicher, dass du manchmal selbst so bist.

Wenn du je für längere Zeit mit einem Hund zusammen warst, wirst du das Prinzip des Ritters der Kelche besonders leicht erfassen können. Hunde empfinden Dinge tief und zeigen ihre Gefühle immer ganz offen. Ihre Emotionen sind stark, so stark, dass sie manchmal das

Gefühl haben, sie ließen sich gar nicht in einem Körper einsperren.

Diese Leidenschaft, diese Aufrichtigkeit, diese Unmittelbarkeit kann außerordentlich charmant sein. Diese Figur hat Träume, und sie ist mit der Mission unterwegs, sie zu verwirklichen. Aber wie bei allen Rittern führen Ehrgeiz und Handeln nicht immer zum ersehnten Ziel. Dieser Charakter muss noch lernen, wachsen und kann manchmal in seiner Begeisterung Fehler machen und andere rücksichtslos überfahren. So ein Mensch hat noch nicht die Kunst erlernt, an sich zu arbeiten, und erkennt nicht immer, wie verletzend er für andere sein kann. Was er sagt, kommt aus dem Herzen, aber er schaltet nicht unbedingt vorher sein Hirn ein. Und wenn er schmollt, merkst du das sofort. Und wie!

Diese Karte ist eine Darstellung des Romantikers in jedem Sinn des Wortes. Sie kann auf den entscheidenden ersten Akt in einer neuen Geschichte hinweisen, auf inbrünstige Versprechen, tiefe emotionale Verbindungen oder eine Kreativität, die dich verwandelt. Sie kann mit dem Streben nach neuen Idealen zu tun haben, mit dem Wunsch, die Welt zu einem besseren Ort zu machen, und mit dem Staunen über die Schönheit, die dich umgibt. Sie ist intuitiv, mehr von Gefühlen als von Logik getrieben, und daher vollkommen irrational. Wenn du bei einer Legung den Ritter der Kelche siehst, dann musst du wissen, dass du es mit dem Reptiliengehirn zu tun hast. Diese Karte steht für das limbische System: Es steuert instinktgeleitetes Handeln und erst hinterher wird das eigene Tun unterschiedlich erfolgreich rationalisiert. Es ist der Teil eines jeden Menschen, der ihn manchmal dazu bringt, völlig unsinnige Dinge zu tun – was manchmal in die Katastrophe und manchmal zum Triumph führt. Alles ist übergroß, übertrieben, dramatisch und tief empfunden.

Dabei muss man sich vor Augen halten, dass man mit dem Ritter der Kelche nicht diskutieren kann. Er ist eine Kraft, mit der man zu rechnen hat: Eine Flutwelle von Emotionen und Leidenschaft, die dann, wenn sie einmal in Bewegung gekommen ist, nicht mehr aufzuhalten ist. Dir bleibt nur, zu verstehen, wie und wo diese Kraft wirkt. Ist dein Fragesteller die Quelle dieser Kraft oder steht er ihr im Weg? Und wie sollte er darauf reagieren? Manchmal muss man auf dieser Welle des Ritters der Kelche reiten, sich weit von zu Hause wegtragen und an einem unbekannten neuen Ufer wieder am Strand absetzen lassen, damit man neu anfangen, eine neue Form des Daseins finden kann. Und manchmal muss man ihr einfach standhalten, sich wie ein Fels in der Brandung verankern, aufrecht dastehen und die Emotionswelle über sich hereinbrechen lassen. Doch ob so oder so: Der Ritter der Kelche wird eine veränderte Landschaft zurücklassen.

FRAGEN, DIE DU STELLEN SOLLTEST, WENN DU DIESE KARTE SIEHST:
Spricht diese Karte eigene Gefühle in dir an? Erinnert sie dich an jemanden in deinem Leben? In welchen starken emotionalen Strömungen bist du derzeit gefangen? Was sagt dir dein Instinkt? Wie fühlst du dich? Aufgeregt? Ängstlich? Sicher? Unsicher?

DIE KÖNIGIN DER KELCHE

Fürsorge, Intuition, Schutz, emotionale Intelligenz, Heilung, Liebe

Die Königin der Kelche ist die Herzkönigin. Sie denkt, fühlt und handelt aus Liebe – komme, was da wolle. Sie hat auch noch einen anderen, umgangssprachlicheren Namen: Sie ist die Mama. Wobei sie, wie ich betonen möchte, keinerlei Ähnlichkeit mit den gängigen Klischees hat (»als vielbeschäftigte Mutter …«). Man braucht auch keine Mutter im biologischen Sinne zu sein, oder eine zu haben, oder über eine zu sprechen, um diese Karte zu verstehen. Aber für die meisten Menschen beschwört sie eine vertraute Vorstellung herauf, ganz gleich, wie viel oder wenig Ähnlichkeit sie mit deiner eigenen Erfahrung mit dem Bemuttertwerden haben mag. Sie ist die Urmutter, der wohlwollende Archetyp, der in Geschichten jeglicher Kultur auftaucht. Sie ist ein Konzept, das jedes Säugetier bis ins Mark hinein verstehen kann.

Als Königin der Kelche ist sie Herrin über das Wasser, und ihr emotionaler Vorratsspeicher ist gefüllt mit Liebe, Mitgefühl, Empathie, Intuition und vielleicht auch Snacks. Diese Charakterisierung birgt das Risiko, dass diese Karte sich weich und kuschelig anfühlt – und das ist sie beileibe nicht. Diese Königin hat ihren Platz inne, weil ihr Herz von ihren Erfahrungen in der Welt geformt wurde, die nicht alle unkompliziert und leicht waren. Wie alle Königinnen ist sie eine Verkörperung von Reife im Deck und spricht mit Autorität über die Energie ihres Satzes. Wenn du die Königin der Kelche siehst, wirst du aufgefordert, deine Gefühle zu respektieren und auch die Gefühle von anderen. Gibt dir eine Situation ein unbehagliches Gefühl? Dann lohnt es sich, dem auf den Grund zu gehen. Fühlst du dich unerfüllt? Dann müssen wir etwas dagegen unternehmen.

Wenn du einfach nur dir und anderen zuhörst, bekommst du Zugang zur besten Seite der Königin der Kelche. Du gibst jemandem oder etwas Raum. Vielleicht spielst du sogar die archetypische Mutterrolle – entweder indem du für jemand anderen sorgst oder für dich selbst. Diese Königin kann ein Gefäß für deine Emotionen sein. Sie lässt dich wissen, dass du deine Gefühle zeigen und mitteilen kannst, dass sie ernst genommen werden. Dass du gesehen und gehört und nicht verurteilt wirst. Diese Karte rät dir, deine Gefühle und deine emotionale Intelligenz zu nutzen und dich mithilfe der Intuition vorwärtszutasten, ob du ein Hindernis überwinden oder einen neuen beruflichen Weg einschlagen willst oder einem Freund, einer Freundin helfen möchtest. Wenn sie in einer Legung auftaucht, kann sie dich auffordern, zu überprüfen, ob du dir die Freundlichkeit und Liebe zukommen lässt, die du brauchst – oder ob du diese Fürsorge von den Menschen erhältst, die dich umgeben.

Diese Karte erinnert mich auch an eine Erkenntnis, von der die Autorin Jeanette Winterson berichtet, die in ihrem autobiografischen Roman *Warum glücklich statt einfach nur normal?* über ihre traumatische Kindheit bei ihren Adoptiveltern schrieb (besonders über ihre »Monstermutter«). Später im Leben versöhnte sie sich mit ihrem Adoptivvater. »Wenn ich mein Leben betrachte, erkenne ich, dass die Fehler, die ich gemacht habe, die Dinge, die ich wirklich bedaure, keine Irrtümer beim Urteilen waren, sondern ein Versagen bei den Gefühlen« schrieb sie in ihrem Blog nach seinem Tod. Sie drängte andere, die von wichtigen Menschen in ihrem Leben entfremdet sind oder gegen sie kämpfen, »nach Möglichkeit den emotionalen Raum zu finden, sich sanft, allmählich, ohne Gewalt oder Künstlichkeit daran zu machen, den Schaden in Ordnung zu bringen.« Dieser Appell an Verbundenheit und Verständnis als Weg zu deiner Heilung ist das Herzstück der Königin der Kelche.

FRAGEN, DIE DU STELLEN SOLLTEST, WENN DU DIESE KARTE SIEHST:
Hörst du auf dich selbst? Vertraust du deiner Intuition? Fühlst du dich von den Menschen in deiner Umgebung gesehen? Wer kümmert sich um dich und um wen kümmerst du dich? Was könnte Empathie für dich in Ordnung bringen?

DER KÖNIG DER KELCHE

Selbsterkenntnis, Empathie, Mitgefühl, Geduld,
Bestätigung, Manipulation

Ein König der Kelche ist mit den Bedürfnissen seines Herzens in Berührung, aber er wird nicht von ihnen beherrscht. Er ist nicht immun gegen die Höhen, Tiefen und gelegentlichen Löwengruben der Emotionen: Er erlaubt ihnen nur nicht, ihn in die Falle zu locken. Wenn ein Gefühl aufsteigt, begrüßt er es wie einen alten Freund, auch wenn es für ihn unerwartet kommt. Hallo, Wut, hallo, Freude, hi, Traurigkeit und Misstrauen und guten Tag, Begierde. Dieser König verfügt über ein Maß an emotionaler Stabilität, das im Alltag nur selten anzutreffen ist. Und wenn er in einer Legung auftaucht, dann fordert er die Fragestellerin dazu auf, sich darüber Gedanken zu machen, wie weit sie ihr eigenes Herz beherrschen kann und von wem sie das als Kind gelernt hat.

Keine Figur im Tarot ist an ein bestimmtes Geschlecht geknüpft. Aber hier, in diesem Satz, der so oft den Familienbereich anspricht, fällt es schwer, diese Karte zu sehen und nicht an Vaterfiguren zu denken – seien es im engen Sinne biologische, vorgefundene Väter oder symbolische. Dieser König fordert uns auf, über wohlwollende väterliche Charaktere nachzudenken: Menschen, denen wir vertrauen können, deren Einfluss auf unser Leben sanft und lehrreich war und die emotional offen waren. Bei mir weckt diese Karte Erinnerungen an meinen Großvater: Er war ein Mann, der seine Berufslaufbahn beim Militär absolviert, aber nicht zugelassen hatte, dass ihn das kalt und distanziert machte. Wenn jemand ihm Unrecht tat, schaute er sich das an, und normalerweise war seine Reaktion darauf, dass er einfach sagte: »Das war gedankenlos.« Er hat von anderen nicht verlangt, dass sie ihre Gefühle unterdrücken, ließ sich aber von seinen eigenen nicht überwältigen. Er hat mir die schwierige Kunst beigebracht, mit Sorgfalt und Mitgefühl zu handeln.

Wie alle Königskarten ist jedoch auch diese zweischneidig. Jeder, der seine Emotionen so gut beherrschen kann, muss seinen Einfluss auf andere und die damit verbundene Pflicht anerkennen, ihnen als Vorbild für richtiges Verhalten zu dienen. Vaterfiguren können auch problematisch sein: Sie haben eine Macht, die nur allzu leicht missbraucht werden kann. Diese Dynamik entfaltet sich in zahlreichen Situationen außerhalb des häuslichen Bereiches, wie wieder und wieder im beruflichen Umfeld, in der Politik und in den Medien zu sehen ist. Für mich formuliert Katherine Angel das Geschenk und die Herausforderung des Königs der Kelche geradezu perfekt, wenn sie in ihrem Buch *Daddy Issues* (Vaterthemen) über diese Dynamik schreibt: »Dafür zu sorgen, dass ihre Kinder die Fähigkeit zu lieben entwickeln, ist die schwerste Aufgabe, die Eltern haben, und besonders schwer fällt sie ihnen, wenn sie Liebe von ihrem Kind brauchen, um sich als existent zu empfinden.« Im besten Fall erkennt ein König der Kelche, wann er vom Hochofen seiner eigenen Gefühle zurücktreten sollte, um jemand anders zu helfen, wachsen zu können. Nutzt er allerdings seinen Einfluss allein für die Befriedigung seiner eigenen Bedürfnisse, kann er das emotionale Leben derer ersticken, die er nähren sollte.

Diese Karte steht für emotionale Intelligenz auf höchstem Niveau: Nicht für einen Zielpunkt, den man erreicht, sondern für eine lebenslange Arbeit. Wenn der König der Kelche erscheint, solltest du dir einen Augenblick Zeit nehmen, um darüber nachzudenken, was es bedeutet, sich zu seiner Kraft zu bekennen und der größere Mensch zu sein. Nicht in einer märtyrerhaften oder selbstgefälligen Weise, sondern in dem Sinn, dass du weißt, wann du in einer Dynamik die Oberhand hast und dich selbst entsprechend steuerst.

FRAGEN, DIE DU STELLEN SOLLTEST, WENN DU DIESE KARTE SIEHST: Wie gehst du mit deinen Emotionen um? Wann beherrschst du sie und wann beherrschen sie dich? Nutzt du sie, um positive Veränderungen herbeizuführen oder erwartest du, dass sich andere um deine emotionalen Bedürfnisse kümmern? Hast du schon einmal selbst mitfühlende Führung erlebt? Oder bist du manipuliert worden?

Kapitel 5
Die Münzen

Diese Reihe nennt man die Pentakel oder die Münzen, und folglich wird manchmal angenommen, es gehe dabei um Geld, Geld und noch mal Geld. Dafür gibt es eine ziemlich prosaische Erklärung: Sie sehen wie Münzen aus. Die Pentakel sind große, flache, goldene Scheiben, in deren Oberfläche ein fünfzackiger Stern eingraviert ist. Sie sind aber keine Münzen im Sinne eines Zahlungsmittels und stehen für weit mehr als Finanzielles.

Das Element der Münzen ist die Erde. Daher geht es bei diesem Satz um Solides und um langsame Prozesse. Spontanes findet sich in diesen Karten nicht: Hier gibt es nichts Kapriziöses und herzlich wenig Platz für Lust und Laune. Die Münzen sind die erdende Kraft im Tarot, sehr fest in der physischen Welt verankert, und sie haben immer mit dem zu tun, was du haben und festhalten kannst, mit den Dingen, die man buchstäblich anfassen kann. Sie sprechen vom Zuhause, vom Körper, vom Besitz. Mit den Münzen sind wir oft auf der untersten Ebene der Bedürfnispyramide nach Maslow, bei den physiologischen Notwendigkeiten. Wenn also diese Karten auftauchen, dann laden sie dich dazu ein, über dein materielles Wohl, deine Gesundheit, dein Berufsleben, deine Lebenssituation und manchmal auch dein Bankkonto nachzudenken. Die Münzen stellen die uralte Frage: Wie solide ist deine

Basis? Woher kommen deine Ressourcen und wo fließen sie hin?

Du wirst rasch erkennen, dass sich bei den Münzen eine wahre Fundgrube an Themen auftut. Immer wieder geht es bei diesem Satz um Sicherheit und Stabilität, aber auch um ihr Gegenteil. Teamarbeit und Großzügigkeit sind hier angesiedelt, ebenso Habsucht und das Horten von Dingen. Auf halbem Wege tauchen unübersehbar Gerechtigkeit und ihr Fehlen auf. Komfort und Reichtum stehen Seite an Seite mit Isolation und Ausgrenzung. Und in den Hofkarten wird eindringlich dafür plädiert, dass du deinen Papierkram in Ordnung hältst. Das sieht vielleicht nicht nach einem aufregenden Trip aus, aber es ist ein wichtiger; dieser Satz deckt eine Menge Boden ab – viel mehr, als man auf den ersten Blick vermuten dürfte.

Hinzu kommt, und das sollte man nicht ignorieren, dass die Münzen mit ihren Fragen zu *Haben* und *Nicht-Haben* Karten sind, die häufig politische Themen ansprechen. Die Gesellschaft, in der wir leben, hat eine bestimmte Struktur. Sie hat endliche Ressourcen, die ungleich verteilt sind, sie kennt Privilegien und Armut, Sieger und Verlierer. Für viele Menschen ist dies der Satz, der ihnen am meisten Gelegenheit bietet, die strukturellen Gegebenheiten zu erkennen, zu formulieren und zu erforschen, die ihr Erleben des Daseins in der Welt prägen. Dieser Satz kann auch am besten die Kraft der Gemeinschaft ansprechen und zeigen, wie Gruppen einander unterstützen können.

Die Münzen mögen die Karten sein, die am meisten mit Festgelegtem zu tun haben, aber das heißt nicht, dass sie keine Möglichkeiten der Veränderung eröffnen. Die Erde ist nicht nur kalter, ewiger Stein. Sie ist fruchtbarer Boden, enthält ein schlummerndes Kraftpotenzial für Verwandlung. Dieser Satz umfasst das ganze Pflanzenreich: Blumen, Bäume und Wälder. Und Pflanzen wissen eines ganz genau: Nichts entsteht jemals aus nichts. Neues Wachstum muss gehegt, gepflegt und genährt werden, und es kann sehr langsam vorangehen. Niemand hat je behauptet, Fotosynthese sei einfach – Sonnenlicht in etwas Materielles zu verwandeln, kommt wohl einem Wunder näher als alles andere, das wir kennen. Sie ist ein stetiger, einzigartiger Transformationsprozess, der Dinge hervorbringt, die wir *berühren* können, Dinge, die Jahrhunderte überdauern können, Dinge, die ihre Verletzungen selbst heilen und weiterleben können, die ihre Gestalt verändern können, damit sie in ihrer sich wandelnden Umgebung besser gedeihen.

Manche finden diese Karten, in denen es um die materielle Welt geht, weniger interessant als andere Teile des Decks. Bei der Deutung dieser Karten musst du dir jedoch vor Augen halten, dass Münzen nicht einfach Gegenstände sind: Sie sind Talismane. Sie sind mit magischer Kraft ausgestattet, mit den Samen der Veränderung. Eine jede Karte ermöglicht es dir zu überlegen, wie und wo du die Kraft haben könntest, Dinge – und zwar reale Dinge – zum Besseren zu wenden.

DAS ASS DER MÜNZEN

Materielle Veränderungen, neue Umstände, Möglichkeiten, Konsequenzen, Fehlschläge, Angst

Alle Asse haben mit Anfängen zu tun, mit der spezifischen Natur des jeweiligen Anfangs, je nach Element und Energie der Reihe – in diesem Fall der Erde und der physischen Welt. Ganz wörtlich gedeutet, hat das Ass der Münzen etwas zu materiellen Möglichkeiten und Veränderungen zu sagen. Manchmal ist das offensichtlich: etwa wenn man umzieht oder eine neue Stelle antritt. Es kann aber auch subtiler sein: Umstände können sich ändern, es kann eine physische Veränderung in deinem Körper vorgehen, es kann eine neue Phase deines Lebens beginnen. Das Ass fragt danach, was für dich am Horizont auftaucht: Was ist im Begriff, sich zu manifestieren und zu verwirklichen, sei es durch deine eigenen Bemühungen oder auch nicht?

Man braucht nicht eigens hervorzuheben, dass diese Karte außerordentliche Kraft und ein hohes Potenzial hat. Am besten gefällt mir jedoch, dass sie auf die Tatsache hinweist, dass nicht alle Neuanfänge gewaltig und weltbewegend sind. Die großen Gesten und erdbebenartigen Umwälzungen des Tarots sind vor allem in den Großen Arkana angesiedelt. Beim Ass der Münzen geht es im Gegensatz dazu um die Bedeutung der ganz alltäglichen Entscheidungen und Veränderungen. Es erkennt an, dass es Dinge gibt, die viele oder sogar die meisten Menschen im Lauf ihres Lebens erleben, die aber nicht von geringerer Bedeutung sind, nur weil sie alltäglich sind. Millionen von Menschen werden in irgendeinem Jahr umziehen, die Stelle oder den Beruf wechseln, in den Ruhestand gehen, in die Pubertät oder die Menopause kommen, Eltern, Großeltern, Tante, Onkel, Bruder, Schwester werden – das Leben verläuft in endlosen Zyklen von Aufkeimen, Blühen, Fruchttragen und Vergehen. Aber ein Ereignis braucht nicht selten zu sein, damit es wichtig ist. Manchmal sind Veränderungen erwünscht, notwendig oder erwartet, manchmal zerstören sie etwas, manchmal stemmt man sich ihnen entgegen oder muss sie ertragen, manchmal sind sie wunderbare Überraschungen. Und natürlich weiß man überhaupt nicht, welche langfristigen Konsequenzen sie haben werden.

Auf den meisten Darstellungen dieser Karte ist natürlich eine große, goldene Scheibe mit einem Pentagramm abgebildet. Oft ruht sie in einer zur Schale geformten Hand im Vordergrund vor einer weitgehend leeren Landschaft. Die

Art, wie sie gehalten wird, und ihr Kontext erinnern an ein Samenkorn, das zur Aussaat bereit ist. Das ist für mich die schönste Vorstellung vom Ass der Münzen. Es steht für den Moment des Pflanzens und das Potenzial zum Keimen. Es garantiert kein Ergebnis, aber es erlaubt dir, dich zu fragen, was geschehen könnte, wenn dieses kleine Stück Leben Wurzeln schlagen und wachsen dürfte. Vielleicht wächst daraus eine zarte, seltene Blume oder auch ein häufiges Unkraut. Und vielleicht geht die Saat gar nicht auf – wenn der Boden nicht der richtige ist oder das Wetter zu rau oder das Samenkorn noch eine Weile ruhen muss, ehe es keimen kann. Doch ganz gleich, was geschieht: Es liegt etwas Wundersames in seinem unbekannten Potenzial und auch darin, ihm die Chance zur Verwirklichung zu geben.

Wir alle kennen das Sprichwort, dass aus kleinen Eicheln mächtige Eichen wachsen, aber mir kommen beim Anblick dieser Karte am häufigsten Worte aus einem Gedicht von Angela Carter in den Sinn: »Die kleinsten Dinge sind nicht die am wenigsten wunderbaren.« Wenn etwas Neues in die Welt kommt, ganz gleich, wie klein es sein mag, eröffnet es die Möglichkeit für etwas Wunderbares. Die Folgen können winzig kleine Wellen oder von einer Größe sein, die wir uns nicht einmal vorstellen können. Aber es kommt gar nicht auf das Ergebnis an, es kommt darauf an, mutig genug zu sein, einen Versuch zu wagen.

FRAGEN, DIE DU STELLEN SOLLTEST, WENN DU DIESE KARTE SIEHST: Welche Veränderungen siehst du für dich am Horizont? Was willst du in der Welt tun und verwirklichen? Mit welcher kleinen Handlung könntest du einen Anfang zu etwas Neuem machen? Auf welche Folgen hoffst du und wovor fürchtest du dich?

DIE ZWEI DER MÜNZEN

Konkurrierende Prioritäten, Gleichgewicht, Ungleichgewicht, Planlosigkeit, Stress

Diese Karte wird meist in Gestalt einer Person dargestellt, die am Meeresufer steht und mit zwei Münzen jongliert wie ein Zirkusartist. Manchmal schaust du auf diese Karte und sagst: Das ist ja fabelhaft! Schau nur, wie dieser Mensch mit diesen Scheiben jongliert, wie flüssig seine Bewegung ist, wie elegant. Dann wieder schaust du hin und denkst: Hmm, ein bisschen wackelig. Ich spüre hier eine Gefahr. Wie ein Fragender auf diese Karte reagiert, spielt eine Rolle, weil es eine Menge darüber aussagt, wie er sich gerade fühlt.

Diese Karte hat mit Geschäftigkeit zu tun: Wie kann man die vielen konkurrierenden Zuständigkeiten im Leben ausbalancieren? Sie bezieht sich auf alles, was Aufmerksamkeit und Aktion im Praktischen erfordert: Bei der Arbeit alle Bälle in der Luft halten; Finanzen, Zeitpläne und Familienmitglieder managen; den zweiten Schuh eines Paares aufstöbern, damit man zwei gleiche tragen kann; manchmal sogar nur ein elementares Niveau von persönlicher Hygiene aufrechterhalten. Wenn diese Karte erscheint, bietet sie dir die Chance, dir anzuschauen, wie du mit deinem ganz persönlichen Balanceakt im Leben zurechtkommst. Manchmal bist du in einem seltenen Gefühl von Flow, schaffst jeden Hochsprung, den der Alltag dir abverlangt, mit spielender Leichtigkeit. Das ist ein magisches Gefühl, das du würdigen solltest, wenn es deiner Wirklichkeit entspricht. Aber diese Karte hat auch zu jenen Zeiten etwas zu sagen, in denen du das Gefühl hast, du streifst ständig die Hochsprunglatte – oder läufst gleich von vornherein dagegen.

Der Unterschied zwischen diesen beiden Verfassungen kann ein unglaublich heikles Thema sein – und eines, das sich sehr schnell nach einer persönlichen Verurteilung anfühlt. Wenn ich diese Karte sehe, denke ich an etwas, das Tina Fey in ihrem autobiografischen Buch *Bossypants. Haben Männer Humor?* über ihr Leben als berufstätige Mutter geschrieben hat. Sie erklärt, die unhöflichste Frage, die man einer Frau stellen könne, sei nicht »Wie alt sind Sie?« oder »Wie viel wiegen Sie?«, sondern »Wie bringen Sie das alles unter einen Hut?«[5] Denn das impliziert, dass du eine Art Zaubertrick vollführst und das nicht ewig durchhalten kannst. Und das Schlimmste daran ist, dass es sich oft genug auch genau so anfühlt. Du jonglierst tatsächlich und auch überhaupt nicht perfekt –

und dass dich jemand darauf hinweist, hat dir gerade noch gefehlt.

Wenn du mitten im Getümmel steckst, ist es wenig hilfreich, wenn deine Leistung bewertet wird: Du musst einfach weitermachen. Und du musst eine ziemlich ausgeklügelte Beinarbeit draufhaben, um alles am Laufen zu halten, wenn die Wellen hochschwappen. Da kannst du niemanden brauchen, der dir zuschaut, Kommentare abgibt, sich beschwert oder – Gott bewahre! – noch mehr Arbeit macht. Du brauchst jemanden, der dich anerkennt, der sieht, dass das nicht einfach ist, der versteht, wie es ist, auf Treibsand zu jonglieren und – ich wage es kaum zu sagen – der Hilfe anbietet.

Die Zwei der Münzen weiß das. Aber sie ist nun mal nur eine Karte, folglich kann sie dir nicht die Steuererklärung oder die Wäsche abnehmen oder ein krankes Kind an deiner Stelle aus dem Kindergarten abholen, aber sie kann dich *wahrnehmen.* Diese Karte ist nicht aufgetaucht, um dich mit endlosen Fragen oder unverständigen Bemerkungen aus dem Gleichgewicht zu bringen. Sie ist erschienen, um anzuerkennen, dass bei dir eine Menge los ist und dass es wahrscheinlich nicht leicht ist, selbst wenn du diesen Anschein erweckst. Ehrliche und offene Kommunikation ist hier der Schlüssel. Diese Karte erinnert dich daran, dass es, wenn du jemanden jonglieren siehst (besonders, wenn du es selbst bist), Zeit ist, das Ego beiseitezulassen und darauf zu horchen, was jetzt nötig ist.

FRAGEN, DIE DU STELLEN SOLLTEST, WENN DU DIESE KARTE SIEHST:
Wo stehst du jetzt gerade? Hast du das Gefühl, alle Bälle in der Luft halten zu können? Ist jetzt eine Zeit zum Zuhören oder zum Reden? Welche Art von Unterstützung hättest du gerne?

DIE DREI DER MÜNZEN

Teamwork, Zusammenarbeit, Kooperation, um Hilfe bitten, die Last gemeinsam tragen, der Versuch, zu viel allein zu bewältigen

Nach dem Balanceakt der vorangegangenen Karte bringt diese willkommene Nachrichten: Es kommt Hilfe. Im Rider-Waite-Smith-Deck wird das durch drei Figuren dargestellt, die eine Kathedrale bauen. Das ist bekanntlich ein ziemlich ehrgeiziges architektonisches Vorhaben, aber bei dieser Karte geht es nicht um Größe, sondern um Zusammenarbeit. Kein Mensch könnte eine Kathedrale alleine bauen: Dafür braucht er andere mit all ihren Fähigkeiten. Die Drei der Münzen ist die Karte der Teamarbeit, der gemeinsam getragenen Last. Sie besagt, dass das Ganze größer ist als die Summe seiner Teile, und sie spricht an, in welcher Art und Weise Menschen zusammenkommen, um eine Aufgabe zu erfüllen. Es gibt nur einen einzigen Weg, eine Kathedrale zu bauen: Stein um Stein.

Wir haben als Gesellschaft einen wenig hilfreichen Mythos, der besagt, dass erfolgreiche Menschen begabte Individuen mit viel Talent sind, die es allein aus sich heraus zu etwas gebracht haben. Und er ist mehr als nicht hilfreich: Er ist irreführend. In seinem Buch *Überflieger. Warum manche Menschen erfolgreich sind – und andere nicht* kommt Malcolm Gladwell zu dem Schluss, dass Erfolg nie das Resultat der Bemühungen eines Einzelnen ist. »Niemand«, sagt er, »kein Musikstar, kein Profisportler, kein Softwaremilliardär und nicht einmal ein Genie – schafft es allein.«[6] Wenn du diese Karte siehst, ist das eine Aufforderung, dir zu überlegen, in welcher Weise du mit anderen zusammenarbeitest, um ein Ziel zu erreichen oder eine Aufgabe zu erledigen. Diese Ziele müssen nicht unbedingt hochgesteckt sein: Vielleicht geht es nur um einen wöchentlichen Großeinkauf, damit du genug Lebensmittel im Kühlschrank hast, oder darum, deinen Lebenslauf auf den neusten Stand zu bringen. Oder es kann um etwas Großes gehen: Vielleicht baust du gerade im metaphorischen Sinne an einer Kathedrale, am großen Werk deines Lebens. Wie auch immer, die Drei der Münzen bezieht sich auf die Tatsache, dass nur sehr wenige Vorhaben nicht von einem zweiten Augenpaar oder zwei Händen mehr profitieren. Von anderen zu lernen und mit ihnen auf ein gemeinsames Ziel hinzuarbeiten ist es wert, gefeiert zu werden.

Diese Karte kann dich auch daran erinnern, dass es in Ordnung ist, um Hilfe zu bitten. Ich kann diese Karte nicht sehen, ohne daran zu denken, wie es war, in der Zeit des globalen Lockdowns Mutter zu werden: für ein kleines und kostbares Wesen die ganze Welt zu sein, seine Liebe, sein Trost, seine Nahrung und seine Unterhaltung – und dieses Wesen ebenso für mich. Und obwohl diese Situation in den ersten Monaten beglückend ist, kann sie auf lange Sicht nicht so bleiben. Es bedarf eines ganzen Dorfes, um ein Kind großzuziehen, sagt ein Sprichwort. Das stimmt. Fast alles, was großgezogen, aufgebaut oder gehegt und gepflegt werden muss, gedeiht besser mit Zusammenarbeit.

Wenn du diese Karte siehst, bietet sich dir die Chance, zu erkunden, wie (und ob) du andere in dein Leben, deine Arbeit und deine großen Ziele hineinnimmst. Sie kann dich auffordern, bei einem Projekt über die Zusammenarbeit mit jemand anders nachzudenken, oder um ein Mentoring oder Gelegenheit zum Lernen von anderen zu bitten – oder auch nur darum, dass jemand für einen Augenblick dein Baby auf den Arm nimmt, damit deine Arme ein Weilchen ausruhen können. Es kommt nicht darauf an, vor welcher Aufgabe du stehst oder welche Herausforderung dir das Leben aufgebrummt hat. Vielmehr geht es darum, dass du wahrscheinlich besser damit fertigwirst, wenn du andere Menschen hinzuziehst.

FRAGEN, DIE DU STELLEN SOLLTEST, WENN DU DIESE KARTE SIEHST:
Welches Ziel möchtest du erreichen und wer könnte dir dabei helfen? Welche Stärken hast du? Welche Schwächen hast du? Wie kannst du mit anderen zusammenarbeiten oder sie um Hilfe bitten? Kostet es dich Überwindung, um Hilfe zu bitten?

DIE VIER DER MÜNZEN

Stabilität, Sicherheit, konservative Haltung, Sparen, Selbstschutz, Ängstlichkeit, Stagnation, Lähmung

Die traditionelle Darstellung dieser Karte zeigt einen kleinen König in einer kleinen Stadt. Er hat eine hübsche kleine Krone, einen niedlichen kleinen Thron und vier sehr hübsche kleine Münzen. Alles in allem geht es ihm in seiner netten kleinen Welt ziemlich gut. Sie ist im Gleichgewicht, fest und solide, und ihr Schwerpunkt liegt sehr tief. Vier Münzen zu haben, ist eine gute Sache. Es ist stabil. Wie ein Tisch. Die Vier der Münzen ist ein stabiler Tisch.

Wenn sie in einer Legung auftaucht, stellen sich Fragen

nach der Sicherheit, und zwar genauer: Hast du sie? Brauchst du sie? Was brauchst du, um sie zu gewährleisten? Ein Sicherheitsnetz zu haben, ist nie eine schlechte Idee. Es gibt Zeiten im Leben, in denen die Musik plötzlich aufhört zu spielen, sodass du dich hinsetzen musst; in denen du deine Position behaupten musst, während du dich auf etwas anderes konzentrierst, oder in denen du dich sogar für einen Stoß wappnen musst. Es gibt Zeiten, in denen es nicht um Perfektion geht, sondern nur darum, dass es *gut genug* ist: um einen warmen Schlafplatz in einem Sturm, einen Ort zum Ausruhen, an dem du deine Wunden lecken, dich erholen und deine Kräfte wieder sammeln kannst. Und es gibt Zeiten, in denen es einfach sehr nett ist, das Gefühl zu haben, dass du Herrin der Lage bist, und das möglichst eine Weile so behalten willst. Diese Karte lädt dich dazu ein, genau das zu tun, wenn du das gerade brauchst.

Aber sie fragt auch: Was geschieht, wenn das Hinsetzen zur Norm wird? Was passiert, wenn dein Sicherheitsnetz nicht mehr das ist, was dich auffängt, wenn du fällst, sondern dein Daueraufenthaltsort wird? Was geschieht, wenn du deine gesamte Energie wie ein Eichhörnchen in das Horten von Dingen für die Zukunft steckst und dir nie erlaubst, in der Gegenwart zu leben? Die Antwort lautet: Nichts. Nichts geschieht. Und es wird auch nichts geschehen.

Denn es ist ja so, dass stabile Tische nicht viel Abenteuerliches zu bieten haben. Sie haben sehr wenig Antriebskraft, sich vorwärts zu bewegen (und mit »sehr wenig« meine ich … gar keine). Das ist eine vollkommen akzeptable Gegend, aber sie wird sich nicht verändern, und es kann dort nichts Neues wachsen. Die Vier der Münzen bietet Sicherheit, aber sie erinnert uns auch daran, dass der

Moment kommen kann, in dem »sicher« in »stagnierend« übergeht, in dem aus einer Pause eine Lähmung entsteht, in dem aus Stillstand das Vermeiden jeglicher Bewegung wird. Sie lädt dich dazu ein, über die Dinge nachzudenken, die du nicht machst, und über die Risiken, die dir gerade zu groß vorkommen. Sie fordert dich auf zu überprüfen, ob diese Ziele wirklich außer Reichweite sind, und wann genau du so weit sein wirst, dass du Sicherheit nicht mehr nur als Sicherheitsnetz ansehen wirst, sondern als ein Sprungbrett zum Handeln.

Die Vier der Münzen ist eine Raststätte auf dem Weg eines Reisenden, nicht das letztendliche Ziel. Sie ist eine gemütliche Hütte, in der du dich vor dem Regen bergen kannst, eine Chance, dich neu aufzustellen, Bilanz zu ziehen und deine Abwehrkräfte zu stärken. Sie ist aber auch ein Ort, an dem du, wenn du zu lange dort bleibst, allmählich das Gefühl bekommst, dass dir die Decke auf den Kopf fällt. Diese Karte sollte dich daran erinnern, dass es sich zwar wie ein Risiko anfühlen kann, einen angenehmen Zufluchtsort ohne Überraschungen gegen das wilde Unbekannte zu tauschen, dass aber die eigentliche Gefahr darin liegt, dort festzusitzen. Sie ist kein Aufruf zu einem radikalen Umbruch, aber sie mahnt dich, die Tür aufzumachen und zu schauen, was jenseits deiner vier Wände liegt.

FRAGEN, DIE DU STELLEN SOLLTEST, WENN DU DIESE KARTE SIEHST:
Hast du das Gefühl, du hast ein ausreichend starkes Sicherheitsnetz? Warst du zu lange im Stillstand? Gibt es einen Teil deines Lebens, der stagniert? Was hält dich davon ab, den nächsten Schritt zu tun?

DIE FÜNF DER MÜNZEN

Ausschluss, Isolation, Einsamkeit, Diskriminierung, gesellschaftliche Ächtung, Ausgrenzung, Wahl

Dies ist keine leichte Tarotkarte. Es ist die Karte der Isolation, des Ausschlusses, sogar der gesellschaftlichen Ächtung. Sie hat nichts mit gesunder Absonderung und Introspektion zu tun, oder damit, einen Schritt von der Welt zurückzutreten, um sich zu zentrieren. Es ist eine Karte tiefer Einsamkeit. Ihre bildliche Darstellung variiert stark zwischen verschiedenen Decks, aber im Allgemeinen veranschaulicht sie Armut. Im Rider-Waite-Smith-Deck ist das Bild sehr direkt, und es ist nützlich, das zu wissen:

Zwei Menschen stehen gebeugt und zerlumpt im Schnee vor einem golden erleuchteten Kirchenfenster. Der Gegensatz zwischen der Situation dieser beiden Personen und der der nicht sichtbaren Gemeinde ist krass. Aus irgendeinem Grund sind die Figuren auf dieser Karte in einem Raum nicht willkommen, der allen offenstehen sollte.

Diese Karte spricht an, in welcher Weise du dich verletzlich und allein fühlen kannst: Sie evoziert Momente, in denen dir Dinge abzugehen scheinen, die alle anderen als selbstverständlich ansehen. Die Kernaussage dieser Karte ist die Anerkennung der Tatsache, dass es manchmal Erfahrungen gibt, die für dich in schmerzhafter Weise unerreichbar sind: Sei es beruflicher Erfolg, ein Liebster oder eine Liebste, Gesundheit an Leib und Seele, ein Ort, an dem du zu Hause bist, oder jemand, mit dem du Weihnachten verbringen kannst. Sie kann darauf hinweisen, dass der oder die Fragende gerade eine schwierige Zeit durchlebt oder hinter sich hat.

Das, was du nicht hast, braucht noch nicht einmal etwas zu sein, nach dem du Sehnsucht hast. Wie ich sehr gut weiß, kann es sich unschön und einsam anfühlen, wenn man etwa die einzige ledige Person ohne Kinder in einem Freundeskreis ist, selbst wenn man ohne Bindung ganz zufrieden ist. Wir alle haben einen mächtigen Instinkt, das zu tun, was die anderen tun, und wenn das jemand aus irgendeinem Grund nicht tut, kann das Spannungen hervorrufen. Es sollte nicht so sein, aber es ist so. Sheila Heti spricht das in ihrem Buch *Mutterschaft* an: »Die Lebensweise eines Menschen ist keine politische oder generalisierende Aussage darüber, wie die aller anderen sein sollte. Deren Lebensweise sollte frei von Bedrohung oder Verurteilung mit unserer koexistieren können.«[7] Wenn du einen anderen Weg einschlägst als die Menschen um dich herum, kann es sich anfühlen, als müsstest du den Verlauf deiner Geschichte rechtfertigen, ehe du sie überhaupt gelebt hast – und noch dazu mit viel mehr Überzeugung, dass du tatsächlich die richtige Entscheidung getroffen hast, als du überhaupt haben kannst.

Diese Karte hat auch einen unübersehbaren Bezug zu größeren Themen. In der Fünf wird anerkannt, dass es strukturelle Ungleichheiten gibt und dass sie mächtige materielle Auswirkungen darauf haben, wie Menschen die Welt erleben. Geschlecht, Hautfarbe, Alter, Liebespartner, Aussehen und Funktionieren des Körpers, mentale Fähigkeiten und tausend andere Dinge beeinflussen, ob die Gesellschaft einem das Gefühl gewährt, dazuzugehören. Diese Karte handelt von Aggression auf der Mikroebene ebenso wie von offener Ausgrenzung und deutlichen Vorurteilen, von lebendigen Erfahrungen, die ein Leben prägen. Wenn sie auftaucht, lohnt es sich, näher hinzuschauen, wie Dazugehören und nicht Dazugehören sich in deinem Leben manifestieren. Wo erlebst du Ausgeschlossenwerden? Wo perpetuierst du es vielleicht für andere?

Die Fünfen im Tarot haben alle mit Ungleichgewicht und Unangenehmem zu tun. Sie sind im Allgemeinen Karten, die eher zum Nachdenken als zum Handeln anregen. Es geht um Momente und Erfahrungen, denen du dich nicht einfach entziehen kannst, sie müssen als das anerkannt werden, was sie sind. Vielleicht steht es in deiner Macht, Gefühle der Einsamkeit und des Ausgeschlossenseins zu überwinden, vielleicht aber (und vermutlich eher) auch nicht. Aber wie auch immer, die Fünf der Münzen sagt dir, dass es wichtig ist, dieses Gefühl und seine Bedeutung für dich wahrzunehmen.

FRAGEN, DIE DU STELLEN SOLLTEST, WENN DU DIESE KARTE SIEHST:
Wo hast du das Gefühl, dazuzugehören? Fühlst du dich von etwas ausgeschlossen oder isoliert? Fühlst du dich abgehängt? Haben andere Leute etwas, das du nicht erreichen kannst?

DIE SECHS DER MÜNZEN

Unterstützung, Beistand, Bedürftigkeit, Macht, Ungleichheit, Großzügigkeit, Aufmerksamkeit, Selbstfürsorge

Als mein Sohn noch sehr klein war, brachten wir ihm bei, dass es eine nette Geste ist, mit anderen zu teilen. In echter Kleinkindmanier meinte er anfangs, das heiße, er brauche lediglich »TEILEN!« zu rufen, wenn er sich nahm, was er wollte – ein Spielzeug, einen Keks oder den Ball unseres Hundes – ganz gleich, wer es gerade hatte. Es brauchte einige Zeit, bis er gelernt hatte, dass teilen etwas ist, das in zwei Richtungen läuft: Dass er Dinge hatte, die er entweder für sich allein behalten oder anderen geben konnte, und dass Letzteres gelegentlich für alle die bessere Wahl war. Schließlich erkannte er, dass man alles teilen konnte, und eine Zeit lang tat er das auch – und zwar mit großem Nachdruck: Beim Schaukeln wurde sorgfältig abgewechselt, Schuhe wurden mit Freunden geteilt, das Essen mit dem Hund. Die Lektion, dass wir teilen sollen, lernen wir vielleicht schon sehr früh, aber es kann Jahrzehnte dauern, bis wir sie ganz verstanden haben. Teilen heißt mehr, als einfach nur geben. Es bedeutet, das Rechte zu tun und es gerecht zu tun. Es bedeutet, dass man es nicht zu akzeptieren braucht, wenn die Dinge ungleich verteilt sind – man kann aufstehen und etwas dagegen unternehmen.

Diese Lektion bildet das Herz dieser Karte. Sie handelt von Gesten der Großzügigkeit und der Verteilung von Ressourcen. Traditionell ist sie als die Karte der Wohltätigkeit bekannt, aber für eine heutige Deutung stellt man sie sich vielleicht besser als Karte der gegenseitigen Hilfe vor: als Individuen und Gemeinschaften, die zusammenkommen, um einander zu unterstützen und sich mit den Strukturen zu befassen, die ein Problem verursachen, statt einfach nur linear Ressourcen fließen zu lassen. Und obwohl man die Unterstützung als finanzielle Hilfe interpretieren kann, geht es eigentlich um Beistand im weitesten Sinne. Die Karte steht für praktische Hilfe, Großzügigkeit als innere Haltung oder Fürsorglichkeit. Sie fordert dazu auf, regelmäßig für Zwecke zu spenden, von deren Sinnhaftigkeit man überzeugt ist, sich um einen Nachbarn, eine Nachbarin zu kümmern oder für jemanden einzutreten, der ungerecht behandelt wird. Du kannst auch mal jemandem sagen, dass du ihn lieb hast, ohne gleich eine entsprechende Erwiderung zu erwarten. Die Karte kann uns auch daran erinnern, wie wertvoll es ist, das, was wir haben, denen anzubieten, die es brauchen – sei es Geld, Zeit, Aufmerksamkeit oder ein Privileg. Und natürlich spricht sie auch an, dass du fähig sein solltest, jegliche Form von Hilfe anzunehmen, die du brauchst, wenn sie dir angeboten wird.

Diese Karte kann sehr positiv sein. Wenn du in der Fünf der Münzen Schmerz, Ungerechtigkeit, Ungleichheit oder Ausgrenzung siehst oder spürst, kann sich das lähmend anfühlen und so, als könne man daran unmöglich etwas ändern. Was könnte eine einzige Stimme möglicherweise bewirken? Wer würde dich hören? Doch mit der Sechs siehst du dich vielleicht zum Handeln angespornt. Diese Karte erinnert dich daran, dass du keine unerschöpflichen Taschen brauchst und nicht alle Übel dieser Welt im Handstreich beseitigen musst. Wichtige Veränderungen können Schritt für Schritt zustande kommen, durch regelmäßiges Bemühen – eine Stimme, die sich zu einer anderen gesellt, kann eine Revolution auslösen. Diese Sechs betrifft alle Entscheidungen, wie klein auch immer, die wir in Bezug darauf treffen, wie wir unsere Mittel einsetzen – ob es darum geht, was wir kaufen, welche Medien wir nutzen, oder einfach nur um die Menschen und guten Zwecke, denen wir Aufmerksamkeit schenken.

Wie mein Sohn (inzwischen) sehr gut weiß, geht es bei der besten Art des Teilens um Gegenseitigkeit – nicht unbedingt auf der Stelle, aber ganz gewiss auf lange Sicht. Es gibt Zeiten, in denen sich nach einer Phase der Hilfsbedürftigkeit das Blatt wendet und du siehst, dass du etwas geben kannst. Die Sechs erinnert uns auch daran, wie viel es wert ist zu wissen, wann wir einem Dritten gegenüber großzügig handeln sollten.

FRAGEN, DIE DU STELLEN SOLLTEST, WENN DU DIESE KARTE SIEHST:

Verstehst du um Hilfe zu bitten? Hast du genug persönliche oder finanzielle Ressourcen, um anderen zu helfen? An welcher Stelle kannst du heute etwas tun, um die Welt um dich herum positiv zu beeinflussen?

DIE SIEBEN DER MÜNZEN

Anstrengung, harte Arbeit, Reflexion, Perspektive, den Kurs korrigieren

Das Tarot ist zu alt, um Memes zu kennen, und doch agiert es unabsichtlich mit ihnen. Und zwar sehr gut. Denken Sie zurück an den Anfang dieses Satzes und das Ass der Münzen: Das Samenkorn einer Möglichkeit wird in die Erde gepflanzt. Zwischen dem Ass und der Sieben hatte dieses Samenkorn Zeit, entweder zu keimen und zu gedeihen oder zu verkümmern und zu sterben. Zwischen damals und heute liegt eine Spanne: Wie hat es angefangen … und wie geht es jetzt?

Oberflächlich betrachtet, geht es GUT. Und zwar auf eine Weise, die dir erlauben würde, sehr befriedigende Fotos vom Typ »vorher und nachher« in den sozialen Medien zu posten. Aber im Kern sowohl der Tarotkarte als auch des Memes liegt eine wertvolle Lektion: Dass du noch nicht am Ziel deines Tuns angekommen bist, heißt nicht, dass du nicht innehalten und deinen Fortschritt bewerten kannst. Das Rider-Waite-Smith-Deck stellt diesen Gedanken, wie so oft in dieser Reihe, mithilfe einer Metapher aus dem Bereich der Gartenarbeit dar: Eine Gestalt steht auf eine Hacke gestützt da und betrachtet einen Busch, den sie bearbeitet hat. Pentakel-Blumen blühen in Fülle an dem Busch, aber der Gesichtsausdruck der Gestalt ist nicht freudig, sondern nachdenklich. Über ihrem Kopf ist keine Denkblase, aber es ist nicht schwer, ihre Gedanken zu lesen – sie hat viele Fragen. Sollte dieser Busch eigentlich so groß werden? Was hat er denn für seltsame Früchte – ist er ein Geldbaum? Ist das Zauberei? Sollte ich ihn verbrennen oder einen weiteren pflanzen?

Die Sieben der Münzen stellt einen Wendepunkt in dieser Reihe dar, an dem du von der Leinwand des Lebens zurücktrittst und dir überlegst, ob dir das Bild so gefällt, wie es geworden ist. Die Karte kann zu Gesprächen über ganz bestimmte Entscheidungen führen: etwa in Bezug auf die Arbeit oder ob es eine gute Idee ist, am letzten Tag deines Urlaubs in Indonesien in dieser drückenden Hitze weiter diesen Berg hinaufzusteigen (war es nicht, aber ich habe es trotzdem getan). Es könnte auch um ein breiter angelegtes: »Wie läuft es?« gehen. Etwa eine Beziehung oder generell der Verlauf dieses Jahrzehnts deines Lebens. Jetzt ist eine Chance, dich zu fragen: Läuft es so, wie du dir das vorgestellt hattest, und wenn nicht, gefällt es dir trotzdem? Ist der eingeschlagene Weg immer noch dienlich für dich? Hast du unterschätzt, wie anspruchsvoll oder kostspielig oder zeitraubend oder lohnend dein Tun sein würde? Musst du unbedingt weitergehen oder ist es Zeit für ein ernstes Wort mit dir selbst? Waren Sandalen die richtige Schuhwahl für diesen Aufstieg?

Das Geschenk dieser Karte liegt in der Erkenntnis, dass deine Kraft nicht darin liegt, dich nur deshalb über eine Ziellinie zu kämpfen, weil du es dir vorgenommen hast. Es besteht darin, dass du die für dich richtige Entscheidung triffst, auch wenn das heißt, aufzuhören. Natürlich ist es nett, ein fertiges Produkt zu sehen, ein Ziel oder einen Meilenstein erreicht zu haben, aber du bist kein Roboterarm an einem Fließband. Du kannst Nein sagen! Es dir anders zu überlegen, die Richtung zu wechseln, kleine Kurskorrekturen vorzunehmen – oder auch große – ist ebenso berechtigt wie das Durchziehen einer Sache bis zum Ende. Die Sieben der Münzen sagt dir nicht, du müsstest etwas aufgeben. Sie sagt dir nur, dass es völlig in Ordnung ist, das zu tun, wenn du es willst.

FRAGEN, DIE DU STELLEN SOLLTEST, WENN DU DIESE KARTE SIEHST:
Wie läuft die Sache? Bist du mit den bisherigen Ergebnissen zufrieden? Fühlt sich der Erfolg so an, wie du ihn dir vorgestellt hast? Was funktioniert für dich? Was nicht? Musst du deinen Ansatz ändern? Musst du aufhören?

DIE ACHT DER MÜNZEN

Routine, Wiederholung, Beharrlichkeit,
Befriedigung, Langeweile, Aufschieben

Es gibt eine Frage, die ich gerne Menschen stelle, mit denen ich zusammenarbeite: »Bist du ein HUSKY oder bist du ein WHIPPET?« Diese Frage will ergründen, wie du deine Arbeit am besten machst. Manche Menschen sind wie Huskys, die nichts lieber mögen, als in einem stetigen Tempo zu laufen und zu laufen, die auf dem ganzen Weg lächeln, ihren Lauf an den des Teams anpassen und Kilometer um Kilometer abarbeiten. Andere sind wie Whippets, die am liebsten rund 23 Stunden am Tag schlafen und dann einen kurzen, chaotischen, aber unfassbar heftigen Ausbruch von Energie haben und einen unglaublichen Sprint hinlegen. Es gibt hier kein Richtig oder Falsch, aber wenn diese Karte auftaucht, fühlt sie sich für die Vertreter der einen Antwort wahrscheinlich vertraut an und für die Vertreter der anderen Antwort zutiefst unbehaglich.

Die Acht der Münzen hat in dieser Analogie mit Zeiten zu tun, in denen du ein Husky sein musst, kein Whippet. Bei dieser Karte geht es darum, Freude und Zufriedenheit in der Routine, in der Wiederholung, im Prozess zu finden. Die Deutschen haben – wie so oft – ein sehr gutes Wort für das, was hier erforderlich ist: *Sitzfleisch.* Das ist die Kraft, die darin besteht, sich auf seine vier Buchstaben zu setzen und Dinge abzuarbeiten. Auf der Acht ist normalerweise ein Handwerker abgebildet, der identische Pentakel herstellt, eines nach dem anderen. Er probiert keine Neuerungen an der Form aus und experimentiert auch nicht mit unterschiedlichen Techniken und Stilen, sondern er lernt, verbessert sich, wächst und entwickelt sich durch den Arbeitsprozess. Er stellt eine Reihe von gleichen Gegenständen her, und er tut das, weil er muss. Jemand muss diese Pentagramme in die Scheiben hämmern, und heute ist dieser Jemand er – also macht er sie so gut wie irgend möglich.

Natürlich gibt es viele Aspekte des Lebens, auf die diese Bildmetapher anwendbar ist. Zunächst einmal dein gegenwärtiger Job: Für nahezu jeden auf der Welt erfordert ein erheblicher Anteil des Berufslebens, dass man die gleichen Dinge wieder und wieder macht. Das mag eintönig, ja sogar langweilig sein, aber so bekommt man sein Geld, erzielt Ergebnisse und wird besser. Diese Karte erinnert auch an andere Stellen im Leben, an denen Wiederholung und Routine nutzbringend sind. Ein relevantes Thema dabei ist die Gesundheit: Regelmäßig schlafen, essen und sich bewegen ist vielleicht nicht das Aufregendste auf der Welt, aber es trägt eine Menge dazu bei, dein Wohlbefinden sicherzustellen. Ich habe mich lange Zeit gegen die Vorstellung gewehrt, dass Bewegung unmittelbar zu erhöhter Ausschüttung von Endorphinen führt, aber in den Dreißigern musste ich widerstrebend zugeben, dass ein annähernd regelmäßiges Workout-Programm durchaus dazu führt, dass ich mich insgesamt etwas besser fühle.

Und das ist der Clou bei der Acht der Münzen. Das ist keine Karte der großartigen Ereignisse und Höhenflüge und Wunder. Sie verheißt keinerlei Aufregung. Sondern Zufriedenheit: Das Gefühl der Befriedigung, das von einer gut gemachten Arbeit und von der Freude darüber kommt, dass man sein Handwerk praktiziert. Hier verbringst du deinen Tag damit, froh und zufrieden deinen metaphorischen Schlitten zu ziehen und das zu halten, was du dir selbst in Bezug auf dein Vorhaben versprochen hast. Im besten Fall eröffnet dir das den Weg zum Fortschritt – vielleicht sogar zur Meisterschaft. Und selbst wenn die aktuelle Aufgabe keine ist, an der dir um ihrer selbst willen gelegen ist, fragt dich diese Karte, ob du nicht doch einen Weg findest, wertzuschätzen, dass du sie gut machen kannst.

FRAGEN, DIE DU STELLEN SOLLTEST, WENN DU DIESE KARTE SIEHST:
Widmest du deiner Arbeit genügend Zeit und Sorgfalt? Schiebst du Dinge auf und machst sie dann hopplahopp? Brauchst du mehr Routine in deinem Leben? Langweilst du dich bei dem, was du tust, oder gibt es einen Weg, darin Befriedigung zu finden?

DIE NEUN DER MÜNZEN

Unabhängigkeit, Autonomie, Eigenständigkeit, Luxus, Stolz, Sexualität, Erfolg, Vermeidung, Angst vor Intimität

Für mich ist die Neun der Münzen in allererster Linie die Schutzpatronin der glücklichen Alleinstehenden. Und das heißt, sie ist Cher. Genauer gesagt, ist sie Cher in ihrem berühmt-berüchtigten Interview, in dem sie nach ihren Beziehungen gefragt wird. Sie antwortet mit einer Anekdote: »Meine Mom hat zu mir gesagt: ›Weißt du, Liebes, eines Tages solltest du dich häuslich niederlassen und einen reichen Mann heiraten.‹ Und ich habe gesagt: ›Mom – ich *bin* ein reicher Mann.‹« Diese Neun ist eine Frau, die eigenständig in ihrer Kraft steht. Sie ist ein Reicher Mann. Manchmal ist das wörtlich zu nehmen: Diese Karte kann sich auf beruflichen und finanziellen Erfolg beziehen. Der entscheidende Punkt dabei ist, dass ihre Motivation von innen kommt. Was sie erreicht hat, hat sie sich erarbeitet oder aufgebaut, weil sie das wollte, nicht, weil ihr jemand gesagt hat, sie müsste das.

Weil sie von den Münzen geleitet wird, fordert sie uns auch auf, die Befriedigung und die Autonomie des Körpers zu berücksichtigen. Sie hat, wie Tess McGill in dem Film *Working Girl* (dt. Titel: *Die Waffen der Frauen)* sagt, »einen Kopf fürs Geschäft und einen Körper für die Sünde«. Sie ist ein erdhafter, sinnlicher Typ, der Sex nicht mit Gefühlen verwechselt; sie hat so viel Vertrauen in sich selbst und das, was sie will, dass sie sich Liebhaber nehmen kann, ohne sich immer in sie zu verlieben. Cher sagt dazu: »Ich liebe Männer – ich denke, Männer sind richtig cool. Aber man braucht sie nicht wirklich, um leben zu können.« Das gilt für Liebes- und Sexpartner aller Geschlechter: Die Neun der Münzen weiß, dass es einen Unterschied macht, ob man sich einen Menschen wünscht oder ihn braucht. Diese Eigenständigkeit ist etwas sehr Besonderes, dieses nichts und niemandem gegenüber Verpflichtetsein, diese Freiheit, zu tun, was man will, wann man will und wie man es will. Obwohl Frauen, die sich für ein unabhängiges Leben entschieden hatten, immer ein gewisses Maß an gesellschaftlicher Missbilligung entgegenschlug (Männern nicht ganz so viel), kann man den Reiz dieser Lebensform unschwer verstehen.

Natürlich braucht man nicht buchstäblich als Single zu leben, um die Gaben der Neun der Münzen zu schätzen. Diese Karte lädt dich dazu ein, die Stellen und Bereiche in deinem Leben wahrzunehmen, an denen du dir deinen

Reichtum selbst erschaffst. Was hast du erreicht? Was hat dir deine Arbeit eingebracht? Manchmal ist diese Karte eine sehr notwendige Erinnerung daran, dass du – ja, du! – allein genug bist. Das hier ist eine Party für eine Person. Du brauchst nicht die Billigung und Bestätigung anderer Leute, um dich an dem zu freuen, was du tust und was du bist. Du darfst dir in deinem Leben den Freiraum schaffen, die Dinge zu tun, die dir Befriedigung und Erfüllung bringen. Und du darfst Leuten, die dich daran zu hindern versuchen, die dir nahelegen, dass und wie du dich ändern solltest, und die dich kleiner und weniger wertvoll machen wollen als du bist, sagen, sie sollten verschwinden und dich in Ruhe lassen.

Die Schattenseite dieser Karte, die sich gelegentlich bei einer Legung offenbart, verdient es ebenfalls, beachtet zu werden. Sie besteht darin, dass du dann, wenn du das Gefühl hast, du *kannst* alles allein schaffen, am Ende auch das Gefühl hast, du *solltest* alles allein bewältigen. Und das ist natürlich nicht nötig. Die Neun kann eine Erinnerung daran sein, dich mit den weichen, animalischen Teilen deiner selbst zu verbinden. Ist dein weiches, glänzendes Fell zu einer schimmernden Rüstung geworden, die nicht zu Liebkosungen einladen, sondern den Rest der Welt auf Abstand halten soll? Denk daran, dass dir erlaubt ist, die Hand auszustrecken. Niemand ist eine Insel, auch nicht ein Reicher Mann.

FRAGEN, DIE DU STELLEN SOLLTEST, WENN DU DIESE KARTE SIEHST:
Fühlst du dich allein wohl? Schätzt du Unabhängigkeit? Bist du eigenständig? Worauf bist du stolz? Welche Erfolge hast du errungen? Kannst du dir Raum schaffen? Neigst du zu Vermeidungsverhalten?

DIE ZEHN DER MÜNZEN

Zuhause, Bindung, Erbstück, Nachlass, Zuflucht, Schutz, Verletzlichkeit

Jen und ich sind sehr, sehr gut, wenn es ans Umziehen geht. Wir stammen beide aus Militärfamilien, und als Kinder fanden wir uns alle paar Jahre in einer anderen Stadt oder sogar in einem neuen Land wieder, und mussten alles Vertraute zurücklassen. Wir tauchten wie eine Spukerscheinung in Schulen auf und verließen sie wieder – es gibt wahrscheinlich Dutzende von Klassenfotos irgendwo in der Welt, auf denen unsere Gesichter auftauchen, nicht mehr erkennbar und nicht einmal mehr denen in

Erinnerung, neben denen wir einst in den gleichen Schuluniformen standen. Wir hatten außerdem beide Eltern, die ebenso aufgewachsen waren und die selbst als Erwachsene nie erfahren hatten, was es heißt, einen festen geografischen Standort in der Welt zu haben. Das ist für jedes Kind eine verwirrende Art zu leben, und es ist schwer, die Kinder dabei sinnvoll zu unterstützen. Ich erinnere mich, dass ich nach einem Umzug, über den ich ganz besonders unglücklich war, meine Mutter gefragt habe, wo wir denn zu Hause seien. Warum konnten wir kein Zuhause haben? Sie antwortete: »Wir *haben* ein Zuhause. Wir wissen nur noch nicht, wo wir es ansiedeln sollen.«

Die Fähigkeit, uns einen sicheren Ort zu schaffen, ist das Kernthema der Zehn der Münzen. Wenn wir im Tarot die Zehn sehen, wird uns eine Vollendung versprochen, und bei den Münzen soll uns diese Vollendung Sicherheit geben: häusliche, familiäre, berufliche und finanzielle. Diese Karte steht mehr oder weniger für die Idee der Heimat. Menschen, die keine so bizarre Kindheit hatten, in der sie ewig auf Wanderschaft waren, also die allermeisten, erinnert sie häufig sofort an einen bestimmten Ort: an ein Gebäude aus Ziegeln und Mörtel, an einen Ort voller Erinnerungen und Besitztümer, die einen in sich selbst verankern. Doch wenn man diese Karte nur so liest, dass sie physische Räume repräsentiert, entgeht einem ihr schönstes Geschenk. Gebäude gehen von einer Hand in die andere über, ihre Fundamente können Risse bekommen und zerbröseln, sie können verwahrlosen und zu Staub zerfallen. Selbst die Dinge, die uns am allerstabilsten erscheinen und in denen wir uns verwurzeln, sind selten unzerstörbar.

Wenn diese Karte auftaucht, kann sie materielle Sicherheit betreffen, aber wonach sie in Wahrheit fragt, ist, wo du dich sicher und geborgen *fühlst*. Sie wirft die Frage auf, wie du das innere Gefühl von zu Hause sein entwickeln kannst – dieses Gefühl, das meiner Mutter erlaubt hat, damit fertig zu werden, dass sie von einem Land ins andere zog, und vielleicht sogar Freude daran zu haben. Als wir heranwuchsen, haben Jen und ich andere immer um die Solidität der Heimat beneidet, um das erdende Gefühl, aus einem bestimmten Ort zu stammen und dort eine Geschichte zu haben. Heute fragen wir uns, ob uns vielleicht diese frühen Jahre – irritierend, wie sie waren – beide recht gut auf den Treibsand des Erwachsenseins vorbereitet haben.

Die Zehn der Münzen erinnert daran, dass Heimat kein auf Dauer bestehendes Gebäude sein und auch nicht über die Jahre hinweg immer gleich bleiben muss. Es ist etwas, das du mitnehmen kannst. Vielleicht in einem ganz wörtlichen Sinne: in Gestalt eines Fotoalbums, eines Rings von der Großmutter, einer Familie, eines Futterspenders für Vögel am Fenster. Und vielleicht eher metaphorisch, indem du dir einen sicheren Ort bewahrst, den du dir geschaffen hast: eine kostbare Erinnerung, einen imaginären Garten, der wächst und sich verändert, wenn du selbst wächst und dich veränderst. Ein Ort, an dem du Samen in die Ritzen der steinernen Treppen säst, um sie ein wenig zu polstern und andere Menschen einzuladen, einzutreten, ein sicherer Hafen, von dem aus du in die Welt hinausgehen kannst. Diese Karte erinnert daran, dass du dein wahres Zuhause dann, wenn du es in dir selbst ansiedelst, überallhin mitnehmen kannst.

FRAGEN, DIE DU STELLEN SOLLTEST, WENN DU DIESE KARTE SIEHST:
Was bedeutet Heimat für dich? Wo fühlst du dich sicher? Hast du gerade ein Zuhause oder fühlst du dich entwurzelt? Wie erdest du dich? Könntest du deine Sicherheit in dir selbst verankern?

DER BUBE DER MÜNZEN

Struktur, Sorgfalt, Praktikabilität, Zuverlässigkeit, Vertrauenswürdigkeit, Perfektionismus, Langeweile

Hallo! Ich bin der Bube der Münzen, dein quicklebendiger Praktikant, der um 8:05 Uhr am Arbeitsplatz eintrifft, obwohl sonst niemand vor 9:30 Uhr im Büro erscheint. Gibt es irgendetwas zu erledigen? Soll ich die Post öffnen? Vielleicht Kaffee holen gehen? Oder soll ich deinen Job für dich machen? Es wäre mir ein Vergnügen! Wer weiß? Vielleicht werde ich eines Tages den ganzen Laden schmeißen.

Willkommen beim Buben der Münzen. Er ist ernsthaft,

eifrig und sorgfältig, aber er hat auch etwas von einem Tagträumer. Erzähle ihm von einem Projekt, an dem du gerade arbeitest, und seine Augen werden weit werden, während er sich all die Möglichkeiten vorstellt, die das Vorhaben bietet. Er will keinen Job, er will eine Berufung, und was ihm an Erfahrung fehlt, wird er reichlich durch seine Energie wettmachen. Dieser Bube ist ein Macher, der Gute, und selbst wenn er nicht alles beim ersten Anlauf auf die Reihe bekommt, weiß er, dass er nur jeden Job anzunehmen braucht, der ihm vor die Füße fällt, um irgendwohin zu kommen. Wenn ein Pentakel das Samenkorn einer Idee ist, dann ist dieser Bube sein aufmerksamster Gärtner. Bekommt er eines gereicht, hält er es hoch in die Sonne, damit es in der Sonne glänzen kann. Für dich mag das nur eine Winzigkeit sein, aber für ihn ist es mit unendlich reichem Potenzial ausgestattet, und er achtet sorgfältig auf seinen Schimmer, seine Textur und seine Oberfläche. Und wenn es erst einmal in der Erde ist, pflegt er es aufmerksam, während es entdeckt, was aus ihm werden kann.

Sämtliche Buben im Tarot haben die blauäugige Begeisterung, die wir normalerweise mit der Jugend assoziieren. Es ist leicht, deswegen die Augenbrauen hochzuziehen, aber die Welt braucht wirklich nicht noch mehr Zyniker. Der Bube der Münzen ist intuitiv und handelt bei allen Belangen entsprechend: bei den Beziehungen in seinem Leben, bei den praktischen Fragen von Arbeit, Wohnen und Gesundheit. Er steht für die Freude daran, etwas Neues auszuprobieren, sich ins rechte Licht zu rücken, Ja zu sagen und zu schauen, wohin der Weg führt. Er ist kreativ, fantasievoll, und da es eine Karte des Elements Erde ist, auch sehr sinnlich. Er weiß, dass es gut ist, langsam zu tun, seine Umgebung aufmerksam zu beobachten, die Gänseblümchen im Gras wahrzunehmen, die Wolken am Himmel zu sehen und die Sonne auf der Haut zu spüren. Es ist fast unmöglich, diese Art von Energie in deinem Leben zu hassen. Und täte es nicht uns allen gut, wir hätten ein bisschen mehr davon?

Ob diese Karte eine Person oder eine mentale Verfassung repräsentiert, sooft sie in einer Legung erscheint, lädt sie dazu ein, deine Beziehung zur materiellen Welt unter die Lupe zu nehmen. Magst du den Ort, an dem du wohnst? Findest du deinen Beruf aufregend? Wie fühlst du dich in deinem Körper? Der Bube ist nicht daran interessiert, rationale und konventionelle Wege einzuschlagen, und kümmert sich nicht darum, was andere denken und wie Dinge angeblich laufen sollen. Stattdessen folgt er seinem Bauchgefühl. Diese Haltung kann manchmal frustrierend sein – wie bei jedem Anfänger, der den Bogen noch nicht heraushat. Aber sie kann auch zu höchst unerwarteten Erkenntnissen führen und neue Horizonte eröffnen, die zu erforschen sich lohnt. Vielleicht ist es also Zeit, dieser Spur ein wenig zu folgen. Rücke dich ins rechte Licht, probiere etwas Neues aus und stelle keine voreiligen Vermutungen darüber an, wohin dich das führen wird.

FRAGEN, DIE DU STELLEN SOLLTEST, WENN DU DIESE KARTE SIEHST:
Was erwartest du vom Leben? Welchen ersten Schritt könntest du machen, um deinem Ziel näher zu kommen? Fühlst du dich ermattet? Fühlst du dich inspiriert? Was ist für dich aufregend? Was sagt dir dein Instinkt?

DER RITTER DER MÜNZEN

Struktur, Sorgfalt, Praktikabilität, Verlässlichkeit, Vertrauenswürdigkeit, Perfektionismus, Langweiligkeit

Die Ritter sind im Tarot die Verkörperung dessen, was geschieht, wenn man die Energie eines Satzes bis ins Extrem steigert. Und was wird man, wenn man die Erde – solide, gemächlich, langsam – bis zu ihrem logischen Endpunkt vorantreibt? Man wird todlangweilig! Also begrüßen wir den Ritter der Münzen mit einem herzlichen »Hallo!«. Er ist schwerfällig! Er ist verlässlich! Und er findet das gut!!

Das Schöne am Ritter der Münzen ist, dass du das am Ende auch gut findest. Dieser Ritter galoppiert nicht Hals über Kopf irgendwohin, nein, jeder Schritt ist sorgfältig geplant, methodisch und vorsichtig durchgeführt. Es ist selten, dass jemand mehr von dieser Haltung haben möchte, aber es ist auch selten, dass jemand das nicht ab und zu nötig hat. Man kann nicht immer nur alles so gerade noch hinbekommen, improvisieren und das Beste hoffen. Man kann nicht immer den Kopf in den Wolken haben. Manchmal muss man die Seifenblase, in der man sich bewegt, zum Platzen bringen und wieder auf den Teppich kommen. Spürst du diesen angenehm festen Boden unter den Füßen? Das nennt man Sorgfalt. Das nennt man Gewissenhaftigkeit. Das nennt man Arbeit. Das nennt man zuverlässig sein.

Der Ritter der Münzen ist die Person – oder der Teil in dir –, die die Dinge nicht vermasselt. Er vergisst nicht, E-Mails zu beantworten, versäumt keine Termine, lässt keine Deadlines unbemerkt verstreichen. Er erinnert sich an Passwörter und hat eine exzellente Kreditwürdigkeit, weil er seine Rechnungen immer pünktlich bezahlt. Er kann zu Dingen Nein sagen, die ihn daran hindern würden, in den wichtigen Bereichen seines Lebens zur Stelle zu sein. Er ist auch jemand, der sich verlässlich um alles kümmert, was man ihm anvertraut: Man kann das Kind oder das Haustier in seine Obhut geben und weiß, dass sie, wenn man zurückkehrt, gut genährt und versorgt worden sind. Der Ritter der Münzen ist nicht derjenige, der Schwung in eine Party bringt, aber er ist da und hilft dir, hinterher den Glitter von der Arbeitsfläche wegzubekommen, egal wie lange es dauert. (Und du weißt, es dauert ewig.)

Wenn dieser Ritter auftaucht, ist das auch der Moment, in dem du danach schauen solltest, wie gut du mit deinem Papierkram fertigwirst. Bist du Herrin der Lage oder wächst er dir über den Kopf? Welche Strukturen könntest du aufbauen, die dir helfen? Unsere eigene beste Illustration dieser Karte betrifft unsere Finanzen. Eine der Autorinnen, die hier ungenannt bleiben soll, hat die andere mehrere Jahre nacheinander mit ihrem schludrigen und chaotischen Umgang mit der Steuererklärung für die Firma völlig konsterniert. Das ewig wiederkehrende Thema des Januars waren panische Telefonate, und es war allerhöchste Zeit, den Ritter der Münzen auf den Plan zu rufen. Und heute: Es gibt Kalkulationstabellen! Es gibt Aufzeichnungen von Passwörtern! Unsere Administration ist spitzenmäßig!

Obwohl es natürlich gar nicht sein kann, dass man zu verlässlich oder zu verantwortungsbewusst ist, kann man durchaus zu schwerfällig sein. Dieser Ritter lädt dich normalerweise dazu ein, dir zu überlegen, ob und wie du für dich selbst und andere eintrittst und ob du die richtige Art von praktischer Energie in die Welt bringst. Aber er kann auch erscheinen, wenn jemand ein wenig locker lassen sollte (hallo, Perfektionisten!). Wenn das für dich gilt, dann nimm dir den Wink zu Herzen.

FRAGEN, DIE DU STELLEN SOLLTEST, WENN DU DIESE KARTE SIEHST:
Hast du die Dinge im Griff? Kannst du dich auf dich selbst verlassen und können sich andere auf dich verlassen? Welche Strukturen und Gewohnheiten würden dir helfen, das zu erreichen, was du nötig brauchst? Wo musst du sorgfältiger sein? Wo kannst du weniger konservativ, weniger vorsichtig, weniger festgefahren sein?

DIE KÖNIGIN DER MÜNZEN

Schönheit, Empfindung, Mentoring, Konsum, übermäßiger Genuss, Selbstverleugnung, Verwöhnung, Dekadenz

In den sehr traditionellen Interpretationen des Tarots hat die Königin der Münzen den Ruf, wohlwollend, aber wenig anregend zu sein. Diese Figur ist gutartig und solide, ein warmer Kokon und eine nährende, beruhigende Kraft, die im Praktischen gut ist – wenn eine der Königinnen dir ein Bücherregal bauen könnte, dann diese. Sie wird oft als Gestalt abgebildet, die dasitzt und liebevoll ein Pentakel in den Händen hält, als wäre es ein Kind statt einer Scheibe aus Gold.

Das Nährende gehört definitiv zu ihren Eigenschaften. Doch dass sie Fürsorge anbietet, heißt nicht, dass sie dabei sanft ist. Sie packt eher mit beiden Händen zu. Die Beziehung der Königin der Münzen zur Welt ist von der Empfindung geprägt. Ich sehe in ihr gerne eine Gestalt, in der all die wunderbaren guten Feen verschmolzen sind, die wir aus Literatur und Film kennen. Sie kann jedes beliebige Alter zwischen 65 und 105 Jahren haben (und Näheres findet man auch nicht heraus). Ihr Zuhause ist eine Stätte lebendiger Erinnerung an das Leben, das sie geführt hat, an Orte, die sie besucht hat, an Menschen, die sie gekannt hat. Sie wirbelt in schimmernden Morgenröcken aus Seide in Edelsteinfarben herum, trägt bestickte Pantoffeln und kräftige Lippenstifttöne. Sie weiß, was es heißt, in der Welt und in ihrem Körper zu leben, und reicht ihr Wissen an jeden weiter, der es nötig hat, begleitet von Erfrischungen, die nicht zur Tageszeit passen, und der Verheißung von weiteren Genüssen.

Wie die Energie aller Hofkarten der Münzen ist auch die der Königin auf die materielle Welt ausgerichtet: auf reelle und greifbare Dinge. Dies ist die Karte des leiblichen Wohlbefindens. Sie lebt nach dem Prinzip von William Morris, dass man nichts bei sich zu Hause haben sollte, das man nicht entweder für nützlich hält oder schön findet. Eine Königin der Münzen weiß, dass jeder Gegenstand mit Macht ausgestattet und ein Talisman werden kann, ganz gleich, wie klein und unscheinbar er auch aussehen mag. Dass du ein Objekt wahrnimmst, es berührst, siehst und Freude daran hast, kann es verändern – und kann dich verändern. Die Königin versteht die mächtige Wirkung der physischen Welt auf den Körper und den Geist, sei es die einer perfekt zubereiteten Tasse Tee, einer Duftkerze oder eines großen Kunstwerks.

Diese Figur erinnert dich daran, dass es dir erlaubt ist, schöne Dinge zu haben, ohne dich deshalb schuldig zu fühlen. Es gibt einen gelungenen Mittelweg zwischen hemmungslosem Konsum und harter Askese, und diese Königin symbolisiert die Fähigkeit, die rechte Balance zu finden. Wenn diese Karte auftaucht, lädt sie dich dazu ein, zu überlegen, ob du das richtige Gleichgewicht in deinem Leben gefunden hast. Versagst du dir jeglichen Komfort, weil du das Gefühl hast, das solltest du? Oder versuchst du, ein seelisches oder gar ein spirituelles Loch mit *Dingen* zu stopfen? Erlaubst du dir, in gesunder Weise zu berühren und berührt zu werden?

Ich glaube nicht, dass viele Menschen im wahren Leben tatsächlich einer guten Fee begegnen. Aber es ist sicher aufschlussreich, dass in unseren Geschichten so oft gute Feen auftreten. Das sind die Mentorinnen, die wir uns alle mehr oder weniger heimlich in jüngeren Jahren gewünscht hätten; das sind auch Menschen, die wir gerne kennengelernt hätten, damit wir Geschichten über sie erzählen können, wenn wir alt werden. Die Königin mag in dieser destillierten Reinform eine seltene Erscheinung sein, aber es gibt sie doch, und zwar ein Stück weit in uns allen: in unserer kollektiven Fantasie und in den Augenblicken, in denen wir uns ein wenig Dekadenz zugestehen, in denen wir uns als Akt der Selbstfürsorge mal so richtig verwöhnen. Frage dich, wer dir in deinem Leben diese Energie der Königin der Münzen schenkt. Und wem könntest du sie schenken?

FRAGEN, DIE DU STELLEN SOLLTEST, WENN DU DIESE KARTE SIEHST: Suchst du danach, genährt zu werden? Was brauchst du von der Welt? Gibt es physische Dinge oder Rituale, die dich erden könnten? Erlaubst du dir, materielle Annehmlichkeiten zu schätzen?

DER KÖNIG DER MÜNZEN

Sicherheit, Reichtum, Verantwortung, Erfolg, materielle Errungenschaften, Großzügigkeit, Horten, Geiz

Sowohl die Licht- als auch die Schattenseiten des Königs der Münzen sind bei der Darstellung in den meisten Decks sehr offenkundig. Dieser Monarch hat eine *Menge* Besitz. Der Thron des Königs ist reich verziert, mit Weinlaub und Früchten bewachsen. Sein Gewand ist der Inbegriff von Pracht und Luxus, als hätte man dem Schneider gesagt: Mach es noch aufwendiger! Mehr Falten, mehr Muster, leuchtendere Farben! Mehr! Häufig zeigt diese Karte eine Gestalt, die auf einem hohen Berg sitzt, ungeschliffene

Edelsteine und Münzen zu ihren Füßen hat und eine Krone aus Gold und Blüten trägt.

Das kann erstrebenswert oder problematisch sein. Der Palast des Königs ist eine gewaltige Schatzkammer, in dem der funkelnde und fabelhafte Reichtum der Welt lagert. Die gehörnten Tiere, die in den Thron geschnitzt sind, stellen den Reichtum des Landes dar; Herden gesunder Ochsen und Mastschafe. Man könnte sie aber auch so deuten, dass sie auf einem Schatz sitzen, eifersüchtig wie ein schlafender Drache, oder auf ihrem Vermögen versauern, wie Miss Havisham in *Große Erwartungen* von Charles Dickens. Und die gehörnten Gesichter auf dem Thron … sagen wir einfach, es gibt ein Geschöpf bei den Großen Arkana mit ähnlichen Gesichtszügen, und das ist definitiv kein friedliches Nutztier.

Dieser König steht für eine Zeit der Fülle oder für eine erfolgreiche Person, jemand, dessen Arbeit und Haltung Früchte getragen hat. Es geht um materielle Errungenschaften: Eigentum, gute Gesundheit, Rennpferde, Investments (vielleicht nicht gerade Kryptowährungen – die fühlen sich mehr nach einem Schwert-Spiel an). Die Menge, die für den Erfolg erforderlich ist, wird nicht festgelegt: Du musst nicht drei Häuser und ein Privatflugzeug besitzen, um ein König der Münzen zu sein. Du musst lediglich in guten Verhältnissen leben. Wenn das zutrifft, dann freu dich daran. Nimm dir einen Augenblick Zeit, Stolz auf das zu empfinden, was du für dich und die Menschen um dich herum aufgebaut hast. Diese Karte lädt dich, wie sämtliche Könige, dazu ein, dein Wissen und deinen Besitz mit der Welt im Großen zu teilen. Sie fragt: Was ist für dich viel? Was ist genug?

Und was könnte mehr als genug sein, was meinst du? Der König der Münzen ist mit Reichtum und Sicherheit assoziiert, aber er kann auch bedeuten, dass man von dem Wunsch nach Status und materiellen Gütern in eine Falle gelockt wird. Wir leben in einer Gesellschaft, die glaubt, dass mehr immer besser ist, und dass außerdem immer noch mehr möglich ist. Dieser König kann auch eine sanfte Erinnerung daran sein, dass es keine Regel gibt, die besagt, dass du dieses Spiel in alle Ewigkeit weiterspielen musst. Du musst nicht immer die nächste Gehaltserhöhung, die nächste Beförderung, das nächstgrößere Haus und die schickeren Klamotten anstreben. Und zwar insbesondere dann nicht, wenn das Streben nach Erfolg auf Kosten deines Glücks und deines Wohlbefindens geht.

Es gibt im *Beowulf* ein paar Zeilen über den Grabschatz eines verstorbenen Königs, die in meinen Augen das Geschenk und die Herausforderung des Königs der Münzen perfekt einfängt: »Gold on greote, þær hit nu gen lifað / eldum swa unnyt swa hit æror wæs« – »Die Erde empfing das rote Gold – dort ruht es noch jetzt, so unnütz den Menschen, wie's immer gewesen.«[8] Gold ist nicht vollkommen unnütz, aber der Dichter aus alter Zeit wusste, dass sein Wert in erster Linie sozial ist. Wenn man es tauscht und teilt, kann man etwas aufbauen: Du kannst deine eigene Sicherheit gewährleisten, du kannst vielleicht manches Leben zum Besseren wenden. An und für sich ist es jedoch einfach nur ein glänzendes Mineral. Wenn du allein dasitzen und Reichtümer anhäufen willst, sie zählen und hüten willst (oder sogar mit ihnen beerdigt werden willst), dann wird dich niemand davon abhalten. Aber man könnte dich vielleicht fragen, ob du den eigentlichen Sinn von Reichtum verstanden hast.

FRAGEN, DIE DU STELLEN SOLLTEST, WENN DU DIESE KARTE SIEHST:

Bist du derzeit in einer Position der Sicherheit? Wenn nicht, was brauchst du dann, um dorthin zu gelangen? Hast du genug oder hast du zu viel? Könntest du deinen Reichtum mit anderen teilen? Was verstehst du unter »viel«?

Kapitel 6

Die Stäbe

Die Metapher, die für die Stäbe verwendet wird, variiert bei den verschiedenen Decks – sie werden manchmal auch Zepter genannt – aber bei den meisten sind das bildliche Hauptmotiv große Stöcke. Diese Stöcke werden als Baumaterial, als Zauberstäbe oder Spazierstöcke gebraucht. Manchmal benutzen die Menschen sie auch dazu, aufeinander einzuschlagen, und manchmal werden die Stöcke einfach nur als dickes Bündel herumgeschleppt. Ihre verschiedenen Einsatzmöglichkeiten sind gute Gedächtnisstützen für die Bedeutung einer jeden Karte. Doch es gibt eine unveränderliche Qualität, die auch das Thema des Satzes angibt: Die Stöcke sind allesamt brennbare Gegenstände.

Die Stäbe sind die Karten des Feuers, und es erscheint in diesem Satz in all seinen vielen Formen: von einem ersten Zündfunken, der etwas Neues entstehen lässt, über ein lustig flackerndes Feuerchen, das das Herz wärmt, bis hin zu einem flammenden Inferno und einer rauchenden Ruine. Manchmal ist das Feuer der Stäbe wohltuend und ermutigend: Dann ist es der Verbrennungsmotor, der dafür sorgt, dass alles rundläuft, oder die Kerze, deren Licht den Weg zeigt. Manchmal ist es außer Kontrolle, eine gefährliche Naturgewalt, die den Menschen, die ihm zu nahe kommen, Schaden zufügen kann. Und manchmal ist der

Unterschied zwischen beidem nur winzig klein – nur eine Frage, in welche Richtung sich der Wind dreht.

Im Umgang mit den Stäben sollte man sich immer vor Augen halten, dass von den vier Elementen, die die Sätze des Tarots regieren, Feuer das einzige ist, das wissenschaftlich gesehen gar kein Element ist. Es entspricht nicht dessen Definition von entweder festem Stoff, Flüssigkeit oder Gas, wie die anderen. Feuer ist keine Substanz, es ist eine Reaktion. Es entsteht, wenn man Hitze und Brennstoff zusammenbringt: Es ist ein Akt der Transformation, ein spezieller Effekt davon, dass Energie ihren Zustand verändert. Diese Reihe ist die veränderlichste von allen, denn Veränderung ist geradezu ihr Wesen. Sie hat keine speziellen körperlichen Assoziationen, sondern repräsentiert den Geist: die Kraft, die uns belebt, und den ständigen Energietransfer.

Die Stäbe sprechen an, was wir tun, wohin wir unsere Energie lenken und wie uns das Steigen und Fallen dieser Energie körperlich und emotional beeinflusst. Es geht um die transformative Kraft, die in uns allen lebt. Und wie vielleicht zu erwarten ist, verläuft die Reise durch diese Reihe dramatisch: Es gibt erstaunliche Höhen und Tiefen, in denen man bis auf die Knochen erschöpft ist. Es gibt Momente, die sich wunderbar anfühlen, und Momente, die ausgesprochen unangenehm sind. Bei den Stäben werden dir Talent, Originalität, Charisma, Abenteuer, Sex, Beharrlichkeit und Partys begegnen. Aber du stößt auch auf Konflikte, Ermüdung, Burnout, Schwarzseherei, Verzögerungen und wahrhaft abscheuliche Menschen.

Wenn du eine Legung machst, in der eine Menge Stäbe auftauchen, kann das eine Gelegenheit sein, über Energielevels nachzudenken. Es gibt Zeiten in unserem Leben, in denen wir in Hochstimmung sind, und Zeiten, in denen unsere Batterie so leer ist, dass die Flamme in uns ganz klein wird und beinahe erlischt. Die Stäbe laden dich dazu ein, zu überprüfen, wie es um dich steht: Brennt deine Flamme hell? Oder musst du auftanken? Vielleicht stellst du auch fest, dass die sprunghafte Natur diese Reihe bedeutet, dass du zwischen unterschiedlichen Interpretationen der Karten hin und her schwankst und ihre Licht- und Schattenseiten – ihre Verheißungen und ihre Tücken – in ständigem Wechselspiel siehst.

Behalte im Auge, dass die Stäbe durch ihre Assoziation mit dem Element Feuer in erster Linie Macht repräsentieren. Feuer zähmen und nutzen zu können, wurde lange als das Kriterium angesehen, das den Menschen vom Tier unterscheidet. Es ist der Ur-Akt der Kreativität: göttliche Erkenntnis, die den Göttern entwendet wurde. Feuer macht uns zu dem, was wir sind. Feuer steht für Möglichkeiten. Feuer ist prächtig! Und man darf auf keinen Fall damit spielen.

DAS ASS DER STÄBE

Willenskraft, Potenz, Macht, Talent, Originalität, Kühnheit, Blockierungen, Verzögerung

In den meisten Decks ist das vor allem eine Karte vom Typ: »Sag mir, was du siehst.« Und was du siehst, ist eine Hand, die einen Stab hält. Nicht alle Stäbe sind Zauberstäbe, aber dieser sehr wohl. Er repräsentiert energetisches Potenzial: Er ist ein Streichholz, das noch nicht entzündet wurde, ein Feuerwerk, das zum Abbrennen bereit ist. Auf seiner ganz elementaren Ebene spricht das Ass der Stäbe von außerordentlichen Möglichkeiten: von Willenskraft und Talent und Originalität. Es fragt danach, welche Art von Grundenergie in deinem Inneren brennt: Was treibt dich an, und wohin könnte die Energie dich führen, wenn sie entfesselt würde? Die Karte ist eine Einladung, darüber nachzudenken, wohin du deine Energie und deine Leidenschaft lenken möchtest. Der Stab ist nicht die Quelle der Energie, er ist ein Weg, sie ganz in eine einzige Richtung zu lenken – denn auf diese Weise bringt man etwas zustande. Wenn das Ass der Stäbe auftaucht, fragt es danach, was du tun willst und was du werden willst. Es lädt dich dazu ein, dein Potenzial zu entfalten.

Wie alle Asse ist diese Karte in einer Legung normalerweise etwas Positives, aber sie hat auch eine Schattenseite: Sie spricht auch Momente an, in denen es dir an Energie und Kraft fehlt, in denen du dich müde oder blockiert und festgefahren fühlst. Manchmal empfindest du diesen Stab nicht als einen Leitkanal, sondern eher als einen Bremsklotz, und zwar in Situationen, in denen du weißt, was du tun willst, aber einfach nicht in die Gänge kommst, oder wenn Menschen oder Umstände den Start verzögern oder ganz vereiteln. Das Ass enthält das volle Potenzial des Satzes: sowohl seine explosiven Höhen als auch seine erschöpften Tiefpunkte. Auf die Gefahr hin, die phallischen Anspielungen des Bildes auf der Karte überzubewerten, sei doch angemerkt, dass das Gegenteil von Potenz Impotenz ist. Manchmal lädt dich das Ass der Stäbe dazu ein, deine Macht in der Welt zu manifestieren, und manchmal erlaubt es dir, zuzugeben, dass es für dich gerade nicht gut läuft, so gerne du das auch anders hättest.

In beiden Szenarien spricht diese Karte eines der durchgängigen Lieblingsthemen des Tarots an: Veränderung. Das Ass der Stäbe steht an der Schwelle zum Neuen und Unbekannten und lockt dich mit einem Winken, sie zu überschreiten. Es kann etwas lediglich anstoßen oder dich zu einem Schritt einladen, der sich als schicksalhaft erweist, oder dich in eine Krise führen. Das entscheidende Detail hierbei ist das Handeln. Es gibt im Tarot zahlreiche Momente, in denen eine Veränderung unvermeidlich ist, akzeptiert werden muss und eine Anpassung notwendig macht. Das ist aber ganz und gar nicht die Energie des Asses der Stäbe. Das Ass der Stäbe steht nicht für etwas, das dir passiert, sondern vielmehr für etwas, das durch dich deiner Umgebung passiert. Denn du bist da und bewegst dich jeden Tag in der Welt. Du kannst ein wandelndes Pulverfass, eine Zufallsmaschine oder ein Agent des Chaos sein. Allein durch deine Existenz bewirkst du eine Veränderung. Ein Ass der Stäbe erinnert dich an die Macht, die im einfachen und unvermeidlichen Akt des *Seins* liegt.

Diese Karte sagt, dass wir in der einen oder anderen Weise alle Macht in den Händen halten. Und sie spricht einen Urinstinkt dafür an, was wir mit ihr anfangen sollen. Gib einem Kleinkind einen Stock, und es wird damit ohne jede Anleitung auf den Himmel, die Erde und auf die Menschen um sich herum zeigen (oft von den dazu passenden Geräuschen begleitet). Das Ass der Stäbe sagt: Nimm den Zauberstab in die Hand. Schwenke den Zauberstab. Mach, dass etwas passiert. Du weißt, dass du das willst.

FRAGEN, DIE DU STELLEN SOLLTEST, WENN DU DIESE KARTE SIEHST: Bist du bereit, Dinge zu ändern? Was inspiriert deine größten Leidenschaften? Wo soll der Fokus deiner Energie liegen? Fühlst du dich frustriert oder gehemmt? Was blockiert dich und hält dich davon ab, zur Tat zu schreiten?

DIE ZWEI DER STÄBE

Wahlmöglichkeiten, Dilemmata, Richtungen, Chancen, Reue, Angst, Fortschritt, Zuversicht

Nach dem noch ungeformten Potenzial des Asses ist die Zwei der Stäbe auf der einfachsten Ebene eine Karte, mit der etwas seinen Anfang nimmt. Sie bedeutet, dass der Motor rundläuft, die Energie zunimmt und Fortschritt stattfindet. Sie bringt das Gefühl mit, dass man einen Fuß vor den anderen setzt, seinen Rhythmus findet und sich darin bewegt. Es gibt noch kein Feuerwerk – dieses Feuer schwelt und ist kein rasendes Inferno –, aber der Zündfunke hat einen Span gefunden und ein Feuer entfacht. Es ist doch ein wunderbares Gefühl, zu wissen, dass du genügend Brennstoff hast, um diese Flamme zu nähren, nicht wahr? Wenn diese Karte auftaucht, sagt sie dir, dass – metaphorisch gesprochen – dein Zug den Bahnhof verlassen hat und jetzt unterwegs ist.

Aber warte, was ist das da vorne? Gabeln sich dort die Gleise? Ich glaube, ja. Die Zwei der Stäbe handelt davon, den Weg tatsächlich zu gehen, aber sie verspricht keineswegs, dass der Weg glatt geradeaus führt. Wenn sie überhaupt etwas verspricht, dann sind es Überraschungen. Schließlich ist dieser Satz das Gegenteil von praktisch. Feuer springt hierhin und dorthin, gefräßig und kapriziös und unberechenbar. Die Zwei der Stäbe hat damit zu tun, dass man vor vielen Wegen, Zielen und Möglichkeiten steht. Wenn sie in einer Legung erscheint, lädt sie dazu ein, über ein Dilemma oder eine Entscheidung nachzudenken, die sie treffen muss, entweder im Hinblick auf ein wichtiges Ziel in ihrem Leben oder auf eine persönliche Suche. Sie spricht laut und deutlich die Erfahrung an, dass du dich in zwei (oder mehr) Richtungen gleichzeitig gezogen fühlst.

Das ist ein uraltes Dilemma. Mich erinnert diese Karte an den Augenblick in Sylvia Plaths Roman *Die Glasglocke*, in dem die Erzählerin sagt: »Ich sah, wie sich mein Leben vor mir verzweigte, ähnlich dem grünen Feigenbaum in der Geschichte. Gleich dicken, purpurroten Feigen winkte und lockte von jeder Zweigspitze eine herrliche Zukunft.« Sie konnte Dichterin, Professorin, Hausfrau, Olympia-Sportlerin und tausenderlei sonst werden, aber sie zögert, eine der Feigen zu wählen, denn »eine von ihnen nehmen bedeutete, alle anderen zu verlieren.«[9] Damit trifft sie das Herz der Schwierigkeit bei jeder Wahl: Hat man sie einmal getroffen, muss man nicht nur damit leben, wie es ist, sondern auch mit dem Traum, wie es hätte sein können. Man muss mit dem Wissen leben, dass alles ganz anders sein könnte, wenn man eine andere Wahl getroffen hätte.

Manchmal bringt die Furcht, eine Entscheidung zu bereuen, die Menschen dazu, sie aufzuschieben – lieber klammern sie sich an viele nicht verwirklichte Möglichkeiten, als dass sie in eine Richtung vorstoßen, die vielleicht zu etwas Gutem führt, vielleicht aber auch nicht. Die Zwei der Stäbe sagt, so kann man nicht leben. Sie fordert dich auf, dir nicht länger den Kopf über die perfekte Wahl zu zerbrechen (wenn es so etwas überhaupt gibt). Sie erinnert dich daran, dass du dann, wenn du an eine Weggabelung kommst, eine Richtung wählen musst, um weiterzukommen – auch wenn es schwerfällt, auch wenn es sich anfühlt, als würdest du damit andere Chancen einbüßen. Außerdem verbirgt sich darin auch ein Geschenk: Jede einzelne Entscheidung schafft wieder neue Möglichkeiten. Der Lebensbaum verzweigt sich und verzweigt sich wieder und wieder. Hör also auf zu zaudern und ergreife die Chance, dein ganz persönliches Abenteuer zu wählen.

FRAGEN, DIE DU STELLEN SOLLTEST, WENN DU DIESE KARTE SIEHST:
Vor welchen Entscheidungen stehst du gerade jetzt? Fühlst du dich von den Möglichkeiten gelähmt? Zweifelst du schon an deiner Entscheidung, ehe du sie überhaupt getroffen hast? Was sagt dir dein Bauchgefühl, was du tun sollst? Was könnte schlimmstenfalls passieren?

DIE DREI DER STÄBE

Planung, Strategie, Handeln, Absichten, Anstrengung, Versuch, unrealistische Erwartungen, Neigung zum Aufgeben

Es ist schön, ein Ziel vor Augen zu haben, nicht wahr? Wenn man etwas auf die Reihe bekommen will, besteht die Hälfte des Problems in der Entscheidung, was man überhaupt tun möchte (siehe »Die Zwei der Stäbe«). Wenn du also ein klares Ziel für dich gefunden hast, ist das prima! Die andere Hälfte des Problems ist, herauszufinden, wie genau du von dort, wo du bist, dorthin gelangen kannst, wo du hin möchtest … und darum geht es bei dieser Karte.

Die Drei der Stäbe ist die Karte der strategischen Planung. Im Rider-Waite-Smith-Deck zeigt diese Karte eine Gestalt mit drei Stäben, aber ich stelle mir bei dieser Karte gerne vor, dass das nicht nur Stöcke, sondern Bretter sind. Genauer gesagt sind es Bretter, die zum Bau einer Brücke verwendet werden sollen. Wenn du auf der einen Seite eines Flusses bist und auf die andere hinübergelangen musst, ist eine Brücke wahrscheinlich deine beste Option für eine sichere Überquerung. Aber du kannst dir nicht einfach eine Brücke vorstellen und hinüberschweben. Du musst sie bauen. Und dafür musst du sämtliche erforderlichen Materialien haben; du musst wissen, wie sich alles so zusammenfügen lässt, dass dein Bauwerk stabil ist und du nicht plötzlich klatschnass im Wasser liegst. Kurz: Du brauchst einen guten, soliden Plan.

Wenn diese Karte auftaucht, ist das folglich eine Chance zu prüfen, ob du einen solchen Plan hast. Die Drei der Stäbe kann bei einer Legung eine sehr angenehme Karte sein, die einen Fragesteller anfeuert, der gerade plant, was er tun muss, um sein Ziel zu erreichen. Sie kann auch Gespräche über Hoffnungen und Ängste anstoßen: Hat der Fragesteller Vertrauen in seinen Plan? Macht er sich Sorgen, dass er etwas übersehen haben könnte? Das Tarot kann in dieser Hinsicht natürlich nicht viel zur Beruhigung beitragen (bestätigen, dass es gut ist, ein Ziel zu haben, ist eine Sache, doch die Sachkenntnis besitzen, Vorschläge zu bewerten, ist eine ganz andere), aber es kann wohltuend und hilfreich sein, diese Ängste zumindest einmal auszusprechen.

Andererseits fördert diese Karte manchmal zutage, dass weit und breit kein Plan in Sicht ist. Dieses Gefühl ist den meisten Menschen wohlbekannt: Manchmal weiß man genau, was man erreichen will, hat aber keine Ahnung, wie man das bewerkstelligen soll. Sich in dieser Lage zu befinden, kann einen vollständig überwältigen. Und das kann einen dann zu dem Schluss bringen, dass dieses Ziel einfach viel zu schwer zu erreichen ist – unmöglich, in Wahrheit –, sodass man das Handtuch wirft. Die Kehrseite des Planens ist das Aufgeben, und mit dieser Schattenseite ist die Drei der Stäbe der Sitz der Verzagtheit.

In allererster Linie soll diese Karte daher als Bestätigung dienen, dass es gut ist, etwas zu versuchen. Wir hören immer öfter, dass wir Kinder für ihr Bemühen um etwas loben sollen, statt für ihre Leistungen, aber ich schätze, das gilt für alle Menschen, ganz gleich, wie alt sie sind. Planung fördert das Handeln, und da die Drei der Stäbe zum einen aufruft, ermutigt sie auch zum anderen. Sie schätzt einen Plan, aber noch lieber ist ihr jemand, der ihn umzusetzen versucht.

FRAGEN, DIE DU STELLEN SOLLTEST, WENN DU DIESE KARTE SIEHST:
Hast du einen Plan dafür, wie du deine Ziele erreichen willst? Hast du eine realistische Vorstellung davon, wie viel Anstrengung damit verbunden ist? Bist du bereit, die Sache in Angriff zu nehmen und deine Absichten zu verwirklichen? Oder hast du das Gefühl, es sei sinnlos, es überhaupt zu versuchen?

DIE VIER DER STÄBE

Feiern, Festgelage, Freude, Gemeinschaft,
Zusammenkünfte, Dankbarkeit, Beisammensein

Die Vieren sind in allen Sätzen des Tarots Rastplätze. Sie bieten dir einen Augenblick zum Innehalten und Nachdenken darüber an, wo du stehst und wie deine Reise verläuft, wobei die Färbung dieses Augenblicks die Energie des Satzes widerspiegelt. Und hier, bei den kraftvoll-dynamischen Stäben, schmeckt diese Pause nicht nach Ruhe oder Kontemplation. Sie schmeckt nach PARTY.

Diese Karte sagt dir, du sollst Einladungen an alle verschicken, die dir nahestehen und lieb sind, dich in dein schickstes Glitzerkleid werfen, das Partyzelt aufstellen und alles für ein rauschendes Fest vorbereiten. Wahrscheinlich würdest du spontan begreifen, worum es geht, wenn du diese Karte sehen würdest, die – du hast es schon erraten – normalerweise ein Bild von einer Party zeigt. Doch die Vier der Stäbe ist eine bekömmliche Sache, keine wilde Orgie. Sie erinnert mich daran, dass ich einmal mit sieben mir nahezu fremden Menschen an einem blumengeschmückten Tisch beim Abendessen saß, und es war so wunderschön, dass ich erst um sechs Uhr morgens nach Hause ging, nachdem wir vom Dach der Gastgeber aus den Sonnenaufgang betrachtet hatten, jeder noch mit einem Spiegelei und einem Glas »Frühstückswein« gestärkt. Das war die Art von Party, auf der man sich zu Hause fühlt, die ganze Nacht hindurch lacht, und dann voller Lebensfreude aufwacht, anstatt sich zu wünschen, man wäre tot.

Nun mag es ja recht und gut sein, dass das Tarot dir sagt, es sei Zeit für eine Party, aber es sagt dir nicht, weshalb. Das ist die erste Frage, die du deiner Fragenden oder dir selbst stellen musst: Um welchen Anlass geht es? Vielleicht ist es ein Geburtstag, eine Hochzeit, ein neues Zuhause, eine bestandene Herausforderung oder einfach nur eine Gelegenheit, sich wieder mal mit geliebten Menschen zu treffen. Ganz gleich, wie die Antwort ausfällt, das Tarot gibt dir grünes Licht und billigt deine Pläne.

Die zweite Frage ist eher ein bisschen introspektiver. Sie bezieht sich darauf, wie du mit Festen und Feiern zurechtkommst. Manche Menschen fühlen sich absolut wohl dabei, Freunde, Verwandte, Liebste und Fremde zu bitten, zu ihnen zu kommen – und andere schrecken schon bei dem Gedanken an eine solche Einladung zurück und erst recht bei der Erwartung einer Zusage. Manche Menschen wissen instinktiv, wie sie feiern können, und manche einfach ganz und gar nicht. Manche sind von Haus aus Partylöwen, andere sind das genaue Gegenteil davon, was immer das sein mag (Party … muffel?). Und manche Leute haben ein legendäres Talent, solche Anlässe zu einem Riesenerfolg zu machen, und werden dann gelegentlich von ihrer Umgebung für Junggesellinnenabschiede ausgenutzt. Wo in diesem Spektrum bist du angesiedelt? Weißt du, wie man eine Party schmeißt? Erkennst du, wann eine Party – wie groß oder intim, wie wörtlich oder metaphorisch auch immer – angebracht ist? Hast du das Gefühl, Partys zu verdienen? Möchtest du jetzt eine haben?

Die Antwort auf diese Fragen *muss* nicht unbedingt Ja lauten, aber die Vier der Stäbe ist ein deutlicher Fingerzeig, dass sie Ja lauten *sollte*. Die Karte erinnert dich daran, dass es nicht nur in Ordnung ist, andere zu bitten, deine Erfolge und Leistungen mit dir zusammen zu feiern: Es ist gesund. Sie erkennt an, dass es eine Kunst ist, zu wissen, wie man eine Party auf die Beine stellt, und zwar eine, die Anerkennung verdient. Und sie sagt dir, dass andere Menschen dann, wenn du das Gefühl hast, jetzt sei eine Party fällig, mehr als bereitwillig mit dir feiern werden.

FRAGEN, DIE DU STELLEN SOLLTEST, WENN DU DIESE KARTE SIEHST:
Gibt es in deinem Leben momentan etwas, das verdient, gefeiert zu werden? Hast du vor, das Ereignis zu begehen? Wie möchtest du feiern? Fühlst du dich wohl bei dem Gedanken, Menschen zu dir zu bitten?

DIE FÜNF DER STÄBE

Konflikte, interne Streitigkeiten, Frustrationen, Unannehmlichkeiten, Zuhören, Aufgeschlossenheit

Diese Karte ist, wie aus den Abbildungen in den meisten Decks deutlich hervorgeht, eine Karte des Konflikts und der Frustration: Häufig ist darauf eine Gruppe von Personen zu sehen, die mit Stöcken aufeinander losgehen, wobei sie zwar uneinig wirken, aber nicht sonderlich bedrohlich. Das ist kein Kampf auf Leben und Tod und auch ganz gewiss kein Krieg. Hier geht es um Streitereien und Krittelei und nerviges Genörgel. Es geht um das langsame Zermürben, das durch ständige Spannung, kleine Enttäuschungen und das Scheitern sorgfältigster Planung entsteht.

Ich finde, dass die Fünf der Stäbe zwei unterschiedliche Qualitäten von Frustration bereithält, und dass die Interpretation der Karte davon abhängen sollte, um welche von beiden es geht. Die eine ist, dass Dinge einfach missglücken: Regen am Hochzeitstag, zu spät kommen, weil der Verkehrsfluss so zäh ist, zu viel Besteck von der einen Sorte haben, wenn man die andere braucht. Und die andere, die ein wenig mehr Zuwendung erfordert, ist die, bei der die Frustration von anderen Menschen kommt. Da geht es um Gelegenheiten, bei denen jeder gehört werden will und keinem zugehört wird. Vielleicht versuchst du, etwas zustande zu bringen und niemand ist mit dir darin einig, wie das gehen soll. Vielleicht durchlöchern Leute einen ausgezeichneten Plan, und du könntest dir die Haare raufen, weil sie unfähig sind, zu verstehen, was du meinst, und nicht geneigt sind, dir zu vertrauen.

Oder vielleicht versuchst du mit aller Gewalt, einen viereckigen Pflock in ein rundes Loch zu pressen. Sind diese Stimmen, die deinem Vorhaben widersprechen, nur irritierende Fliegen, die dir in die Ohren summen, oder haben sie etwas Nützliches zu sagen? Wir alle wissen, wie schön es ist, recht zu haben, und wie leicht man Informationen, die im Widerspruch zu unserer Meinung stehen, herausfiltern kann (ich glaube, das nennt man »Bestätigungsfehler«). Nach einer Weile kann man sich kaum mehr daran erinnern, dass es überhaupt noch eine andere Option gab. Die Fünf der Stäbe taucht manchmal auf, um dich daran zu erinnern, dass du dann, wenn du tatsächlich eine Veränderung herbeiführen willst, wenn du wirklich eine transformative Kraft sein möchtest, andere Ideen und Ansätze nicht einfach verwerfen oder so tun kannst, als wären sie gar nicht da. Du solltest dich mit ihnen befassen. Manchmal musst du sogar zugeben können, dass du einen Fehler gemacht hast (ich weiß!) und deine Haltung ändern.

Das soll nicht heißen, dass du unrecht hast, und das ist kein Prinzip, das auf fundamentale moralische oder ethische Werte anzuwenden wäre. Sondern das Geschenk der Fünf der Stäbe ist das Wissen, dass du dir, wenn du dich nicht herausfordern lässt, die Gelegenheit zum Wachsen nimmst – entweder durch eine Stärkung deiner Position oder durch eine Neubewertung deiner Haltung. Vielfalt des Denkens kann ein Katalysator für Veränderung sein: Einige der brillantesten und originellsten Beispiele für Kreativität und Einfallsreichtum kamen dadurch zustande, dass man Menschen zusammenbrachte, die normalerweise nicht miteinander in Kontakt gekommen wären, was dann zu zündenden Ideen führte. Meinungsverschiedenheiten sind nicht immer erfreulich, aber sie können wichtig sein. Sie können Neues hervorbringen. Diese Karte fragt, was du mit dieser Reibung anstellen könntest. Könnte sie nützlich sein für dich?

Das andere Geschenk dieser Karte ist für die weniger erhebenden Momente der Frustration, in denen nicht dein Horizont und deine Sichtweise erweitert wird … du hast dir gerade den Zeh angestoßen, dich von oben bis unten mit Tee übergossen, kämpfst mit einem verstopften Drucker und musst dringend Dampf ablassen. Manche Leute fragen dich vielleicht: Ist das ironisch gemeint? NEIN, würde die Fünf der Stäbe antworten. Nein, das ist KEINE Ironie. Das ist einfach TOTAL FRUSTRIEREND.

FRAGEN, DIE DU STELLEN SOLLTEST, WENN DU DIESE KARTE SIEHST:
Wo erlebst du gerade einen Konflikt in deinem Leben? Was steckt im Kern dahinter? Bist du sicher, dass du im Recht bist? Könntest du von jemand anders lernen? Musst du einfach nur Dampf ablassen? (Tu das.)

DIE SECHS DER STÄBE

Sieg, Errungenschaft, Selbstentwicklung, Zuversicht, Stolz, Schwung, Ehrgeiz, Vorwärts

Merkwürdigerweise sind im Tarot die Stäbe der Satz mit den meisten kriegerischen Bildern. Man könnte ja erwarten, dass Kampf den Schwertern vorbehalten sei, aber da läge man falsch: Bei den Schwertern wird man meist entweder bedroht oder man ist schon tot. Die Stadien dazwischen, die Erfahrungen, bei denen einen ein Schlag trifft, gehören weitgehend zu den Stäben. Ein hölzerner Stock hinterlässt schließlich auch eher blaue Flecken als tödliche Verletzungen. Ein Stock ist eine Übungswaffe, eine Gelegenheit, aus Fehlern zu lernen, statt gleich dabei umzukommen.

Mit diesen Überlegungen im Hinterkopf kannst du nun die Sechs der Stäbe begrüßen, die Karte des erfahrenen Kriegers. Im *Rider Waite Smith Tarot* ist eine Gestalt zu Pferd mit einem Lorbeerkranz auf dem Haupt zu sehen, und im Hintergrund hoch erhobene Siegesfahnen. Das ist eine Parade! Ein Umzug für Sieger! Ein Triumphzug! Das ist eine Augenweide und Balsam für geschundene Körper. Diese Karte hat einzig mit den Momenten zu tun, in denen alles so läuft, wie du es gerne hättest. Sie erkennt an, dass sich Anstrengung – ja, manchmal sogar ein Konflikt – lohnen kann. Es geht um das Gefühl der Befriedigung, das von einem Sieg ausgeht, von dem Wissen, dass du dich so gut geschlagen hast, wie du nur hoffen konntest. Es geht um Stolz auf dich selbst und das, was du geschafft hast.

Die Sechsen im Tarot fragen danach, was du gelernt hast und was du mit dem erworbenen Wissen anfangen kannst – und diese Karte ist keine Ausnahme. Hier handelt es sich nicht um die naive und hoffnungsfrohe Energie einer Person, die gerade erst ihre Reise begonnen hat. Die Sechs der Stäbe spricht von einem erfahrenen Reisenden, von einem, der Flüsse durchquert und Stürmen standgehalten hat, der unterwegs Freund und Feind begegnet ist. Sein Umhang musste schon ein paarmal ausgebessert werden, er hat Schmutz unter den Fingernägeln und an einem Lagerfeuer manche spannende Geschichte zu erzählen.

Wenn diese Karte auftaucht, fordert sie dich auf, zurückzublicken und einen prüfenden Blick auf deine Erfahrungen zu werfen. Was hat dich zu dem gemacht, was du bist? Wie wurdest du von der Welt geformt und geprägt? Wie bemisst du deine Erfolge und deine Fehlschläge? Ich erinnere mich dabei an eine Passage in Virginia Woolfs

Roman *Die Wellen,* in der eine der sechs erzählenden Figuren schildert, wie sie sich alle aus ihrem Rohmaterial herausgeschält haben: »Aber wir waren alle verschieden. Das Wachs – das jungfräuliche Wachs, das das Rückgrat überzieht – schmolz bei jedem von uns an verschiedenen Stellen.«[10] Die Sechs der Stäbe erinnert uns daran, dass das Leben uns verändert, es hinterlässt einen Fingerabdruck. Wir entwickeln eine Patina, unverwechselbare Merkmale – Narben, Ehrenabzeichen und Erinnerungen –, die wir als kostbar ansehen sollten, weil sie alle Teil dessen sind, wie wir unsere Geschichte erzählen.

Was die Sechs der Stäbe entschieden nicht ist, ist das Ende deiner Reise. Sie markiert einen Moment, in dem du erkennen solltest, wie weit du gekommen bist, und darüber nachdenken solltest, wohin du noch gelangen möchtest. Was ist als Nächstes an der Reihe? Wahrscheinlich noch ein paar weitere Schlachten und ein paar neue Narben, wenn wir ehrlich sind, aber hoffentlich auch noch einige Triumphe. Mehr Arbeit, mehr Mühe, mehr Aufgaben und mehr Stoff zum Nachdenken. Es gibt mehr zu entdecken, mehr zu werden. Die Sechs der Stäbe erinnert dich daran, dass du das Zeug dazu hast. Du bist stark. Deine Leute umgeben dich, und dein edles Ross trägt dich (wahrscheinlich kein wirkliches Pferd, aber wer weiß?). Also hoch die Fahne, treib dein Pferd an und mach weiter: VORWÄRTS!

FRAGEN, DIE DU STELLEN SOLLTEST, WENN DU DIESE KARTE SIEHST:
Was hast du erreicht? Was von dem, was du getan hast, erfüllt dich mit Stolz? Was motiviert dich? Was hast du auf dem Weg gelernt und wie wird dir das auf deinem künftigen Weg weiterhelfen? Bist du bereit, weiterzugehen? Bist du aufgeregt?

DIE SIEBEN DER STÄBE

Überzeugung, Glaube, Beharrlichkeit, Dickköpfigkeit, Zuversicht, Prinzipien, Verrat an Prinzipien

Ich habe schon lange das Gefühl, dass die Frage, ob es sich lohnt, für eine Sache Kopf und Kragen zu riskieren, stets einen Unterton von Unfairness hat. Denn sie impliziert immer, dass das beharrliche Festhalten an etwas, das man nicht aufgeben will, töricht und stur ist und zu einem bösen Ende führen wird. Natürlich mag es durchaus Ziele geben, die den Einsatz nicht wert sind … aber wie steht es mit denen, bei denen er sich lohnt? Wie sieht es aus, wenn du sagst, jawohl, dafür lohnt es sich tatsächlich, Kopf und Kragen zu riskieren?

Bei der Sieben der Stäbe geht es durchweg um die Schlacht, die du dir ausgesucht hast, um das Ziel, das du um jeden Preis zu verteidigen gedenkst. Sie ist ganz gewiss die Karte der Dickköpfigkeit, aber in der denkbar besten Art und Weise. Die Karte hat mit Beharrlichkeit und mit der Treue zu den eigenen Überzeugungen zu tun. Weiter vorn in diesem Satz (bei der Fünf) sind wir einer Karte begegnet, die von Momenten handelt, in denen es gesund sein kann, herausgefordert zu werden, weil uns das für Veränderung und Wachstum öffnet. Die Sieben kann oberflächlich betrachtet ähnlich aussehen, aber sie hat eine andere Perspektive. Die Sieben sagt dir, du sollst weiter für die gute Sache kämpfen. Sie sagt dir, dass es wertvoll – sogar ganz außergewöhnlich – ist, wenn du fähig bist, an deinen Überzeugungen festzuhalten, besonders, wenn du unter Druck gesetzt wirst, von ihnen Abstand zu nehmen. Sie kann und sollte dich an Momente erinnern, in denen die Weigerung eines Menschen, seine Prinzipien zu verraten, die Welt zum Besseren verändert hat.

Wenn ich diese Karte sehe, erinnert sie mich auch an eine Zeit in meinem Leben, in der mir das nicht ganz gelungen ist. Wir alle kapitulieren ab und zu einmal und beugen uns der sogenannten Weisheit der Gruppe, auch wenn sie sich kein bisschen weise anfühlt. Wir tun Dinge, bei denen wir uns nicht wohlfühlen, weil es von uns erwartet wird, weil es »normal« ist. Ich denke vor allem an Momente zu Beginn meines Berufslebens, in denen ich nicht gesagt oder getan habe, was ich für richtig hielt, weil klar war, dass ich damit den Verlust meines Jobs riskiert hätte. Ich blicke auf mein jüngeres Ich zurück und verstehe, warum ich diese risikofreie Wahl getroffen habe. Aber ich habe auch erkannt, dass dieses Verhalten mir immer etwas genommen hat – und manchmal war es zu viel. Als ich älter wurde, war ich darauf bedacht, mich mehr von der Sieben der Stäbe leiten zu lassen: meine Grenzen zu kennen und an ihnen festzuhalten, komme, was da wolle.

Diese Haltung »komme, was da wolle« ist allerdings auch die Schattenseite dieser Karte. Wenn du den Entschluss fasst, dich für etwas einzusetzen und all deine Energie hineinzustecken, kannst du triumphieren. Du kannst dich dadurch gerechtfertigt sehen, dass du auf der richtigen Seite der Geschichte stehst, oder auch einfach durch die unmittelbaren Konsequenzen. Du kannst aber auch zu Tode kommen, wenn du Kopf und Kragen riskierst. Du musst also vorbereitet sein. Du musst bereit sein, dich bedingungslos in die Schlacht zu stürzen wie die Rohirrim auf ihrem letzten Ritt. (Für diejenigen, die nicht mit Tolkiens *Herr der Ringe* vertraut sind: Das bedeutet, einem nahezu aussichtslosen Kampf entgegenzureiten und dabei zu brüllen »REITET ZUR VERNICHTUNG UND ZUM ENDE DER WELT!« Was für ein Engagement und welch ein Anblick!)

Wirst du also bei deinem Vorhaben den Tod finden? Das wird die Zeit zeigen. Die Sieben verlangt nur von dir, dich zu vergewissern, dass du dein Schlachtfeld so gewählt hast, dass es dem dient, was du für das Richtige hältst.

FRAGEN, DIE DU STELLEN SOLLTEST, WENN DU DIESE KARTE SIEHST: Welche Prinzipien hast du, die du niemals verraten würdest? Wann hattest du das Gefühl, Druck gegenüber kapituliert zu haben? Hast du das Gefühl, jemand verlange in irgendeiner Sache, dass du aufgibst? Kannst du standhalten?

DIE ACHT DER STÄBE

Entschiedenes Handeln, Schwung, schnelle Transformation, Selbstermächtigung, Selbstvertrauen, Blockade, sich zurückhalten

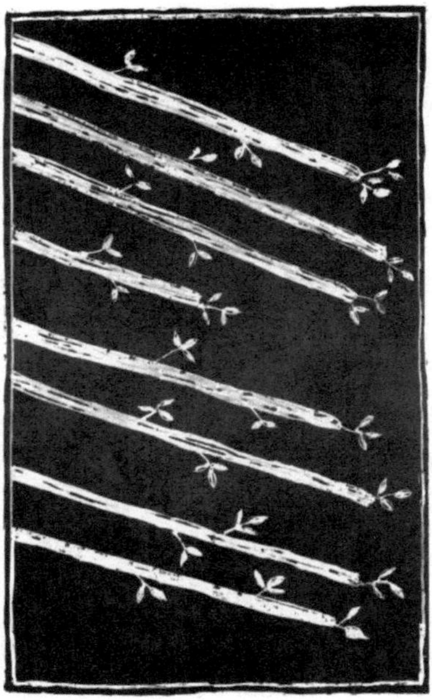

Die Acht der Stäbe bringt viele ins Schleudern, wenn sie damit beginnen, Tarotkarten zu deuten. Es ist ganz sicher eine, mit denen wir beide zu kämpfen haben, und ganz gegen die Regel ist sogar die Bildgestaltung der Karte bei den meisten Decks nicht übermäßig hilfreich. Sie zeigt nichts weiter als eine Menge Stöcke. Die Achten haben im Tarot normalerweise mit Übergängen und Transformationen zu tun, aber die Stäbe beziehen sich insgesamt auf ungeformte Energie – Feuer –, das sowieso ständig im

Zustand der Veränderlichkeit ist. Wie kann eine transformative Kraft selbst verwandelt werden? Das ist eine gute Frage, und zum Glück haben wir auch die Antwort darauf.

Für uns ist die perfekte Illustration des Inhalts dieser Karte nicht das, was auf ihr abgebildet ist. Sondern vielmehr eine Zeile aus *Tight Pants / Body Rolls* von Leslie Hall: Dieser Song hat schon seit Langem einen besonderen Platz in unseren Herzen. Wir hören ihn und tanzen dazu, wenn wir ausgelassener Stimmung sind, wenn der einzige Weg, wilde »Stäbe-Energie« herauszulassen, in High Kicks besteht, dem Hochschleudern der Beine so weit es geht. Der Text beschreibt eine ungewöhnliche Version der Heldenreise: Eine Frau geht durch einen Wald und trifft unterwegs ein kleines Wesen, das magische Leggins trägt. Sie betrachtet es voller Bewunderung und bittet es inständig, ihr doch auch ein Paar solche Leggings zu machen. Denn wie anders würde ihr Leben aussehen, hätte sie so ein Paar *tight pants!* Was für wunderbare Dinge könnte sie tun, wenn sie die tragen würde! Der Elf ist bereit, ihr zu helfen, und macht sich an die Arbeit. Aber dann, im letzten Moment, als er gerade mit dem letzten Stich fertig wird, schaut die Frau an sich herunter … und hat eine umwerfende Erkenntnis: »Ich trug bereits *tight pants*. Ich hatte sie nur nicht AKTIVIERT.«

Das ist die Botschaft der Acht der Stäbe. Diese Karte zeigt dir, dass du deine magischen Leggins *schon trägst*. Du hast alles, was du brauchst: die Macht, eine Veränderung herbeizuführen, wohnt in dir. Hör auf, außerhalb deiner selbst zu suchen, hör auf, darauf zu warten, dass eine externe Kraft dich mitnimmt. Hör auf, dir zu sagen, du wirst diese Sache in Angriff nehmen oder jene Reise antreten, sobald X, Y oder Z eingetreten ist oder sobald jemand anders dir die Erlaubnis oder den Anstoß dazu gibt. Du brauchst nicht noch mehr Aufladung oder Vorbereitung. Du brauchst nur deine eigene Kraft zu aktivieren – und der Moment, das zu tun, ist genau jetzt. Die Acht der Stäbe gibt dir grünes Licht zum Handeln und ruft dich dazu auf, darauf zu vertrauen, dass du etwas zustande bringen kannst. Diese Karte ist eine Ermunterung, ein Schlachtruf. Sie sagt: AUF GEHT'S!

Wenn diese Karte erscheint, beschwört sie das Gefühl herauf, die Dinge seien in schneller Bewegung und würden rasch Gestalt annehmen. Sie erinnert dich daran, das Eisen zu schmieden, solange es heiß ist, den Schwung für das zu nutzen, was er am besten kann: dich voranbringen. Und sie ist eine Gelegenheit, darüber nachzudenken, wo du dich selbst zurückhältst. Sie sagt: Hör auf zu widerstreben, hör auf, so zu tun, als sei das ein Schwelbrand, denn das ist nicht wahr. Es ist ein Freudenfeuer. Die Musik ist laut und wild, vielleicht sogar schneller als 180 Schläge pro Minute, und sie meint dich. Zieh dir also deine beste, hautenge Hose an und tanze!

FRAGEN, DIE DU STELLEN SOLLTEST, WENN DU DIESE KARTE SIEHST:
Schiebst du etwas vor dir her? Wartest du auf den perfekten Moment zum Handeln? Warum handelst du nicht jetzt? Was brauchst du noch mehr, um diese Sache zu erledigen? Was blockiert dein Handeln? Welche Farbe hat deine hautenge Hose?

DIE NEUN DER STÄBE

Verantwortlichkeiten, Engagement, Verpflichtungen, Lasten, Widerstandsfähigkeit, harte Arbeit

Diese Karte handelt davon, dass man eine Menge Stäbe hat. Mit »Stäben« meint das Tarot: Dinge zu tun. Und mit »eine Menge« meint es: viel zu viele. Es können zu viele Verpflichtungen sein, zu viel zeitliche Beanspruchung, zu viel im Kopf, oder einfach zu viele Stellen, denen du deine Energie zufließen lassen sollst. Manchmal fühlt es sich im Moment nicht so an, als sei es zu viel: Du kannst dir selbst einreden, dass du damit ohne Weiteres fertigwirst, oder sogar ein bisschen stolz darauf sein, wie viel du bewältigen kannst. Aber diese Karte ist eine Erinnerung daran (wenn nicht sogar eine Vorwarnung), dass du dann, wenn du keinen Raum für unerwartete zusätzliche Anforderungen an deine Zeit und Energie lässt, ins Trudeln kommen wirst, wenn sie dir in den Schoß fallen, was unvermeidlich kommen wird. Erinnere dich an das Sprichwort von dem Strohhalm, der dem Kamel das Rückgrat bricht! Also, mit dieser Karte drückt das Tarot auf höfliche Weise aus: »Nicht noch mehr Stroh für dich, Kumpel.«

Auf der praktischen Ebene lädt dich die Neun der Stäbe ein, ein Inventar von allem anzulegen, was du zu tragen hast, und zu überlegen, ob das alles nötig ist. Was würde passieren, wenn du es nicht tätest? Würde alles zusammenbrechen? Diese Karte regt dich dazu an, Grenzen zu setzen und genau zu wissen, was in deinen Kräften steht und was eine Nummer zu groß ist. Eine außergewöhnliche Lehrerin fragte mich einmal, nachdem ich eine Stunde lang in ihrem Büro geweint hatte: Versuchst du, immer mit 100 Watt zu leuchten, wenn vielleicht auch 60 Watt genügen würden? (Genau so war es.)

Die Neun der Stäbe spricht auch an, wie wichtig es ist, um Hilfe zu bitten, wenn du sie brauchst, sei es in Form von praktischem Handeln, emotionaler Unterstützung oder noch mehr. Diese Karte ist eine gute Vertreterin des Innenlebens eines Menschen, der zu seiner ersten Therapiestunde geht – und genau das habe ich nach dem Gespräch über die 100-Watt-Birne auch gemacht. Meistens ist das größte Hindernis für eine Erleichterung, dass du niemandem zutraust, deine Bürde so gut zu tragen wie du. Und manchmal glaubst du einfach nicht, dass jemand bereit wäre, deine Last mitzutragen. Die Neun kann dich daran erinnern, dass beides nicht wahr ist.

Natürlich ist es auch möglich, dass diese Karte in einer Legung auftaucht, weil es mehr Mittragen geben sollte in deinem Leben. Das ist heikles Terrain, aber es lohnt sich definitiv, es bei Fragestellern anzusprechen. Fühlen sie sich schuldig, weil sie anderen nicht mehr Hilfe und Unterstützung geben können – auch wenn sie wissen, dass sie das körperlich gar nicht schaffen? Gelegentlich erlebst du vielleicht sogar, dass diese Karte jemanden dazu motiviert zuzugeben, dass er vielleicht nicht seinen Anteil an den Aufgaben übernimmt. Vielleicht mutet er seiner Partnerin den Löwenanteil der Hausarbeit zu oder bürdet Arbeitskollegen unerledigte Arbeit auf. Das Tarot verurteilt niemanden, es schafft Gelegenheiten dafür, dass Menschen sich selbst und anderen gegenüber ehrlich sind und sich fragen, warum sie sich so verhalten, wie sie es tun.

Wie alle anderen Neunen im Tarot steht diese Karte im Dialog mit der folgenden Karte: Sie ist ein Blick hinter den Vorhang der Zukunft, eine Kostprobe davon, was kommen wird, wenn du in dieser Richtung weitergehst. Du bist in einem Schnellzug – die nächste Haltestelle ist die Zehn der Stäbe – und glaub mir, dort willst du nicht landen. Jetzt hast du die Chance, deinen Kurs zu korrigieren. Nutze sie.

FRAGEN, DIE DU STELLEN SOLLTEST, WENN DU DIESE KARTE SIEHST: Machst du zu viel? Kannst du etwas abgeben? Nein, ganz im Ernst, geht das? Fühlst du dich schuldig oder glaubst, du würdest nicht deinen Anteil schultern? Ist das gerechtfertigt oder nicht? Was kannst du unternehmen, um das zu ändern?

DIE ZEHN DER STÄBE

Erschöpfung, Überarbeitung, Burn-out, Mikromanagement, Mangel an Vertrauen, Schuld

Das Gute an dieser Karte ist, dass sie zu denen gehört, die selten eine umfangreiche Erklärung erfordern. Meistens sagt die Fragende, wenn diese Karte umgedreht wird, sofort etwas wie: »Oh ja, ich weiß, was das bedeutet. ICH SPÜRE DAS.« Und das Schlechte daran ist, dass es nicht angenehm ist, das zu spüren. Ganz und gar nicht.

Die Zehn der Stäbe repräsentiert das, was passiert, wenn man sich zu viel aufgeladen hat und nicht mehr damit fertigwird. Sie ist eine Karte unglaublicher Erschöpfung.

Sie ist das Kamel mit dem gebrochenen Rückgrat. Sie ist die Karte des Burn-out. Du hast versucht, zu viele Stäbe zu tragen. Sie waren sehr schwer, du bist todmüde und du hast den Punkt erreicht, an dem du sie nicht mehr tragen kannst und einen Weg finden musst, loszulassen. Du wirst ganz einfach loslassen müssen, ob es dir gefällt oder nicht. Die Energie eines jeden Menschen ist irgendwann erschöpft, und normalerweise passiert das im allerschlechtesten Moment. Die Zehn der Stäbe hält dir vor Augen, wie gefährlich es ist, den Punkt zu überschreiten, an dem noch ein kontrollierter Ausstieg möglich ist, bei dem die Dinge erhalten bleiben, die dir am wichtigsten sind. Sie sagt dir, dass du demnächst in dramatischer Weise aus Himmelshöhen abstürzen wirst oder manchmal auch, dass du diesen Punkt bereits erreicht hast und jetzt einem Haufen rauchender Trümmer gleichst. Oder einer leeren Hülle.

Nachträgliche Einsicht ist etwas Wunderbares, und wenn diese Karte auftaucht, fühlen sich viele der Lehren und Fragen der Neun der Stäbe plötzlich wie etwas an, das du *wirklich* früher hättest beherzigen sollen. Wir waren ja gewarnt, was passiert, wenn wir keine Grenzen setzen und nicht um Hilfe bitten, wenn wir sie brauchen; deshalb jetzt dieses »ich hab's dir doch gesagt«. Aber wenn es bereits zu spät ist, du also nicht die Notbremse gezogen hast, wo bist du dann gelandet? Was kannst du jetzt machen? Wie kannst du die Dinge wieder auf die Reihe bekommen? Du hast viel zu viel am Hals, um dir einen Burn-out leisten zu können, doch wie sieht die Lösung aus? Es muss doch etwas geben, das du tun kannst, um das in Ordnung zu bringen, richtig? Richtig?!

Hoffentlich kannst du sehen, worauf ich hinauswill. Die Zehn der Stäbe handelt von einem gut erkennbaren selbstzerstörerischen Verhalten: Du bist so erschöpft, dass du gar nicht mehr in der Lage bist, etwas Sinnvolles zu tun, aber du akzeptierst das noch immer nicht. Dein Gehirn läuft metaphorisch gesprochen in einem Hamsterrad: Du wendest jede Menge Energie auf, aber du kommst nirgendwohin. In dieser Karte klingt mehr als nur eine Spur von Masochismus an, und sie erinnert mächtig an den trügerischen, stets weiter zurückweichenden Horizont höchster Produktivität. Du kannst ganz leicht das Gefühl entwickeln, wenn du nur ein bisschen härter arbeiten würdest, ein kleines bisschen mehr tätest, dann könntest du irgendwann dorthin gelangen. Diese Karte ist dazu da, deine Finger sanft, aber bestimmt von dieser Fiktion zu lösen, die du umklammert hältst. Du kannst dich nicht noch weiter antreiben. Der einzige Weg, dich von einem Burn-out zu erholen, besteht im Ausruhen. Du brauchst eine Pause, und zwar sofort, ganz egal, wie ungünstig der Zeitpunkt für dich sein mag.

Die Herausforderungen dieser Karte sind zahlreich und offensichtlich. Aber worin mag ihr Geschenk bestehen? Die beste Antwort ist, dass es genau dasselbe Geschenk ist, das du bekommst, wenn du endlich aufhörst, immer wieder mit dem Kopf gegen eine Ziegelsteinmauer zu rennen. Es fühlt sich gut an, aufzuhören. *Bitte,* sagt die Zehn der Stäbe, *bitte leg einfach diese Stöcke ab.*

FRAGEN, DIE DU STELLEN SOLLTEST, WENN DU DIESE KARTE SIEHST: Bist du okay? Womit kannst du aufhören? Wie kannst du eine Pause einlegen? Hast du das Gefühl, die ganze Zeit arbeiten zu müssen? Warum?

DER BUBE DER STÄBE

Abenteuer, Entdeckung, Staunen, Erforschung, Reisen, persönliches Wachstum, Sprunghaftigkeit, schlechte Durchführbarkeit

Der beste Weg, den Buben der Stäbe zu verstehen, ist, an deine Kindheit zurückzudenken, an die jungen Heldinnen und Helden der Bücher, die du damals gelesen hast. Falls es dir bisher noch nicht aufgefallen ist, wirst du dabei feststellen, dass es in Kinderbüchern außergewöhnlich viele Waisenkinder gibt. Allerdings hat der Bube der Stäbe überhaupt nichts mit Todesfällen zu tun, sondern vielmehr mit einem Verhalten, das an die tapferen Waisen in den Geschichten erinnert.

Der zentrale Vorteil des Waisenstatus ist, jedenfalls nach diesen Büchern, dass man niemanden hat, der einem sagt, was man zu tun hat, deshalb kann man machen, was man will. Du bist allein auf der Welt und völlig unbehelligt von täglichen Aufgaben und Ritualen und Eltern, die dich bevormunden und Dinge von dir verlangen, »weil ich es gesagt habe« (schnarch), und ebenso von den gesellschaftlichen, beruflichen oder häuslichen Verpflichtungen des Erwachsenenalters (langweilig!). Dein Gefühl für Gefahren ist bestenfalls mäßig ausgeprägt, und du kannst durch die Ritzen schlüpfen, weil du buchstäblich ein kleines Kind bist. Du kannst als blinder Passagier auf einem Piratenschiff mitfahren, zum Zirkus gehen, von Wölfen großgezogen werden, ein Tor zu einer anderen Welt finden, ein international agierender Spion werden, ein Zauberer, Kosmonaut oder Juwelendieb oder einfach hervorragend reiten lernen. Kurz gesagt, du erlebst ABENTEUER.

Dies ist offenkundig eine unrealistische Darstellung dessen, was in Wirklichkeit geschieht, wenn Kinder von den Menschen getrennt werden, die für sie sorgen. Aber es ist tief in unserer kulturellen Fantasie verankert, weil es eine so reine und unkomplizierte Vision von Freiheit ist: keine Bindungen, niemand, den man aus Höflichkeit anrufen muss, niemand, dessen Regeln oder Vorstellungen von dir deine Identität formen. Auf irgendeiner Ebene wollen wir alle der Bube der Stäbe sein: das Wunderkind, der kleine Abenteurer, der alles tut, was ihm einfällt, und auf dem Weg zu einem guten Ende einigen Herausforderungen und nicht allzu großen Gefahren begegnet, die er meistert. Unsere Karte erinnert an diesen Wunsch, gibt dir einen Geschmack von diesem Gefühl und lädt dich dazu ein, dir zu überlegen, ob und in welcher Weise Abenteuer in deinem Leben vorkommen. Das kann tief durchatmen an der frischen Luft oder ein Ruf der Wildnis sein: eine Unterbrechung, ein Vorschlag, etwas Neues auszuprobieren oder einen unbekannten Ort zu besuchen.

In den meisten Fällen stellt der Bube der Stäbe eine neue Chance dar oder eröffnet eine neue Perspektive. Manchmal thematisiert er ganz wörtliche Tapetenwechsel – Urlaub kannte man noch nicht, als das Tarot entstanden ist, aber diese Karten sind außerordentlich flexibel und passen sich spielend an die zahlreichen wunderbaren Errungenschaften der modernen Welt an. Und manchmal betrifft die Veränderung auch die Einstellung: eine zufällige Entdeckung über sich selbst oder ein Entrinnen aus alten Denkmustern oder Annahmen, die dich zurückgehalten haben. Ob diese Offenbarungen und neuen Möglichkeiten realistisch oder praktikabel sind, ist eine ganz andere Frage – dieser Bube ist definitiv die Heimat von Gedankenflügen, die manchmal mit einer Dosis Pragmatismus auf den Teppich geholt werden müssen. Aber ist es nicht erfrischend, Raum für Neues und persönliches Wachstum zu schaffen?

Die Hofkarten sprechen normalerweise Menschen an, die wir kennen, oder auch Aspekte von uns selbst, aber man kann sie auch als Verkörperung bestimmter Gefühle ansehen. Mich erinnert der Bube der Stäbe an eine Zeile in einem Gedicht von John Keats, das die erhebende Empfindung bei der Begegnung mit etwas Neuem und Wunderbarem ausdrückt: »Da fühlt ich wie ein Himmelssucher mich, / Wenn ihm ein neuer Stern ins Fernglas schwebt.«[11] Diese Karte erinnert uns daran, dass dort draußen die Welt ist, dass sie gewaltig und merkwürdig ist und voll unvorstellbarer Möglichkeiten steckt. Sie ist eine Einladung zum Staunen.

FRAGEN, DIE DU STELLEN SOLLTEST, WENN DU DIESE KARTE SIEHST:
Wohin möchtest du gehen? Was möchtest du erkunden? Erlaubst du dir, Abenteuer zu erleben? Gibst du dich deinen Fantasien in ausreichendem Maße hin – oder eher zu oft?

DER RITTER DER STÄBE

Impulsivität, Aktion, Überzeugung, Entschlossenheit, Verführung, Unberechenbarkeit

Über den Ritter der Stäbe gibt es viel zu sagen, aber eines muss ich gleich einmal loswerden, ehe wir uns mit den subtilen Aspekten der Karte befassen (soweit es sie denn gibt). Ich muss dir sagen, dass das die heißeste Karte im Tarot ist. Der Ritter der Stäbe ist in jedem Sinn des Wortes ein Reiter. Es ist sehr wohl möglich – und auch recht unterhaltsam –, die Tarotkarten durch die Linse des Schlafzimmers zu betrachten, es ist die Karte, die am einfachsten und direktesten Sex signalisiert, die Karte intensiver Reaktionen der Körperchemie, sogar (oder besonders), wenn sie unerklärlich ist. Es ist die Karte der Schwärmereien und Verbindungen und Pheromone. Manchmal brauchst du gar nicht mehr zu wissen und sie ist genau so zu interpretieren.

Wenn man allerdings ein wenig an der Oberfläche kratzt, sieht man, dass die libidinöse Interpretation des Ritters der Stäbe nur eine Möglichkeit ist, ihn zu verstehen – aber sie ist eine ziemlich gute Metapher für das Temperament und die Eigenschaften, die die Karte insgesamt repräsentiert. Beim Ritter der Stäbe geht es durch und durch um Aktion: Er ist auf einer Mission, stürmt vorwärts, obsessiv und fordernd und alles verschlingend. Dieser Ritter elektrisiert. Dieser Ritter ist ein Waldbrand. Ritter der Stäbe sind impulsiv und unberechenbar, eine feurige Energie, die in rasendem Tempo durch dich hindurchfegen und dich entflammen kann, ehe du weißt, wie dir geschieht oder eine Chance hast, über die potenziellen Gefahren nachzudenken.

Und manchmal ist das genau das, was du brauchst. Es gibt eine Zeit für Vorsicht und sorgfältige Risikoabwägung, und es gibt eine Zeit, in der man Veränderung nur auf einem einzigen Weg erreichen kann: Indem man einfach in etwas hineinspringt und das Beste hofft. Die Strategie dieses Ritters ist, um Vergebung zu bitten, nicht um Erlaubnis (wobei er mitunter auch diese Bitte unter den Tisch fallen lässt). Nicht jeder hat Freude am Chaos, aber man kann nicht bestreiten, dass es das perfekte Gegenmittel gegen Unbeweglichkeit ist. Es gibt Zeiten, in denen du wie dieser Bursche sein musst, um deine Träume und deine Ziele zu verfolgen: absolut furchtlos und risikofreudig.

Und es gibt Zeiten, in denen du auf gar keinen Fall so

sein sollst. Ich habe immer das Gefühl, dass die Ritter im Tarot am offensichtlichsten ambivalent sind: Ihre Schattenseite ist unübersehbar, und die Herausforderungen, die sie bringen, können ihre Geschenke weit überragen. Wahrscheinlich ist es nicht allzu schwierig, die Warnung bei dieser Karte zu sehen: das Potenzial für extrem egoistisches, wenn nicht sogar gefährliches Verhalten. Mich erinnert die Karte an das manische Gefühl, zu viel Energie im Körper zu haben, es kommt einem vor, als sei die ganze Welt langsam und schwerfällig und man sei ein Komet, der durch sie hindurchrast. Diese Art von Höhenflug geht meist nicht gut aus. Genau wie auf die Augenblicke eines unglaublichen physischen Hochgefühls folgt auf einen solchen Ausbruch von Überschwang oft ein deutlich weniger beglückender Absturz.

In allererster Linie fragt der Ritter der Stäbe, ob du dein Handeln unter Kontrolle hast. Hier passiert eine Menge – vielleicht sehr schnell oder sehr dramatisch –, und es erfordert eine feste Hand, dafür zu sorgen, dass du nicht einfach mitgerissen wirst. Behalte also die Zügel fest in der Hand und tu, was du kannst, um den Ritt zu genießen.

FRAGEN, DIE DU STELLEN SOLLTEST, WENN DU DIESE KARTE SIEHST:
Wer bewirkt gerade die größten Veränderungen in deinem Leben? Hast du den Prozess unter Kontrolle oder bist du in Gefahr? Oder hast du gerade eine sexuell fabelhaft Zeit? (Wer ist der Glückspilz?)

DIE KÖNIGIN DER STÄBE

Charme, Freigeistigkeit, Attraktivität, Brillanz, Strahlkraft, Popularität, soziale Dynamik, Cliquen

»Sei die Flamme, nicht der Falter« ist ein Spruch, der häufig Casanova zugeschrieben wird – zumindest wird er ihm in dem 2005 gedrehten Film *Casanova* mit Heath Ledger zugeschrieben, was mir fürs Erste genügt. Unabhängig von der historischen Quelle ist dieser Satz definitiv das Motto der Königin der Stäbe. Diese Person ist stets die Flamme: charmant, attraktiv, fesselnd, strahlend. Eine Königin der Stäbe erkennst du, sobald du sie siehst: Du fühlst dich zu ihr hingezogen, du möchtest sie näher kennenlernen, du möchtest sein wie sie. Königinnen der Stäbe sind die glanzvollsten und brillantesten Personen in einem Raum und ziehen die Aufmerksamkeit auf sich, wie der Nektar die Bienen anlockt.

Im besten Falle ist eine Königin der Stäbe wie die berühmte Country-Sängerin Dolly Parton. Ihr Glanz wird in ihr Tun gelenkt: Je größer die Herausforderung, desto höher steigt sie empor, je größer die Bühne, desto voluminöser die Frisur. Diese Königinnen definieren sich über den Glauben an sich selbst, Mut und Ehrgeiz. Sie widmen ihre Zeit, ihre Energie und ihre Ressourcen den Dingen, die ihnen wichtig sind – und ihre Überzeugungen sind so stark und so mitreißend, dass andere häufig nicht widerstehen können, sich ebenfalls darauf einzulassen, ob zu ihrem Nutzen oder zu ihrem Schaden, sei dahingestellt. Diese Karte steht für die Art von Mensch, die deine Eltern zu der Frage veranlasst: »Und wenn er (sie) dich auffordern würde, von einer Brücke zu springen, würdest du das dann tun?« (Natürlich würdest du.)

Und das ist der Schlüssel zum Verständnis der dunklen Seite der Karte. Wir werden aus gutem Grund gewarnt, nicht mit dem Feuer zu spielen – dass etwas schön aussieht, heißt noch lange nicht, dass es dich nicht verletzen kann. Im schlechtesten Fall ist diese Königin Regina George in *Girls Club – Vorsicht bissig!* Wenn man ihr zu nah kommt, kann man sich verbrennen und dennoch irgendwie mehr wollen. Wenn dieses Schatten-Ich hervortritt, ist der Grund dafür normalerweise, dass eine Königin der Stäbe auf ihren eigenen Glanz hereingefallen ist und sich auf diesen einen Aspekt ihrer selbst, die Beliebtheit, reduziert. Sie hat nicht mehr die Möglichkeit, authentisch zu sein und ihre vielen Facetten zu leben oder sieht sich gezwungen, dieselbe ermüdende Rolle immer weiter zu spielen, und kann dann ätzend werden.

Doch in aller Regel sind die Königinnen im Tarot wohlwollende Gestalten: Einladungen, bestimmten Teilen deiner selbst mehr Freiraum zu gewähren oder die Gesellschaft von Menschen zu genießen, die diese Eigenschaften verkörpern. Außer wenn diese Karte bei einer Legung in einer besonders wichtigen Position auftaucht, neige ich daher dazu, sie positiv zu interpretieren und ihre Lebendigkeit, ihren Charme und ihre Leidenschaft auszukosten. Dabei sollte man jedoch nicht vergessen, dass Selbstwahrnehmung die größte Stärke aller Königinnen ist – und diese braucht sie wahrscheinlich auch am meisten. Manchmal nehmen die Menschen, die am hellsten strahlen, am allerwenigsten wahr, wie ihre Anwesenheit oder Abwesenheit andere beeinflussen kann.

Ich stelle mir die Königin der Stäbe gerne als eine Flammensäule vor, die einen Lichtkreis um sich verbreitet. Wenn man innerhalb dieses Kreises ist, wird man gesehen, steht unter dem Schutz der Königin und kann in der Wärme ihrer Wertschätzung baden. Aber man sollte auch bedenken, wer außerhalb dieses Kreises sitzt (besonders, wenn du diese Königin in dir selbst erkennst). Es kann leicht geschehen, dass Menschen um Aufmerksamkeit konkurrieren und sich dann, wenn sie sie nicht bekommen, unsichtbar oder nicht gesehen fühlen. Eine Königin der Stäbe wählt aus, wen sie an ihre Seite bittet. Die Herausforderung besteht darin anzuerkennen, dass diese Wahl Konsequenzen haben kann, dass man sie deshalb mit Umsicht treffen sollte.

FRAGEN, DIE DU STELLEN SOLLTEST, WENN DU DIESE KARTE SIEHST:
Wer ist in deinem Leben gerade ein Leuchtturm? Bist du ein Leuchtturm für andere? Was bedeutet es, im Mittelpunkt der Aufmerksamkeit zu stehen? Ist das etwas, das du möchtest, das du bewunderst, oder etwas, das du nur als Zeuge oder Zeugin wahrnimmst?

DER KÖNIG DER STÄBE

Visionär, Genie, Charisma, Aggression,
Dominanz, Hypermaskulinität

Wenn man den König der Stäbe mit einem einzigen Wort beschreiben sollte, dann wäre dieses Wort »Visionär«. Diese Figur bringt die rohe Energie und die transformative Kraft der Stäbe zum Tragen. Sie ist der Endpunkt des Satzes: der Moment, in dem sein Feuer und seine Leidenschaft gezähmt und unter Kontrolle gebracht sind und nutzbar gemacht werden. Der König kann unglaubliche Dinge vollbringen: Er ist charismatisch, inspirierend, aufregend und kann andere auf die Reise mitnehmen, sie anfeuern, Pläne in die Tat umzusetzen. Und das weiß er. Er hat eine Kraft, die man als »die große Energie der Stäbe« bezeichnen könnte.

Fragt man bei diesem König den Fragesteller, ob er ihn an sich selbst oder an jemanden erinnert, den er kennt, dann antwortet er in der Regel, er erinnere ihn an jemand anders. Es gibt nur sehr wenige Menschen, die sich hinstellen und behaupten würden: »Hey, ja, das bin ich, diese Führungsfigur mit der magnetischen Ausstrahlung und Inspirationskraft.« Die meisten wissen auch ganz instinktiv, dass der König der Stäbe zwar für Menschen stehen kann, die die erstaunlichsten Dinge zustande bringen – wankende Institutionen wieder auf die Füße stellen, ermatteten Teams neuen Schwung verleihen, bahnbrechende Neuerungen in die Wege leiten –, dass er aber auch mehr als eine flüchtige Ähnlichkeit mit einigen weniger ambitionierten öffentlichen Personen aufweist. Die Trennlinie zwischen einem visionären Genie und einem verblendeten Größenwahnsinnigen kann sehr schmal sein, und daher ist es nicht verkehrt, sich dieser Gestalt mit Vorsicht zu nähern. Wenn sie mit voller Kraft agiert, ist sie ziemlich gewaltig. Wenn das Tarot dir nahelegt, du solltest vielleicht etwas mehr den König der Stäbe verkörpern, lässt es dir immer die Wahl, in welchem Maße du das möchtest.

Es lohnt sich auch, mit dem Fragesteller darüber zu sprechen, wie er auf die in seinem Leben schon vorhandenen Könige der Stäbe reagiert. Die Energie dieser Karte ist zwar extrem maskulin, allerdings ganz gewiss nicht einzig Männern vorbehalten. Sie beschwört eine bestimmte Art von dominantem Alphatier-Verhalten herauf, die unter den richtigen Umständen zwar hochwirksam und sogar verführerisch, im Umgang aber oft auch ziemlich einschüchternd sein kann. Wenn ein König der Stäbe erscheint, sucht der Fragende oft Rat, wie er mit ihm umgehen soll. Wenn du die Energie im Hinterkopf behältst, die diesen Satz regiert, dann findest du ein Instrument: Ein kleiner Ratschlag, der nicht immer leicht umzusetzen, aber auf eine merkwürdige und paradoxe Weise sinnvoll ist. Der König der Stäbe ist der Herrscher des Feuers – also ist Feuer auch die Waffe dagegen. Womit bekämpfen wir Feuer? Ganz genau: mit noch mehr Feuer.

Die Wahrheit ist, dass ein König der Stäbe nur eines respektiert: einen anderen König der Stäbe. Und das heißt, wenn du dich mit einem König der Stäbe auseinandersetzen musst, und du hast deinen eigenen gerade nicht zur Hand (einen Freund, eine Freundin, ein Familienmitglied, einen bezahlten Dienstleister), ist deine beste Strategie, möglichst selbst wie einer zu wirken. Und wie macht man das? Als jemand, der in einer Branche mit einem ziemlich hohen Anteil dieses Persönlichkeitstyps gearbeitet hat, kann ich ein Mantra anbieten, das mir gute Dienste geleistet hat: LÜGE NICHT UND ZEIGE KEINE ANGST. Lass den anderen niemals erkennen, dass er dich nervös macht – oder dass du sogar von ihm beeindruckt bist –, denn das gießt Öl ins Feuer seiner Macht. Behaupte dich und trage den Kopf hoch. Wer weiß, vielleicht steckt mehr König der Stäbe in dir als du gedacht hast.

FRAGEN, DIE DU STELLEN SOLLTEST, WENN DU DIESE KARTE SIEHST:
Glaubst du, du hättest die Macht, andere zu beeinflussen? Hast du eine Vision, die du verwirklicht sehen möchtest? Was ist nötig, um dein Ziel zu erreichen? Was treibt dich an? Gibt es charismatische Menschen in deinem Leben, mit denen du schwer fertigwirst?

Kapitel 7

Die Schwerter

Es ist kein Zufall, dass wir die Schwerter bis zuletzt aufgehoben haben. Das ist der Satz, in dem die schwierigsten Karten der Kleinen Arkana zu finden sind, und es fällt uns leichter, sowohl ihre Herausforderungen als auch ihre Gaben zu erkennen, wenn wir bereits in groben Zügen mit dem Muster der Sätze vertraut sind.

Die Schwerter sind mit dem Element Luft verbunden: dem unsichtbaren Stoff, ohne den wir nicht länger als ein paar Augenblicke am Leben bleiben können. Dass er unsichtbar ist, heißt jedoch nicht, dass er nicht fühlbar ist. Luft kann ruhig und kühl sein, sodass du deine Lunge füllen und dann ausatmen kannst, was du nicht brauchst. Und sie kann wehen und stürmen und einen auf die Knie werfen, Landschaften verwüsten und Leben zerstören. Sie ist das Element des lebenserhaltenden Atemreflexes und der destruktive Wirbel eines Hurrikans. Und man kann sicherlich sagen, dass die meisten Menschen auf die Frage, welcher Gegenstand am besten die Qualität von Luft verkörpert, wahrscheinlich nicht antworten würden »ein großes, glänzendes Schwert«. Um der Symbolik des Tarots an dieser Stelle auf den Grund zu kommen, muss man auch den Aspekt des Ich berücksichtigen, für den es steht.

Wenn wir im Tarot von Schwertern sprechen, meinen wir damit den Geist. In diesem Satz geht es um all das, was in unserem sehr komplexen, hochentwickelten Gehirn angesiedelt ist: unsere Gedanken, unsere Überzeugungen, unsere Einstellungen. Die Schwerter sind die Heimat sowohl der positiven als auch der negativen Seiten des Denkens. In dieser Reihe wirst du Momente finden, in denen dir ein Licht aufgeht, ebenso Klarheit und Problemlösungen, die Fähigkeit zu lernen, vernünftig zu denken und Fortschritte zu machen. Auch die Weisheit ist dort zu Hause, ebenso wie die Diskussion. Auch der Schlaf, weil die Schwerter wissen, dass nur ein ausgeruhter Geist ein gesunder Geist ist. Auf der schwierigen Seite findest du Kummer und Herzschmerz, Angst und Trauma, Grausamkeit und Kälte – Denkmuster, die dich in Fallen locken und dir schaden.

Wenn du dir das vor Augen hältst, wird die Metapher des Schwertes ein wenig verständlicher. Schwerter können gefährlich sein – wenn du an das falsche Ende eines Schwertes gerätst, kann es dich in blutige Stücke hauen. Aber in den richtigen Händen und mit dem richtigen Training kann es auch jeden Knoten durchschlagen. Ein scharfsinniger Denker ist ebenso eindrucksvoll wie ein erfahrener Schwertkämpfer: Beide bewegen sich mit einer Wendigkeit und einer Behändigkeit, die atemberaubend sein können, wenn sie blitzschnell parieren oder vor Geist und Witz sprühen. Wenn es heißt, die Feder sei mächtiger als das Schwert, dann ist damit gemeint, dass ein scharfer Intellekt mächtiger und einflussreicher sein kann als ein starker Körper. Wäre das Tarot in einer Gesellschaft entstanden, in denen mehr Menschen lesen und schreiben konnten, hätte man vielleicht die Feder gewählt, um diesen Aspekt des Selbst zu repräsentieren, und keine Klinge.

Unabhängig davon, ob es richtig oder falsch ist, eine gefährliche Waffe als Metapher für den menschlichen Geist zu benutzen, bleibt die Wahrheit im Kern dieser Reihe dieselbe. Das Schwert spricht einerseits unsere Fähigkeit an, unsere Gedanken zu segensreichen Zwecken zu nutzen, und andererseits unsere Fähigkeit, damit zu verletzen und verletzt zu werden. In diesem Satz gibt es Motive, die schwierig sind, und zwar in fast jedem Deck, das du findest: Illustrationen, die Leid und Schmerz darstellen. Aber es gibt auch erhebende, inspirierende und kraftspendende Motive. Diese Gegensätze lassen ihre Wahrheit umso pointierter hervortreten.

Die übergreifende Lektion der Schwerter ist, dass das Werkzeug seinen Sinn durch die Art und Weise erhält, wie es gebraucht wird. Die Tatsache, dass Gedanken nicht sichtbar sind, macht sie nicht zu einem weniger bedeutsamen Einfluss auf dein Leben. Aber du kannst Denkmuster *infrage stellen* und sie auch ändern, wenn es nötig ist.

DAS ASS DER SCHWERTER

Erkenntnis, Lernen, Erfindung, Verwirklichung,
Ideen, Gedanken, Offenheit

Die Schwerter mögen der Satz des Geistes sein, aber der beste Weg, dieses Ass zu verstehen, ist der über ein Gefühl – und zwar ist es normalerweise ein sehr gutes Gefühl. Es ist das Gefühl, das man bekommt, wenn man eine Zeit lang auf der Stelle getreten ist, die immer gleichen Informationsbrocken hin und her gewendet hat und nicht recht wusste, was man mit ihnen anfangen soll. Und dann kommt ganz plötzlich aus heiterem Himmel der Durchbruch! Irgendetwas fällt dir auf – vielleicht ein winziges

Detail, das du bislang übersehen hast, oder deine Perspektive hat sich plötzlich verschoben, jedenfalls ist alles auf einmal anders.

Das Ass der Schwerter ist im Grunde der Moment in einem Krimi, in dem die Kamera langsam das Gesicht des Detektivs heranzoomt und du seinen Gesichtsausdruck beobachten kannst, während er alle Hinweise zusammenführt und daraus ableitet, wer es war. Mit anderen Worten, als Patronin des Asses der Schwerter könnte Angela Lansbury gelten, in ihrer Rolle als Kriminalautorin und Detektivin Jessica Fletcher in *Mord ist ihr Hobby.* Bei diesem Ass geht einem ein Licht auf, es ist die Karte der blitzartigen Erleuchtung, die Karte einer spektakulären Erkenntnis über eine Sache. In Reinform steht sie ganz einfach für eine Idee. Sie steht dafür, dass man plötzlich die Wahrheit einer Situation erkennt und bisherige Annahmen zerschlagen werden. Wenn sie auftaucht, lädt sie dich dazu ein, dir zu überlegen, ob du in letzter Zeit einen Moment der Offenbarung erlebt hast oder ob du einen solchen Moment brauchst. Noch wichtiger ist die Frage: Und was machst du jetzt mit deiner frisch gewonnenen Erkenntnis?

An dieser Stelle wird es ein bisschen verzwickter, und hier offenbart das Ass seine Zweischneidigkeit. Im Tarot wird dieser herrliche Heureka-Moment meist durch eine gigantische Hand dargestellt, die aus einem Wolkenband hervorbricht und ein Schwert hält. Als Bild ist das … na ja, ein bisschen bedrohlich. Bei Schwertern ist es eben so, dass man sie tendenziell nur braucht, wenn man in eine Schlacht zieht. Und? Hast du das vor? Wird dich deine neue Idee, dein Augenblick der Erkenntnis, in einen Konflikt mit anderen bringen? Und wenn, wie wirst du dich dann bei dieser Auseinandersetzung verhalten? Die Schwerter fragen mehr als jeder andere Satz danach, wie du mit anderen kommunizierst: nicht nur nach dem Inhalt des Gesagten, sondern auch nach der Art der Übermittlung, den Worten und dem Tonfall, den du wählst. Sie warnen dich davor, bei deinen Interaktionen allzu scharf, allzu schroff, allzu aggressiv zu sein. Du hast vielleicht die exakt richtige Idee, aber wenn du nicht den richtigen Weg findest, sie zu erklären, dann kommt wahrscheinlich nicht mehr dabei heraus als eben dieser Moment der Erleuchtung.

Das Ass der Schwerter eröffnet fantastische Möglichkeiten: Jede Erfindung, alles Neue und Wunderbare, das je in der Welt zustande kam, hat einmal als Idee angefangen, mit einer Ahnung, wie man etwas ein bisschen anders machen könnte. Aber eine Theorie herzunehmen und sie in etwas Reales und Solides zu verwandeln, erfordert im Allgemeinen die Mitwirkung und Unterstützung von anderen, und wenn du darin nicht geschickt bist, vermasselst du die Sache, ehe du überhaupt damit angefangen hast. Jessica Fletcher oder auch Peter Falk als Columbo haben nie einen Fall dadurch gelöst, dass sie kämpferisch und herrisch waren – sie waren scharfsinnig, anspruchsvoll und konzentriert, und immer höflich! Vielleicht lohnt es, sich in dieser Hinsicht ein Beispiel an ihnen zu nehmen.

FRAGEN, DIE DU STELLEN SOLLTEST, WENN DU DIESE KARTE SIEHST:
Stehst du vor einer Situation, für die klares Denken oder eine neue Perspektive vorteilhaft wäre? Hast du eine neue Erkenntnis oder Idee oder einen neuen Blickwinkel als Ausgangspunkt für dein Vorgehen? Hast du gerade etwas Wichtiges erkannt? Was wirst du mit dieser Information anfangen? Weißt du, wie du sie anderen mitteilen kannst?

DIE ZWEI DER SCHWERTER

Entscheidungen, Überzeugung, Autorität,
Selbstvertrauen, Stillstand, Lähmung

Das hauptsächliche Gesprächsthema, das das Auftauchen dieser Karte nahelegt, sind Entscheidungen. Genauer gesagt, ob eine Fragende gut darin ist, sie zu treffen oder nicht. Und da wir bei den Schwertkarten sind, geht es dabei um komplexe Entscheidungen: solche, die mit Problemlösungen zu tun haben, die eine ganze Seite voller Argumente für Pro und Kontra erfordern, wechselseitige Beziehungen und Ursache-Wirkung-Szenarios, die durchdacht und bewertet werden müssen, ehe man zu einem

Schluss kommen kann. Das menschliche Gehirn ist in diesen Fällen nicht immer sonderlich gut. Man kann sich völlig verausgaben bei dem Versuch, die Entscheidung vom Ergebnis her zu sehen und zu hinterfragen, und sie so gründlich vorwärts und rückwärts durchdenken, dass man vor lauter Bäumen den Wald nicht mehr sieht.

Wenig überraschend fordert die Zwei der Schwerter dich dazu auf, noch einmal über ein Problem nachzudenken, vor dem du stehst oder kürzlich gestanden bist, und zwar ein kompliziertes und schon im Übermaß durchgekautes, vielleicht hängst du fest und starrst auf zahlreiche Lösungen, die denkbar wären, und weißt nicht, welche die richtige ist?

Was ich an dieser Karte schon immer gemocht habe, ist, dass sie auf versteckte Weise einen Vorschlag macht, wie man vorgehen soll. Mich erinnert sie an die Leute, die unheimlich gut darin sind, Entscheidungen zu treffen: Die Art von Menschen, an die andere sich wenden – bei einem heiklen Meeting am Arbeitsplatz oder wenn sie um Mitternacht an einem Flughafen im Ausland festsitzen, wenn sich herausstellt, dass keine Züge mehr fahren – und fragen: »Was machen wir jetzt?« Sie werden gefragt, weil man weiß, dass sie irgendwie eine Antwort finden werden. Man kann nicht den Finger darauf legen, was genau ihnen diese Fähigkeit verleiht, entschieden zu sein, einen Entschluss zu fassen und fest davon überzeugt auch dabei zu bleiben, aber das ist eine sehr beruhigende Eigenschaft und eine, aus der manche Menschen erfolgreich eine ganze Karriere zimmern.

Vielleicht gehörst du schon du diesen Menschen (wenn ja, dann herzlichen Glückwunsch!). Aber vielleicht auch nicht. Und wenn nicht, dann möchte die Zwei der Schwerter dir das Geheimnis zuflüstern, wie du so ein Mensch wirst. Das Geheimnis ist, dass sich diese Leute ihrer Sache auch nicht sicher sein können. Nicht wirklich. Sie können das Ergebnis ihrer Entscheidungen ebenso wenig vorhersagen wie du – sie sind keine Hellseher. Bestenfalls wissen sie etwas mehr über das Thema als die anderen Leute im Raum oder haben mehr Übung darin, alle Informationen, die sie bekommen, schnell aufzunehmen und zu filtern. Aber ihre größte Gabe besteht in dem Wissen, dass es immer mehr als eine richtige Antwort gibt, und dass das Schlechteste, was man tun kann, darin besteht, unschlüssig zu verharren, weil einen die Unentschiedenheit lähmt. Solche Menschen tun was sie können mit der Information, die sie vor sich sehen. Wenn sie denken, ein entscheidender Faktor fehle, fragen sie danach, und wenn er nicht zu finden ist, extrapolieren sie und entscheiden auf der Grundlage der vorhandenen Daten. Diese Art von Entschlussfähigkeit mag aussehen wie eine magische Kraft, aber das stimmt nicht. Sie ist ein Können, und wenn du willst, kannst du es auch bei dir selbst stärker entwickeln.

Vor allem aber sagt dir die Zwei der Schwerter, dass du manchmal einfach eine Entscheidung treffen musst, um weiterzukommen. Niemand erwartet von dir, dass du immer mit allem richtigliegst. Aber wenn du einen Schritt mit Zuversicht und Überzeugung machst, gelangst du mit weit größerer Wahrscheinlichkeit dorthin, wo du hin willst. Mag sein, du hast das schon gewusst. Wenn nicht – dann weißt du es jetzt.

FRAGEN, DIE DU STELLEN SOLLTEST, WENN DU DIESE KARTE SIEHST: Kämpfst du mit einer Entscheidung? Fühlst du dich von den Optionen überwältigt? Fällt es dir leicht, dir einen Weg zu bahnen und eine Entscheidung zu fällen? Traust du dir zu, einen Weg zu wählen? Könntest du das mal versuchen?

DIE DREI DER SCHWERTER

Liebesschmerz, Kummer, Schmerz, Verletzung, Trauma, Schmerz loslassen, Wachstum, Integration, Heilung

Geben wir es gleich am Anfang zu: Das ist nicht die beste Karte im Tarot. Vermutlich hast du das beim Anblick des von drei Schwertern durchbohrten Herzens auch selbst erraten. Dies ist eine sehr eindrucksvolle Darstellung von Schmerz: davon, wie es sich anfühlt, wenn man verletzt ist und einem das Herz bricht. Liebesschmerz hat viele Formen und vielerlei Ursachen, von denen einige ganz offensichtlich sind (das Ende einer Beziehung), andere dagegen schwerer zu fassen sind: Ereignisse oder Erfahrungen, die dich tief bewegen oder dich bis ins Mark treffen.

Wenn so etwas gerade in deinem Leben stattfindet, brauchst du keine Tarotkarten, um davon zu erfahren. Doch bei dieser Karte geht es nicht um den Schmerz, sondern darum, was du mit ihm anfängst. Darum, wie du mit einer Verletzung deines Herzens umgehst: ob sie dich bricht oder ob du einen Weg findest, dich davon zu einem erweiterten Verständnis deiner selbst führen zu lassen, zuzulassen, dass du dich veränderst und wächst. Sie handelt davon, wie du deinen Verstand dazu benutzen kannst, deine Gefühle zu begreifen: Er kann dir verstehen helfen, was diese Erfahrungen für dich bedeuten, und was du aus ihnen machen willst. Wenn die Karte in einer Legung auftaucht, sehe ich sie als eine Einladung an, dich dem Schmerz und dem Unglück zu stellen und deine Reaktion darauf zu erforschen. Wenn du etwas Verletzendes erlebst, wie gehst du damit um? Reißt es eine schlecht verheilte Wunde wieder auf und tut deshalb umso mehr weh?

Die Drei der Schwerter bietet die Gelegenheit, über unsere Reaktion auf unvermeidliche und universelle Widrigkeiten nachzudenken: Verlust, Fehlschläge, Kritik, Stress. Das kann ein Moment sein, in dem du einen Schritt zurücktreten und dich selbst beobachten, ein klein wenig Abstand zwischen das Geschehene und deine Reaktion darauf bringen kannst. Gefühle können unmittelbar, reflexhaft und nicht zu beeinflussen sein, aber Denkmuster können verändert werden. Der österreichische Neurologe, Psychiater und Holocaust-Überlebende Victor Frankl soll einmal gesagt haben: »Zwischen Reiz und Reaktion gibt es einen Zwischenraum. In diesem Zwischenraum ist die Macht angesiedelt, unsere Reaktion zu wählen. In unserer Reaktion liegt unser Wachstum und unsere Freiheit.«

Diese Karte will nicht die Vorstellung erwecken, Schmerz oder Trauma sei in irgendeiner Weise erbaulich.

Vielmehr erkennt sie an, dass dir schwierige Dinge zustoßen können, über die du keinerlei Kontrolle hast, und dass sie dich verändern können. Die Drei der Schwerter ermutigt dich, deinen Schmerz anzuerkennen. Und sie lädt dich ein, etwas mit deiner Geschichte anzufangen – wenn es für dich an der Zeit ist. Vielleicht heißt das, sie einem anderen Menschen oder einem größeren Kreis zu erzählen, der dir helfen kann, die Wunde zu heilen. Vielleicht heißt es auch, sie jemandem zu erzählen, damit der andere sich weniger allein fühlt.

Es ist nicht immer leicht, das Geschenk in dieser Karte zu entdecken, besonders, wenn du gerade mitten im Schlamassel steckst, aber es gibt eines. Die Karte warnt dich davor, den Schmerz zu ignorieren und ihn unterschwellig gären zu lassen oder dich vor ihm zu fürchten und ihn wegzuschieben. Sooft ich diese Karte sehe, denke ich an die japanische Methode des Kintsugi, bei der man zerbrochene Keramik mit einem goldhaltigen Lack wieder zusammenklebt. Dann ist der Gegenstand wieder ganz, aber die Bruchlinien, die seine Geschichte zeigen, sind nicht verborgen, sondern bilden Adern, Goldadern. Sie gehören dazu.

Wie ein Schwert durch Feuer gehärtet wird, kann dein Geist durch deine Erfahrungen geschärft werden. Bei der Drei der Schwerter geht es nicht ums Brechen. Diese Karte steht für ein Umschmieden.

FRAGEN, DIE DU STELLEN SOLLTEST, WENN DU DIESE KARTE SIEHST:
Hast du einen großen Schmerz? Bist du in deinem Leben verletzt worden? Wie hat dich dieser Schmerz verändert? Wie reagierst du auf Verletzungen? Gibt es eine alte Wunde, um die du dich immer noch kümmern musst? Wie kannst du dir Zeit nehmen, um auszuruhen und zu heilen, abgesehen von der Verarbeitung dieser Emotionen?

DIE VIER DER SCHWERTER

Ruhe, Achtsamkeit, Innehalten, Umorganisation, Gelassenheit, Untätigkeit, Langeweile

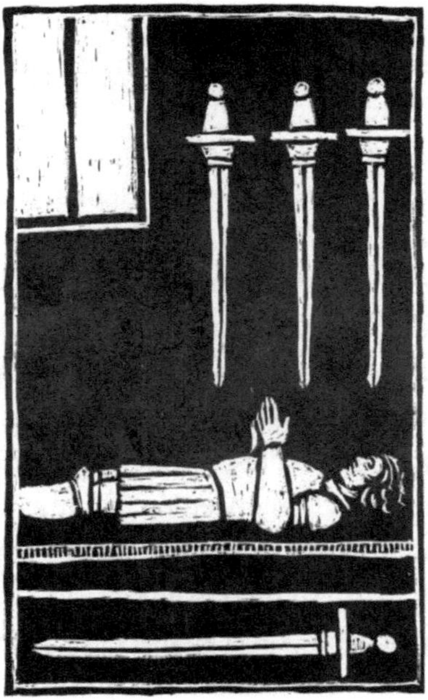

Es gibt im Tarot einige Karten, die wir immer gerne sehen. Und hier, eingebettet in die scharfen Klingen und zunehmend schwierigeren Themen der Schwerter, ist eine von ihnen. Bei der Vier der Schwerter geht es zur Abwechslung einmal nicht um das Fechten mit scharfen Klingen – sondern darum, sie abzulegen. Mit dieser Karte kannst du deine Waffen weghängen und dir eine kleine Ruhepause gönnen. Das sieht man auch auf den meisten Karten dargestellt: Jemand liegt da und schläft friedlich, umgeben von seinen geliebten Schwertern. Das, meine Freunde, ist die Tarotkarte für ein Schläfchen.

(Falls du das *Rider Waite Smith Tarot* deutest, lass dich von der Abbildung nicht erschrecken. Ich werde jetzt nicht behaupten, dass das kein Bild von einem Grabmal ist. Und ich werde nicht sagen »er ist nicht tot, er schläft nur«, als ginge es um einen Goldfisch und du wärst fünf Jahre alt. Ich will dich einfach daran erinnern, dass das Tarot nicht zimperlich mit dem Tod umgeht – aber was ist der Tod letzten Endes, wenn nicht der letzte, große Schlaf?)

Ich bin keine Biologin, aber ich denke, du wirst mir zustimmen, dass Schlaf etwas Wichtiges ist. Den Spruch »schlafen kann ich noch, wenn ich tot bin« kannst du vergessen – wie sich längst herausgestellt hat, wirst du buchstäblich sterben, wenn du nicht schläfst (wer weiß, vielleicht ist das unserem entschlummerten Ritter passiert?). Schlaf ist ein fundamentaler biologischer Vorgang, der dich körperlich und seelisch in guter Verfassung hält. Wenn diese Karte auftaucht, kann es sich einfach um einen Moment handeln, in dem du fragen solltest, ob du ausreichend Schlaf bekommst. Hast du die Auszeiten, die du brauchst: Phasen, in denen du einfach abschalten und deinem Gehirn erlauben kannst, sich wieder neu zu organisieren? Wir werden täglich den ganzen Tag mit Tausenden von Gedanken und Sinneswahrnehmungen bombardiert. Wenn du keine Gelegenheit hast, dich auszuruhen, hast du keine Chance, all diese Eindrücke zu verarbeiten und ihnen einen Sinn abzugewinnen. Die Vier der Schwerter soll dich daran erinnern, dass ein entscheidender Teil deiner Selbstfürsorge darin besteht, dir diese Auszeiten zu nehmen.

Schlaf ist der offensichtlichste Weg zur Ruhezeit – und obendrein wohl die universellste Erfahrung, auf die sich das Tarot berufen kann. Aber diese Karte fordert dich auf, ganz grundsätzlich daran zu denken, Raum für dich selbst zu schaffen. Achtsamkeit war nicht gerade ein weit verbreiteter Trend in Westeuropa, als die Tarotkarten erfunden wurden, man konnte kein Netflix in der Badewanne schauen, es gab keine Yogastudios, Meditations-Apps, Töpferkurse oder sonstige Arten von handwerklicher Betätigung als Entspannungshilfe statt als Weg, seinen Lebensunterhalt zu verdienen. Aber das war damals, und jetzt ist heute, und so ist die Vier der Schwerter immer dann an Bord, wenn du irgendwo und irgendwie Wege findest, deinen geschäftigen Geist zur Ruhe zu bringen. Welche Gründe du auch haben magst und wie dringend oder hilfreich dieses Bedürfnis für dich ist: Diese Karte erinnert dich daran, dir Zeit zu nehmen, die Dinge zu tun, die dich zur Ruhe bringen. Ausruhen ist keine Belohnung, es ist eine Notwendigkeit.

Gelegentlich spricht diese Karte auch die Erfahrung an, dich einfach sehr gelangweilt zu fühlen. Es kann Zeiten geben, in denen du vielleicht sogar auf der energetischen Ebene sehr beschäftigt bist, aber dein Geist ist unterfordert, benebelt und ausgeklinkt. Manche Jobs sind einfach so. Ebenso ein großer Teil der Alltagsaufgaben für Eltern. Mit dieser Karte bietet das Tarot auch auf dieses Gefühl eine Antwort an – allerdings ist die, je nach deinen Lebensumständen, leichter gesagt als beherzigt. »Eine Abwechslung ist ebenso gut wie eine Ruhepause!«, lautet sie forschfröhlich. Danke, Vier der Schwerter. Da liegst du nicht falsch.

FRAGEN, DIE DU STELLEN SOLLTEST, WENN DU DIESE KARTE SIEHST:
Wie schaltest du ab? Was kannst du tun, um den Kopf frei zu bekommen und dich auszuruhen? Bekommst du genügend Ruhephasen? Bist du gelangweilt oder intellektuell unterfordert? Brauchst du eine Abwechslung?

DIE FÜNF DER SCHWERTER

Konflikt, Kälte, Andersartigkeit, Mangel an Mitgefühl, Doppelmoral, Niederlage

Traditionelle Interpretationen dieser Karte werden dir sagen, hier gehe es um eine Meinungsverschiedenheit mit jemandem, und das ist sicherlich richtig. Aber wie immer beim Tarot kannst du ihren wahren Nutzen erst erschließen, wenn du sie ins Große überträgst. Die Fünf der Schwerter hat nicht einfach nur mit einer persönlichen Uneinigkeit zu tun, sie spricht *das Konzept der Meinungsverschiedenheit* mit wem auch immer an – potenziell mit jedem. Besonders geht es um die Momente, in denen wir so felsenfest davon überzeugt sind, im Recht zu sein, dass jeder, der nicht der gleichen Meinung ist wie wir, jede, die uns infrage stellt, zum Feind wird. Er oder sie hat nichts anderes mehr verdient als unsere Verachtung und unseren Abscheu. Wir gehen dem anderen bedenkenlos an die Gurgel. Bei dieser Übung überlassen wir dem reinen Intellekt die Herrschaft, mit all seinen tödlichen Waffen, den blank gezogenen, rasiermesserscharfen und blitzenden Klingen.

Diese Art des Argumentierens ist keineswegs selten und viele von uns praktizieren sie sogar bei unseren geringfügigsten, alltäglichsten Wortgefechten (du wirst das auch beim König der Schwerter wiederfinden). Aber am häufigsten siehst du dieses Verhalten bei Meinungsverschiedenheiten zwischen Menschen, die keinerlei Verbindung zueinander haben – dann, wenn es um einen Streit mit anonymen Personen, mit Andersdenkenden, oder, im schlimmsten Fall, mit »der Öffentlichkeit« geht. Mitmenschlichkeit ist schwer zu bewahren, wenn man es mit Fremden zu tun hat, besonders, wenn sie andere Meinungen und Überzeugungen oder ein anderes Wahlverhalten haben. Du kennst sie nicht, daher kommst du gelegentlich zu dem Schluss, sie seien allesamt schrecklich und hätten jegliche Menge Gift, die du ihnen entgegenschleudern kannst, mehr als verdient. Die Autorin Megan Nolan schrieb dazu in einem Artikel für *The Guardian:* »Das Individuum hält sich komplexe und entschuldbare Motivationen zugute, auch wenn es Unrecht tut, und schreibt Fremden, die sich genau gleich verhalten, Dummheit und Bosheit zu.« Wir vergessen manchmal, dass auch andere Leute Menschen sind, und versagen ihnen das Mitgefühl, das wir selbst uns wünschen.

Bei einer Meinungsverschiedenheit diesen Weg zu

beschreiten, ist gefährlich. Du gewinnst vielleicht bei der Auseinandersetzung, aber um welchen Preis? Die Fünf der Schwerter fordert uns auf, uns vor den Momenten zu hüten, in denen wir die Fähigkeit zur Empathie verlieren. Selbst wenn dein Gegner nach universeller Meinung eine abscheuliche Person mit hassenswerten Ansichten ist, selbst wenn du dich absolut zu Recht gegen ihn behauptest und dir Gehör verschaffst, gewinnst du nichts, wenn du ihm das Menschsein absprichst. Die Fünf der Schwerter bietet eine Gelegenheit, dir Gedanken über deinen Umgang mit Konflikten und Diskussionen zu machen. Wie verhältst du dich da? Bietest du neben deinem Intellekt auch Respekt und Mitgefühl auf?

Natürlich hat jede Auseinandersetzung zwei Seiten, und jeder Sieg bringt auch eine Niederlage mit sich. Diese Karte wirft nicht nur die Frage auf, wie du dich gegenüber Menschen verhältst, mit denen du nicht einig bist – sie lädt dich auch dazu ein, zu prüfen, wie andere sich dir gegenüber verhalten haben. Vielleicht hast du in letzter Zeit einmal erlebt, dass jemand bei einem Wortgefecht die Spitze seines Schwertes gegen dich gerichtet hat. Oder vielleicht wirst du auf einer noch tieferen Ebene und noch schmerzhafter angegriffen: durch eine Ideologie oder Denkrichtung, die dir dein Menschsein abspricht oder rücksichtslos etwas plattwalzt, das dir lieb und teuer ist. Wir alle kennen das Sprichwort, dass wir andere so behandeln sollen, wie wir selbst behandelt werden wollen, aber nichts bringt das Blut derart in Wallung wie das Gefühl, schlecht behandelt zu werden. Das kann den Wunsch in einem wecken, Gleiches mit Gleichem zu vergelten. Manchmal sind andere Menschen wirklich fürchterlich, und diese Karte anerkennt diese Wahrheit. Aber sie fordert dich auch auf, es besser zu machen, dir deine Menschlichkeit zu bewahren – gerade dann, wenn es dir am schwersten fällt.

FRAGEN, DIE DU STELLEN SOLLTEST, WENN DU DIESE KARTE SIEHST:
Wie verhältst du dich in einer Auseinandersetzung? Legst du zweierlei Maßstäbe an? Wie gehst du mit Gegnern um, die du nicht persönlich kennst? Hast du dich in einem Konflikt angegriffen oder als andersartig oder fremd abgestempelt gefühlt?

DIE SECHS DER SCHWERTER

Übergang, Verarbeitung, Trauma,
Ballast abwerfen, Widerstand

Die Sechs der Schwerter spricht von einer Zeit des Übergangs: genauer gesagt, von der Stelle, an der du anfängst, eine schwierige Erfahrung oder eine turbulente Zeit hinter dir zu lassen und wieder in eine ruhigere und positivere mentale Verfassung zu gelangen. Wenn diese Karte auftaucht, ruft sie oft Phasen im Leben oder spezifische Ereignisse wach, von denen die Menschen nur schwer loskommen und die höchstwahrscheinlich auch Spuren hinterlassen haben. Bei dieser Karte geht es weniger um die Einzelheiten dessen, was geschehen ist, als um den Prozess der Verarbeitung. Vor allem aber fragt sie danach, was du aus einer Erfahrung gelernt hast: Was nimmst du daraus mit und was lässt du zurück? Wie beeinflusst das deine Gegenwart und wie könnte es deine Zukunft prägen?

Die Sechs der Schwerter kümmert sich nicht um die Größenordnung dessen, was die Schwierigkeit verursacht hat. Sie gilt gleichermaßen für eine beiläufige grausame Bemerkung, die dir tagelang im Kopf herumgeht, wie für einen Moment, in dem du das Gefühl hast, dass du in einer Sache gescheitert bist und enttäuscht hast, und auch für eine längere Phase von Stress und Traurigkeit. Die Sache selbst kann groß oder klein gewesen sein: Die Karte verweist nicht auf einen bestimmten Grund oder einen Zeitrahmen, sie verweist auf das Gewicht, das sie im Erleben der Fragestellerin hat. Wie so oft bei den Schwertern lohnt es sich, dafür sensibel zu sein, welches Potenzial diese Karte hat, bedeutsame, emotionsgeladene oder traumatische Erfahrungen aufs Tapet zu bringen.

Diese Karte erinnert auch daran, dass die Verarbeitung von schwierigen Ereignissen selten leicht ist und noch seltener linear verläuft. Manchmal gibt es einen großen Schritt vorwärts, dann bleibst du wieder stecken. Es gibt in dieser fremden neuen Welt nur wenige Wegweiser. Bei mir ruft diese Karte das Jahr wach, das auf den Tod einer lieben Freundin folgte, die ihrem Leben ein Ende gemacht hatte: ein Jahr, in dem ich oft das Gefühl hatte, den Verstand zu verlieren. Der anfängliche Schock und Schmerz über den Verlust verwandelte sich rasch in eine Trauer, die theoretisch zu der Chance hätte führen können, dass ich sie loslassen kann. Aber das tat ich nicht. Ich wollte in diesem Schwebezustand bleiben, denn weiterzugehen fühlte sich an, als würde ich sie aufgeben. Indem ich in derselben seelischen Verfassung blieb, in die ich gekommen war, als ich erfahren hatte, dass sie tot war, hatte ich das Gefühl, ich könnte ihr nah bleiben. Ihr Tod war ein Problem, das ich zu lösen versuchte und irgendwie wieder in Ordnung bringen wollte. Ich brauchte sehr lange, um zu verstehen, wie unmöglich das war, und allmählich die Trauer abebben zu lassen.

Es gibt ein paar Zeilen in Carmen Maria Machados Buch *Das Archiv der Träume*, die für mich die Lehre dieser Karte gut einfangen: »Nur weil die Traurigkeit an Wucht verloren hat, heißt das nicht, dass sie früher nicht schlimm gewesen ist. Es heißt nur, dass Zeit und Raum, diese Wesen von unendlichem Körperumfang und unendlicher Güte, zwischen euch beide getreten sind und dich nun schützen, wie sie es damals nicht konnten.«[12] Die Sechs der Schwerter sagt, dass schmerzhafte Erfahrungen mit der Zeit aufhören, sich wie Spreißel unter der Haut anzufühlen. Du brauchst in dem Moment, in dem dir der Schmerz widerfährt, keine Antwort darauf zu haben. Du brauchst einfach nur der Zeit zu erlauben, dich weiterzutragen.

FRAGEN, DIE DU STELLEN SOLLTEST, WENN DU DIESE KARTE SIEHST:
Was haben dich frühere Erfahrungen gelehrt? Wie verarbeitest du schwierige Erfahrungen? Bist du dazu fähig, Dinge loszulassen, die dir nicht dienlich sind? Gibt es etwas, durch das du dich mühsam hindurchkämpfen musst?

DIE SIEBEN DER SCHWERTER

Lügen, Täuschung, Betrug, Verbergen, Verrat, Selbstschutz, den rechten Moment abwarten

Wenn du mit diesem Satz bis hier gekommen bist, wäre es verzeihlich – nein, verständlich –, wenn du dächtest, dass es in der Regel besser ist, so wenige Schwerter wie möglich zu haben. Wie seltsam ist es daher, auf eine Karte zu stoßen, in der eine Gestalt aktiv Schwerter zu sammeln scheint. Dieser Mann stiehlt sie sogar. Dieser Schurke zieht gerade den größten Schwertraub unserer Generation durch und nutzt Tricksereien und lockere Kleidung, um seine Taten zu verbergen! Die geradlinigste Deutung dieser Karte ist dann auch, dass sie mit Täuschung und Doppelbödigkeit zu tun hat, und die einfachste Reaktion auf ihr Erscheinen in einer Legung ist, danach zu fragen. Läuft da gerade etwas? Wen lügst du an und in Bezug worauf lügst du? Wie viele Schwerter hast du gestohlen? Was hast du mit ihnen gemacht? Wo sind sie versteckt?

Allerdings haben nur sehr wenige Leute Freude daran, der Lüge bezichtigt zu werden. Und wenn sie nicht lügen oder nicht glauben, dass sie selbst belogen werden (worauf die Karte auch hindeuten kann), wirst du sie wahrscheinlich auf die Palme bringen, wenn du auf dieser Interpretation bestehst. Die Sieben der Schwerter als so grobes Instrument zu nutzen, heißt, ihren Sinn zu verfehlen. Die Frage ist nicht, ob im Leben eines Menschen Täuschung vorkommt – seien wir ehrlich, das ist immer in der einen oder anderen Weise der Fall –, die Frage ist, *warum.*

In sehr vielen Fällen dienen Lügen dem Schutz: Sie sind eine Abwehr gegen etwas, das wir als Bedrohung wahrnehmen, und das sollten wir genauer betrachten. Die Bedrohungen könnten sich als Schatten entpuppen und gar keine Monster sein – die Schwerter sind schließlich der Satz des Geistes, und der Geist spielt uns Streiche –, aber sie rufen eindeutig eine Reaktion hervor. Worauf reagiert die fragende Person also? Warum hat sie nicht das Gefühl, sie könne anderen gegenüber ehrlich sein – oder vielleicht sich selbst gegenüber?

Die Sieben der Schwerter kann ein sanfter Anstoß sein, die Dinge aus einer anderen und großzügigeren Perspektive zu betrachten. Im Allgemeinen nimmt man an, lügen sei etwas Schlechtes, und Täuschung wird als ein moralisches Versagen angesehen. Aber es gibt zahlreiche Situationen, in denen es das Beste ist, nicht aufrichtig zu sein. Diese Karte gilt für die Momente, in denen dein Gesichtsausdruck oder deine Worte nicht mit dem übereinstimmen, was du eigentlich denkst. Wenn wir alle herumlaufen würden und die ganze Zeit vollkommen offen und ehrlich wären, hätte das katastrophale Folgen. Manchmal müssen wir höflich sein. Manchmal ist es in Ordnung – und es wird sogar von uns erwartet –, dass wir einfach mitspielen.

Und manchmal ist Unaufrichtigkeit ein Weg, dir Raum zu verschaffen, den du verzweifelt nötig brauchst. Jeder, der schon einmal aus einer toxischen Situation herauskommen musste, weiß, dass es keine gute Idee ist, seinem Peiniger seine Pläne mitzuteilen – am besten operiert man im Schutz der Dunkelheit. Dasselbe kann auch für neue Ideen und Projekte gelten, die noch nicht so weit gediehen sind, dass man sie einer breiteren Öffentlichkeit mitteilen kann. Die Sieben der Schwerter kann auch für Zeiten stehen, in denen du an etwas arbeitest oder etwas vorhast, von dem du niemandem etwas erzählt hast, nicht weil du es für immer geheim halten willst, sondern weil es noch nicht so weit ist, dass es das Licht der Welt erblicken kann.

Diese Karte eröffnet den Raum, vorsichtig nach dem Unterschied zwischen dem zu fragen, was jemand offenlegen möchte, und der ganzen Wahrheit einer Angelegenheit. Aber sie behauptet nicht, dass das eine notwendigerweise besser ist als das andere.

FRAGEN, DIE DU STELLEN SOLLTEST, WENN DU DIESE KARTE SIEHST:
Hast du das Gefühl, dir selbst und anderen gegenüber ehrlich zu sein? Was verbirgst du und verbirgst du es aus einem guten Grund?

DIE ACHT DER SCHWERTER

In der Falle sitzen, Panik, Unsicherheit, Pessimismus, Furcht, Sucht, negative Muster, Selbstermächtigung, Kontrolle

Wir haben beide viele Jahre lang versucht, eine bessere und anspruchsvollere Analogie für die Acht der Schwerter zu finden, aber hier ist die einzige, die es wirklich trifft: Sie bedeutet, IN EINEM GLASKASTEN AUS GEFÜHLEN EINGESPERRT ZU SEIN. Das ist die Karte des Feststeckens, des Weinens in einer Telefonzelle, wie in dem Film *Anchorman – Die Legende von Ron Burgundy*. Du willst raus. Du rufst um Hilfe, aber niemand scheint dich zu hören oder zu verstehen. Du fühlst dich elend, weil es so aussieht, als bliebe dir nichts anderes übrig, als an diesem Ort zu bleiben.

Diese Karte bei einer Legung zu erblicken, kann schwierig sein. In den meisten Decks ist eine Gestalt abgebildet, die mit verbundenen Augen und in sich gekehrt inmitten eines Rings aus Schwertern steht, die in den Boden gerammt sind und wie Gitterstäbe wirken. Die dunkelste Seite dieser Darstellung ist, dass sie ein Gefühl von Panik und Verzweiflung heraufbeschwört: Man wird zum Opfer oder ist in einem Zyklus der Selbstzerstörung gefangen und hat das Gefühl, dass niemand einem helfen kann oder will. Und selbst bei der sanftesten Deutung spricht die Karte von Traurigkeit, Gedämpftheit und Getrenntsein von der Welt. Sie erinnert mich an eine Seite in Shaun Tans sensibel gestaltetem Bilderbuch über Depression, *Der rote Baum*[13], in dem ein Bild das Gefühl »schöne Dinge gehen an dir vorbei« illustriert. Das Mädchen im Mittelpunkt der Geschichte schaut aus einem geschlossenen Fenster auf einen riesigen, exquisiten Papiervogel, der an einem Himmel in Sonnenuntergangsfarben schwebt.

Jemandem, der gerade einen Moment im Zeichen der Acht der Schwerter erlebt, geht es wahrscheinlich nicht sonderlich gut. Er ist vielleicht still und in sich gekehrt. Oder er schlägt blindlings und voller Schmerz um sich wie ein gefangenes Tier. Die Acht fordert dich auf, Mitgefühl und Geduld für denjenigen aufzubringen, der sich gerade in einem solchen Ring aus Schwertern befindet. Wenn es jemand anders ist, heißt das nicht, dass du zulassen sollst, schlecht behandelt zu werden, dass du keine Grenzen setzt und nicht deine eigenen Bedürfnisse anmeldest. Aber es heißt, dass es manchmal weitaus leichter ist, eine Lösung zu sehen, wenn man nicht derjenige ist, der tief in diesem Problem drinsteckt. Es kann frustrierend sein, jemandem zuzuschauen, den man kennt und liebt, und sich zu fragen, warum er nicht einfach da herauskommen kann, besonders, wenn man weiß: Würde er oder sie *einfach dieses oder jenes tun* (was auch immer das ist), wäre alles bestens. Du hast vielleicht sogar recht, aber der Betreffende braucht seine Zeit und muss von sich aus dorthin gelangen. Zu den ältesten und leider allzu wahren Binsenweisheiten gehört der Satz: Man kann Leuten nicht helfen, die nicht bereit sind, sich selbst zu helfen.

Und wenn die Person mit der Acht der Schwerter du selbst bist, dann ist die schwerste Lektion (aber auch das größte Geschenk) dieser Karte die gleiche: Die Macht zur Veränderung liegt in dir. Bei den meisten Decks sieht man eine Lücke im Ring der Schwerter, die so breit ist, dass die gefangene Person durchaus aus dem Ring heraustreten könnte. Du kannst dein Gehirn umerziehen. Der Glaskasten aus Gefühlen hat eine funktionierende Tür mit einem Griff. Der schöne rote Baum des Lebens wartet immer still darauf, dass du ihn wieder wahrnimmst und zu ihm zurückkehrst. Die Acht der Schwerter erinnert dich daran, dass du selbst die Schlüssel zu diesem Gefängnis hast, ganz gleich, wie grausam dein Gehirn dich vom Gegenteil zu überzeugen versucht – nicht in den Händen, sondern in deinem Geist. Es ist vielleicht nicht leicht, das Gefängnis zu verlassen, aber es ist möglich.

FRAGEN, DIE DU STELLEN SOLLTEST, WENN DU DIESE KARTE SIEHST: Fühlst du dich in der Falle? Gibt es Dinge, die dich unglücklich machen, die aber außerhalb deiner Kontrolle zu liegen scheinen? Warum glaubst du, dass du die Situation nicht ändern kannst? Bist du sicher, dass es keinen Ausweg gibt? Kannst du um Hilfe bitten?

DIE NEUN DER SCHWERTER

Angst, Furcht, Schlaflosigkeit, Sorgen,
Isolation, Albträume, Freimut

Die Neun der Schwerter ist die Karte der Angst. Die meisten Decks zeigen eine Darstellung nächtlicher Angstvorstellungen: Man wacht in den frühen Morgenstunden auf, ist gelähmt von Befürchtungen und Sorgen aller Art, die durch sage und schreibe neun Schwerter symbolisiert werden, die über dem Bett hängen. Das *Spolia Tarot* wählt einen fantasievolleren Ansatz: Untiere mit Hufen und geflügelte Dämonen wecken eine Frau aus dem Schlaf. Im *Wild-Unknown*-Deck sehen wir etwas noch Gruseligeres: Maden und Würmer ringeln sich zwischen Schwertern, Augäpfeln und einer Art Klaue. Dass die Bilder häufig so surreal sind, hat etwas zu sagen: Bei dieser Karte geht es nicht um konstruktive Ängste oder darum, dass einen seine To-do-Listen überwältigen. Vielmehr meint sie die Art von Ängsten und Befürchtungen, die sich hochschrauben, ohne unbedingt in der Wirklichkeit verwurzelt zu sein; um solche, die im Grunde keinen Sinn haben (was angesichts der Metapher der Schwerter recht ironisch ist).

Fast jeder ist irgendwann schon einmal an diesem Punkt gewesen: Hellwach um drei Uhr morgens mit dem Gefühl, der letzte Mensch auf Erden zu sein, sich den denkbar schlechtesten Ausgang für alles und jedes ausmalend und überzeugt, dass er nichts dagegen unternehmen kann. Diese Karte kann sich auf eine spezifische Befürchtung beziehen, die dir schon eine Weile im Kopf herumspukt und um die du geflissentlich einen großen Bogen gemacht hast. Oder sie könnte auch ein eher undefinierbares Gefühl von Unbehagen ansprechen, das keine offensichtliche Ursache hat. Aber ob so oder so: Wenn es eine Nacht vom Typ Neun der Schwerter ist, dann handelt es sich nicht um etwas, für das es eine schnelle, praktikable Lösung gibt. Das ist nichts, dem du einfach den Kopf tätscheln und es dann zum Spielen nach draußen schicken kannst. Diesen Knoten zu lösen, verlangt ein anderes Vorgehen.

Oft spricht die Neun der Schwerter die Art von Sorgen an, die man mit »was ist, wenn?« oder »hätte ich nur« einleitet, die Art, die einen in die Vergangenheit zurückzieht oder bei der du versuchst, einen Blick auf eine unsichere Zukunft zu erhaschen. Das ist kein gesundes Spiel, aber es ist auch schwer, sich davon zu befreien. Eine Möglichkeit, aus der Spirale auszubrechen, besteht darin, die Aufmerksamkeit auf die Gegenwart zurückzulenken: Wie geht es dir gerade? Was geschieht ganz aktuell? Was ist wahr? Diese Karte erinnert dich daran, dass du nicht deine Gedanken *bist* – du beobachtest sie, und dann kannst du sie ändern. Das erfordert Arbeit, aber du kannst dich dafür entscheiden, das Narrativ anzufechten, das dir dein Kopf präsentiert. Heute kennen wir diese Technik unter der Bezeichnung »Positives Denken«, aber es gibt sie schon sehr lange. Bereits Juliana von Norwich, eine Mystikerin und Anachoretin im 14. Jahrhundert, die in einer kleinen Zelle unter einer Kirche lebte und dort einen schlimmen Pestausbruch überstand, schrieb einst: »Alles wird gut werden und alles jeglicher Art wird gut werden.« (Sie kam davon.)

Zu den schmerzhaftesten Aspekten der Neun der Schwerter gehört, dass sich die Momente in dieser Energie sehr einsam anfühlen. Es ist nicht leicht, die schlüpfrige Realität eines Zustands der Angst in Worte zu fassen und anderen zu vermitteln, wie sich das anfühlt. Oft haben die Menschen Angst davor, einen Blick hinter die Fassade der Persönlichkeit zuzulassen, die sie glauben sein zu müssen, und zu offenbaren, wer sie wirklich sind. Aber diese Karte deutet an, dass es zwar schwer sein mag, jemandem mitzuteilen, was du durchmachst, dass es aber hilfreich für dich sein könnte. Wenn bei einer Legung die Neun auftaucht, kann das der fragenden Person die Chance geben, ihr Schweigen zu brechen und die Ängste auszusprechen, die ihr im Nacken sitzen. Ob du die Deutung für dich selbst oder für jemand anders vornimmst: Die Karte kann dich nachdrücklich daran erinnern, was für eine magische Verwandlungskraft es haben kann, wenn man wirklich gehört wird.

FRAGEN, DIE DU STELLEN SOLLTEST, WENN DU DIESE KARTE SIEHST:

Hast du Angst? Sind deine Sorgen konstruktiv? Überwältigen sie dich? Möchtest du sie gerne mitteilen? Wie viel von dem, was dir Sorgen bereitet, ist real, und wie viel ist lediglich eine Befürchtung?

DIE ZEHN DER SCHWERTER

Verzweiflung, Elend, absoluter Tiefpunkt, Trauma, Kummer, Angst, Drama, Hoffnung

So, da ist sie. Du hast sie gefunden: die ganz offiziell schlimmste Karte des Tarots. In beinahe jedem Deck, das du finden kannst, sieht sie auch wahrlich so aus. Normalerweise zeigt die Karte einen Menschen, der bäuchlings auf dem Boden liegt und dessen Rücken zehn Schwerter durchbohren – was Elend, Ruin und einen absoluten Tiefpunkt bedeutet. Die meisten Menschen zucken verständlicherweise instinktiv zurück, wenn sie das Bild sehen, um sich möglichst vor dem zu schützen, was es ihnen sagt.

Die erste Lektion der Zehn der Schwerter lautet: Du musst dir die Karte anschauen und sie so akzeptieren, wie sie ist. Das *Modern Witch Tarot* von Lisa Sterle ist hier besonders prägnant. In ihrem Deck gibt es eine zweite Version der Karte, in der die Figur die Schwerter in ihrem Körper ignoriert und seitlich liegend auf ihr Handy schaut. Der Name der Karte wurde ersetzt durch die Worte »ALLES IST GUT«. Denn es kann ja überraschend leicht sein, das zu sagen, nicht wahr? Es kann überraschend leicht sein, zu behaupten, es sei alles in Ordnung, wenn absolut nichts in Ordnung ist. Wenn man bedenkt, dass die Schwerter der Satz des Geistes sind, dann kann man unmöglich die Verbindung dieser Karte zur geistigen Gesundheit übersehen. Ich habe eine lange Geschichte von Angst und Depression, und ich habe allmählich erkannt, dass mich mehr als alles andere ängstigt, wenn ich anderen gegenüber zugeben muss, wie niedergeschlagen ich mich fühle. Es gab Zeiten in meinem Leben, in denen alles schiefgelaufen ist, in denen jedes Mal, wenn ich mich umgedreht habe, ein neuer körperlicher Tiefschlag kam und in denen es mir, obwohl ich von liebevollen Menschen umgeben war, die mich unterstützt haben, unmöglich war, mich der Tiefe meiner Verzweiflung zu stellen. Die Zehn der Schwerter weiß, dass es manchmal das Härteste ist, zuzugeben, wie schlimm es wirklich ist.

Es versteht sich daher von selbst, dass beim Auftauchen der Zehn der Schwerter in einer Legung Sensibilität erforderlich ist. Dass jemand sagt, alles sei gut, heißt noch lange nicht, dass das auch stimmt, und diese Karte kann die Schleusen öffnen. Auch wenn du dir selbst die Karten legst, sei sanft mit dir. Die Zehn bezieht sich weniger auf den Moment, in dem etwas Belastendes oder Traumatisierendes geschieht, als auf unsere mentale Antwort darauf.

Gedanken und Ängste und Reaktionen auf Ereignisse können sich lange Zeit im Kreis drehen – sogar über Jahre –, bis sie schließlich zur Ruhe kommen. Manchmal ist diese Karte die Folge einer einzigen, spektakulär schrecklichen Woche, eines einzigen Tages oder sogar einer Stunde. Manchmal erscheint sie, wenn Dinge, die viel, viel länger in unserem Inneren begraben waren, endlich ans Licht kommen.

Natürlich bedeutet diese Karte ganz sicher nicht, dass dein ganzes Leben in Scherben liegt – sie trifft unterschiedliche Stellen, je nachdem, wo sie bei einer Legung auftaucht. Sie kann sich auf einen ganz bestimmten Bereich des Lebens beziehen oder sie kann etwa darauf hinweisen, dass ein Fragesteller fürchtet, etwas Bestimmtes könnte eintreten. Ganz selten einmal erscheint sie in einer Weise, die man nur so interpretieren kann, dass hier jemand melodramatisch ist (»Ich sterbe! Ich bin TOT!«). Aber in den meisten Fällen geht es um echten Schmerz und große Angst und sollte ernst genommen werden.

Die zweite Lektion der Zehn der Schwerter verpasst man leicht, aber sie ist kostbar. Im Hintergrund der Karte, jenseits der Masse der Schwerter, kann man einen winzigen Streifen von Sonnenlicht über dem Horizont erkennen. Diese Karte erinnert daran, dass es kurz vor Anbruch der Morgendämmerung immer am dunkelsten ist. Du kommst da durch. Halte einfach aus.

FRAGEN, DIE DU STELLEN SOLLTEST, WENN DU DIESE KARTE SIEHST:
Was ist passiert? Gibt es etwas, über das du sprechen möchtest? Geht es dir tatsächlich gut oder sagst du das nur so?

DER BUBE DER SCHWERTER

Neugier, Spontaneität, den Tag nutzen, neue Möglichkeiten, neue Ideen, Desillusionierung, Hemmung, Furcht

Ah, der Bube der Schwerter! Normalerweise bieten die Buben wenig Anlass zur Besorgnis, aber was wir hier im Kern haben, ist ein Kind, das mit einer tödlichen Waffe hantiert. Nachdem es die nun einmal hat, kann sie ihm niemand mehr wegnehmen, keine Chance. Ein außenstehender Beobachter würde die sehr reale Gefahr sehen, durchbohrt zu werden, aber der Bube ist fasziniert: Für ihn ist das Schwert ein aufregendes, attraktives Ding, das voller Möglichkeiten steckt. Er hat Fragen – viele Fragen.

Warum ist es so scharf? Wie kommt es, dass es so glänzt? Er will es in die Hand nehmen und schwingen – *zisch* – horch nur, was für ein tolles Geräusch! Und was passiert, wenn ich das mache? Schau dir nur an, wie es sich bewegt. Viele andere Karten in diesem Satz stehen für Geisteszustände, die mit Erschöpfung, Sorgen oder völliger Ratlosigkeit zu tun haben, aber dieser Bube ist einfacher gestrickt. Nichts beunruhigt ihn – er ist nur neugierig auf *alles*.

Beim Buben der Schwerter verbindet sich die Neugier mit dem Eifer eines Neubekehrten. Du musst damit rechnen, dass er felsenfeste Überzeugungen in Bezug auf alles hat, dem er sich zugewandt hat: Es könnte eine neue Geschäftsidee sein, eine kontroverse Äußerung über ein aktuelles Thema, die obsessive Beschäftigung mit einem neuen Hobby, eine politische Meinung oder eine Richtung in seinem Leben. Er kann die Augen nicht davon abwenden! Er ist ganz sicher, dass sein Plan fehlerlos ist! Und er lässt nicht von seinem Ding ab, bis er es von vorne bis hinten erforscht hat, auseinandergenommen hat, es gemeistert hat oder unter Tränen aufgeben musste. (Aber selbst das ist in Ordnung: Ein Fehlschlag ist kein Feind, und dieser Bube weiß, wie man aus seinen Fehlern lernt.)

Je nachdem, wo du stehst, kann das eine erfrischende, beeindruckende Haltung sein oder aber einfach erschreckend. Vielleicht erkennst du dich bereits in dieser Figur wieder, oder vielleicht ist sie ein Teil von dir, den du gut ein bisschen ausbauen könntest. Dieser Bube steht für die Freude am Lernen und Experimentieren, dafür, ein Problem auf ungewöhnliche Weise anzugehen, dafür, zu vergessen, was cool und trendy ist, und bei dem zu bleiben, was dich fasziniert, dafür, etwas Altes herzunehmen und es so anzuschauen, dass etwas Neues daraus wird. Er erinnert dich daran, wie wichtig es ist, deinen Geist zu öffnen, Ideen durch dich hindurchfließen zu lassen und zu akzeptieren, dass manche davon großartig sein werden und andere ganz und gar … nicht. Und diese Energie ist absolut unerlässlich für das Hervorbringen wunderbarer neuer Dinge. Wie sonst sollen wir innovativ sein, lernen, ein Unternehmen gründen, empörend enge Termine einhalten, Neues erfinden? Der Bube der Schwerter sagt, du sollst es einfach probieren. Er ist wie Henry Ford – der Mann, der zu einer Zeit, als alle sagten, sie bräuchten schnellere Pferde, eine Massenproduktion von Autos entwickelte.

Diese Leidenschaft hat ihren Preis – ein Bube der Schwerter denkt sehr viel. Er kann verträumt und abwesend sein, was bedeutet, dass er in seinem eigenen Kopf feststecken kann und von seinen Gedanken verzehrt wird. Er ist reinen Geistes, aber auch sehr fragil: Nur allzu leicht schreibt die Welt ihn ab, sieht ihn als dumm, naiv oder unerfahren an, bügelt ihn ab oder ignoriert ihn völlig. Wenn diese Karte auftaucht, erinnert sie daran, dass das, was neue Ideen brauchen, um sich entfalten zu können, nicht Kritik und Zynismus ist, sondern Raum und Anteilnahme. Es braucht einen Lehrer, eine sanfte, geduldige Hand, die dem Neuen hilft, auf den rechten Weg zu kommen.

FRAGEN, DIE DU STELLEN SOLLTEST, WENN DU DIESE KARTE SIEHST:
Hast du eine wirklich gute (verwegene) Idee? Welche? Was hält dich davon ab, sie in die Tat umzusetzen? Wie gehst du mit Fehlschlägen um? Wen könntest du um Hilfe, Rat, Anleitung bitten oder als Mentor*in gewinnen?

DER RITTER DER SCHWERTER

Entschlossenheit, Schlagfertigkeit, Durchsetzungskraft, Reaktionsfähigkeit, Mangel an Kompromissbereitschaft

Der Ritter der Schwerter ist jemand mit einem sehr guten Kopf. Er hat seinen Geist bis zur Rasiermesserschärfe geschliffen und weiß ihn zu nutzen. Er nimmt Argumente, Gedanken, Ideen, Überzeugungen und Prinzipien außerordentlich ernst und verwendet alles, was er in seinem intellektuellen Arsenal hat, um seine Position durchzusetzen. Es genügt ihm nicht, einfach einen Standpunkt zu haben, sondern er neigt dazu, Denkansätze in alle anderen Richtungen zu ZERSTÖREN. Dieser Mensch wird nicht nachgeben und ein Argument erst dann fallen lassen, wenn es mausetot ist.

Diese Eigenschaften können unglaublich viel Macht erzeugen. Viele Menschen mit großer Leistungsfähigkeit haben etwas von der Rücksichtslosigkeit und Zielstrebigkeit des Ritters der Schwerter an sich – und nutzen diese Qualitäten, um Außerordentliches zu erreichen. Im besten Fall ist dieser Charakter kühn, direkt, beharrlich und durchsetzungsfähig, hat einen wendigen Geist und eine unvergleichliche Diskussionsfähigkeit. Selbstverständlich wird er bei der Zubereitung eines Omeletts ein paar Eier kaputtschlagen, davon aber nicht immer etwas merken: Das ist keine Bosheit, er konzentriert sich einfach nur auf sein Vorhaben. Dieser Ritter steht für seine Wahrheit ein und ist wesentlich mehr daran interessiert, die richtige Antwort zu bekommen, als die Menschen froh und zufrieden zu machen. Manche würden vielleicht sagen, er hätte etwas von einem Hai an sich. Aber wie wir inzwischen wissen sollten, werden Haie erstens häufig sehr verkannt, und zweitens sind sie extrem wertvoll für das marine Ökosystem. (Und ehrlich, was sind schon ein paar Testbisse unter Freunden?)

Die Schattenseite der Karte ist nicht schwer zu erkennen. Ein Ritter der Schwerter kann zerstörerisch und verletzend, grob, streitsüchtig und kompromisslos sein – und dabei sowohl den Menschen um ihn herum als auch sich selbst Schaden zufügen. Er hat die Tendenz, die Welt binär zu sehen: Bist du Freund oder Feind? Hilfst du mir oder stehst du mir im Weg? Es gibt bei ihm sehr wenig Raum für Grauzonen. Außerdem kann er extrem selbstgerecht sein: Wenn du ihm in die Quere kommst, kannst du sicher sein, dass du mitsamt dem, was du repräsentierst, so gut wie tot für ihn bist. Die Haltung eines Ritters der Schwerter ist im schlimmsten Fall die von Gore Vidal, dem das Zitat zugeschrieben wird: Es ist nicht genug, Erfolg zu haben. Andere müssen scheitern.

Es gibt einige Umgebungen und Berufe, in denen Menschen aktiv die Eigenschaften eines Ritters der Schwerter pflegen (am ehesten kommt einem dabei ein Anwalt bei Gericht in den Sinn). Bei Erwachsenen findet man diese Energie überhaupt eher in Arbeitssituationen als im Privatleben. Aber wenn du diese Karte siehst, lohnt es sich nachzuforschen, wo du auf dem Spektrum der Streitlust angesiedelt bist: Lebst du für die Befriedigung, die dir ein Wortgefecht mit einem ebenbürtigen Gegner gibt, oder würdest du alles geben, was du hast, um einem solchen aus dem Weg zu gehen? Wenn jemand anderer Meinung ist als du, siehst du das dann als eine Chance an, etwas zu lernen, oder als eine persönliche Beleidigung? Die Fähigkeit des Ritters der Schwerter, alles andere in den Hintergrund treten zu lassen und sich nur auf die Frage zu konzentrieren, um die es gerade geht, hat etwas Wunderbares an sich – aber für diejenigen, die nicht in der gleichen Weise an Dinge herangehen, ist diese Haltung weniger erfreulich.

Man könnte wohl sagen, dass jemand, der die Eigenschaften eines Ritters der Schwerter vollkommen verkörpert, nicht der Liebling anderer ist. Aber das heißt nicht, dass sein Fähigkeitsprofil nicht wertvoll ist und dass es – unter den richtigen Umständen – nicht geschätzt werden sollte.

FRAGEN, DIE DU STELLEN SOLLTEST, WENN DU DIESE KARTE SIEHST:
Wie stehst du zu Auseinandersetzungen? Fühlst du dich wohl damit, dich in einer Diskussion zu behaupten? Findest du das einschüchternd? Hast du die Tendenz, um jeden Preis gewinnen zu wollen? Kannst du allzu schroff sein?

DIE KÖNIGIN DER SCHWERTER

Klarheit, Esprit, Intellekt, Offenheit, Wahrheit, Direktheit, Kälte, brutale Ehrlichkeit

Von den vier Königinnen des Tarots fühlt sich diese für viele Menschen am ungemütlichsten an. Sie bedeutet Direktheit und Klarheit des Denkens, unbeeinträchtigt von Selbstzweifeln oder Angst. Das ist jemand, der eher mit dem Kopf als mit dem Herzen führt und niemals vor der Wahrheit zurückscheut. Diese Person gibt anderen nicht nach und mildert ihre Worte nicht ab, deshalb kann sie kalt, distanziert und unnahbar wirken. Wie alle Figuren im Tarot ist auch diese nicht an ein bestimmtes Geschlecht gebunden und muss nicht unbedingt für eine Frau stehen. Aber ich denke, es ist etwas sehr Wichtiges – und Bezeichnendes –, dass das Unbehagen, das die Menschen bei dieser Karte empfinden, wesentlich stärker damit zusammenhängt, dass die Figur weiblich dargestellt wird, als mit den Eigenschaften, für die sie steht.

Wenn du in der Literatur und der Popkultur nach weiblichen Beispielen für Königinnen der Schwerter suchst, kannst du sie im Überfluss finden … aber nur an ganz spezifischen Orten. Am häufigsten erscheinen sie in Mythen und Legenden: als unsterbliche Göttinnen, als High Fantasy Elfen, Racheengel und Eis- oder Schneekönigin. Sie werden als unheimlich, befremdlich, unnatürlich – bis hin zu grässlich – dargestellt, und zwar auf eine Weise, in der das bei einem Mann mit den gleichen Eigenschaften nicht unbedingt der Fall wäre. Wenn diese Karte auftaucht, ist das daher nicht einfach ein Moment, in dem man einen Ratsuchenden fragen sollte, wen er in ihr erkennt. Es ist auch ein Moment nachzufragen, ob er sie für einen akzeptablen Aspekt der Persönlichkeit eines Menschen hält – einschließlich seiner eigenen. Denn es wird ihr nicht immer erlaubt, sich frei zu bewegen. Manche Menschen dürfen ein klein wenig Königin der Schwerter sein, andere werden sofort verteufelt, wenn sie sie herauslassen.

Mich erinnert diese Königin immer an einen Satz über die geheimnisvolle, mythische Präsenz in Alan Garners Roman *Eulenzauber*, die durch die Protagonisten freigesetzt wird: »Sie will Blumen sein, aber ihr macht sie zu Eulen. Ihr dürft euch dann nicht wundern, wenn sie auf die Jagd geht.«[14] Eine Königin der Schwerter hat nichts grundlegend Unheilvolles an sich, und es mangelt ihr nicht an Mitgefühl. Sie ist nur, was sie von Haus aus sein soll – und was sie sein muss. Sie hat die Fähigkeit zur Schärfe, sie sieht bis ins Herz der Dinge, sie hat keine Geduld mit Dummköpfen und wird ihre Feinde aufspießen, wenn sie muss. Diese Königin trägt ein Schwert, und sie zögert nicht, es zu benutzen, um sich und andere zu schützen. Können wir ihr Vorwürfe machen, wenn sie gelegentlich genau das tun muss? Ist es richtig, angesichts einer Welt, die mitleidlos und hart sein kann, zu verlangen, dass die Menschen immer nur sanft und versöhnlich sein sollen? Und ist es nicht merkwürdig, dass im Allgemeinen die Menschen, von denen man durchweg erwartet, dass sie Sanftmut an den Tag legen, genau jene sind, die am häufigsten mit großer Grausamkeit behandelt werden?

Das ist die Karte für Esprit und Intellekt, aber auch die Karte brutaler Ehrlichkeit und einer auf gesunde Weise ausgedrückten Wut. Eine Königin der Schwerter verbirgt nichts. Sie erzählt dir keine Lügen über das, was sie glaubt, und sie behauptet nicht, sie sei nicht wütend – sei es wegen einer Beleidigung, eines Fehlers oder einer schlimmen Ungerechtigkeit. Sie handhabt ihre Wahrheit wie eine Waffe: Sie kann eine ruhige und gefasste Verbündete sein oder eine furchteinflößende Gegnerin. Die Königin der Schwerter ist eine natürliche und notwendige Energie im Deck und in der Welt. Wenn sie in einer Legung erscheint, bietet sie dir eine Herausforderung. Wirst du ihr in die Augen schauen und sie als das sehen, was sie wirklich ist? Und wirst du dir zugestehen, dein eigenes Gesicht in ihrem gespiegelt zu sehen?

FRAGEN, DIE DU STELLEN SOLLTEST, WENN DU DIESE KARTE SIEHST:
Kannst du zu anderen direkt und ehrlich sein? Darfst du wütend werden? Dürfen das andere Menschen? Was würde passieren, wenn du aufhören würdest, anderen etwas vorzumachen?

DER KÖNIG DER SCHWERTER

Weisheit, Expertise, Intelligenz, Vertrauen, Gelehrtheit, Bildung, Überlegenheit, Snobismus, Besserwisserei

Der König der Schwerter ist die Karte intellektueller Überlegenheit. Er steht für Expertise: für jemanden, der eine Menge über ein Sachgebiet weiß, sei es beruflich, akademisch oder als Hobby. Es gibt buchstäblich nichts, für das du nicht ein König der Schwerter sein kannst: Astrophysik, Lippenstiftfarben, die Muster von Vogelzügen, Episoden von *Sex and the City*, Hartböden, mittelalterliche Kunst – der springende Punkt bei dieser Karte ist nicht das Thema. Das Entscheidende ist, was es heißt, kenntnisreich zu sein und sein Wissen weiterzugeben. Mit einem Wort: weise zu sein.

Und was *heißt* weise sein? Hier wird es knifflig. Shakespeare schrieb dazu: »Der Narr hält sich für weise, aber der Weise weiß, dass er ein Narr ist.«[15] Es gibt einen bedeutsamen Unterschied zwischen einem intelligenten Menschen und einem Menschen, der sich brüstet, er sei intelligent. Starres Denken, Abwehrhaltung und Mansplaining gehören allesamt zur Schattenseite dieses Königs. Das erinnert uns daran, dass die wahrhaft Weisen bereit sind, es zuzugeben, wenn sie über eine Sache nichts wissen, wenn sie sich in Bezug auf etwas unglaublich dumm fühlen und wenn sie eine Frage zu ihrem eigenen Wissensgebiet nicht beantworten können. Sie wissen, wann sie sich anderen beugen müssen, wann es Zeit ist, zuzuhören und Erfahrungen, die sich von ihren eigenen unterscheiden, in ihre Ansichten zu integrieren. Sie möchten ständig herausgefordert werden und folglich ständig weiter lernen.

Wenn du den König der Schwerter siehst, ist das eine Chance, darüber nachzudenken, wie sich dieses Verhalten in deinem Leben darstellt – sowohl in deiner unmittelbaren Umgebung als auch im Großen. Die Karte spricht Zeiten an, in denen du zu Recht Vertrauen in dich selbst und dein Wissen hast: das Gefühl, dass du einen Punkt in deinem Leben erreicht hast, an dem Menschen sich an dich wenden, weil sie glauben, dass du in der Lage bist, Rat zu geben. Das ist eine Position mit einer erheblichen Verantwortung, die sich auch beängstigend anfühlen kann – denn was ist, wenn du etwas Verkehrtes sagst? Der König der Schwerter sagt dir, dass es in Ordnung ist, nicht auf alles eine Antwort zu haben, solange du keine Angst davor hast, das auch zuzugeben, solange du geistig offen bleibst und dich nicht vor dem Unbekannten fürchtest, einfach, weil du es nicht kennst.

Die Karte kann auch Gelegenheiten ansprechen, bei denen Menschen ihre vermeintliche intellektuelle Überlegenheit als Hebel dafür benutzen, andere zum Kuschen zu bringen. »Ich habe eine Exzellenzuniversität besucht«, sagen sie, »und das heißt, ich bin der Schlauste, und deshalb habe ich das Sagen.« Bildung ist gut. Sie öffnet die Tür zu neuen Denkansätzen in Bezug auf die Welt und sie ist die Wiege des Fortschritts. Aber diese Karte erinnert uns daran, dass sie auch als Waffe genutzt werden kann. Wenn jemand glaubt, dass er aufgrund eines bestimmten Satzes in seinem Lebenslauf Hochachtung verdient, dann ist etwas grundverkehrt. (Und falls du selbst jemand bist, der das meint ... dann redest du vielleicht mal ein Wörtchen mit dir selbst.)

Expertise wird nicht beansprucht, sondern man verdient sie sich. Sie ist etwas, das ständige Arbeit erfordert. Ein guter König der Schwerter ruht sich nicht auf seinen Lorbeeren aus und glaubt nicht, dass er alles weiß, selbst wenn andere ihn als die ultimative Autorität auf ihrem Gebiet ansehen. Sie verlieren niemals ihre Neugier, hören nie auf, nach dem Warum und Wie zu fragen, und mehr wissen zu wollen. Das ist eine wunderschöne Energie. Sie sollte immer geschätzt und genährt werden, in dir selbst und in anderen.

FRAGEN, DIE DU STELLEN SOLLTEST, WENN DU DIESE KARTE SIEHST:
Wofür bist du Experte oder Expertin? Wann wenden sich die Menschen an dich? Fühlst du dich in dieser Rolle wohl? Wie nutzt du deine Weisheit, Autorität und Öffentlichkeit? Wie nährst du anhaltend deinen Geist? Kannst du es zugeben, wenn du etwas nicht weißt?

Dieser sehr dornenreiche Durchgang durch die Schwerter bringt uns ans Ende der Kleinen Arkana. Das bedeutet, wir haben den größten Teil des Tarots schon hinter uns gebracht: 56 Karten sind schon besprochen, nur die 22 Großen Arkana liegen noch vor uns!

Gestatte uns an diesem Punkt, eine unserer (seltenen) Prophezeiungen über dich zu machen: Wir sagen voraus, dass die meisten der Kleinen Arkana jetzt anfangen, dir sinnvoll zu erscheinen, dass es aber einige Karten gibt – 16, um genau zu sein –, die dir noch immer ein bisschen rätselhaft sind. Die Buben, Ritter, Königinnen und Könige sind die Karten, die auf der visuellen Ebene am ehesten verwechselt werden, und sie haben auch einen etwas anderen Stellenwert als die übrigen Karten des Decks.

Wenn unsere Vorhersage korrekt ist, kannst du sicher sein, dass du damit nicht allein bist: Hier haben wir es mit einem jener Aspekte zu tun, die für die meisten Deutenden besonders herausfordernd sind. Ehe wir uns den Großen Arkana zuwenden, werden wir daher noch ein wenig Zeit mit diesen hochherrschaftlichen Persönlichkeiten verbringen und dir helfen, diese Karten einzeln und alle zusammen zu verstehen.

Kapitel 8

Lerne die Familie kennen

Die Hofkarten sind auch als die Familien des Tarots bekannt, und was für die besten Familien gilt, gilt auch hier: Sie sind ziemlich schräg. Wie du schon gesehen hast, gibt es bei ihnen nicht die bildliche Dramatik und den Charakter einer Geschichte, die bei den Kleinen Arkana so hilfreich sind: Hier sehen wir nur 16 extravagant gekleidete Personen vor uns. Was, um Himmels willen, sollst du dann mit ihnen anfangen, wenn eine davon aufkreuzt? Und was erst, wenn sie in einer Legung gleich en masse auftreten? Das Wichtigste, das man dabei im Kopf behalten muss, ist, dass diese Karten in hohem Maße anthropomorph sind. Ihre Bedeutung wurzelt eher in Persönlichkeitszügen als in Ereignissen oder Erfahrungen. Wenn sie auftauchen, drehen sich die Gespräche, die sie anstoßen, meist um Eigenschaften und Temperamente, Naturen und Identitäten, Tugenden und Laster.

Wenn du sie erst einmal besser kennenlernst, wirst du sehen, dass jede von ihnen ein unverwechselbares Individuum ist. Aber es ist nicht leicht, sie richtig gut kennenzulernen. Jede Reihe von vier Buben, Rittern, Königinnen und Königen zeichnet sich durch gemeinsame Züge aus (viel mehr als die Zahlenkarten der Kleinen Arkana). Ihre Stärken und Schwächen, ihr Können und ihre blinden Flecken, ihre Gaben und Herausforderungen sind, grob gesagt, konsistent, was es erschwert, sie im Kopf getrennt zu halten. Daher haben wir als Hilfe eine Übersicht über jede Reihe zusammengestellt – eine Art Jobbeschreibung, wenn du so willst – und zusätzlich ein paar praktische Tipps für ihre Deutung.

Die Buben: Wilde Kinder

Häufig wirst du über die Buben im Tarot lesen, sie seien die Boten des Decks. Ich habe das immer für eine vollkommen witzlose Beschreibung gehalten – denn was ist denn Tarot anderes als ein Paket von Botschaften? Jede einzelne Karte des Decks versucht dir etwas zu sagen. Manchmal verbünden sie sich sogar gegen dich, um es dir zwei- und dreifach nahezubringen. Ich kann guten Gewissens sagen, dass »Boten« nicht die passendste Kurzform für die Buben ist. Aber vielleicht kann ich ein wenig dazu beitragen, zu erhellen, woher der Begriff kommt und welchen praktischen Nutzen er bei deinen Deutungen haben könnte.

In einem Interview von 1986 erzählte Maurice Sendak, Verfasser des Bilderbuchs *Wo die wilden Kerle wohnen,* eine Anekdote, die in meinen Augen sehr deutlich die Energie der Buben ausdrückt. Er berichtete, dass er einmal den Brief eines Jungen mit einer Postkarte beantwortet hatte, auf die er einen Wilden Kerl gezeichnet hatte. Seine Mutter bedankte sich bei ihm und schrieb, ihrem Jungen hätte die Postkarte so gut gefallen, dass er sie aufgegessen hätte. Sendak war entzückt: »Das war für mich eines der schönsten Komplimente, das ich je bekommen habe. Es war ihm egal, dass das eine Originalzeichnung von mir war. Er sah sie, er liebte sie, und er aß sie auf.« Das ist genau das Verhalten eines Buben: ungefiltert, unbefangen und herrlich ungezügelt.

Der beste Ausgangspunkt für das Verstehen der Buben ist, sie als die kindlichen Charaktere des Tarots zu sehen. Sie verkörpern eine jugendliche, naive und daher intuitive Haltung gegenüber der Energie ihres Satzes. Kinder werden bekanntlich ohne ein Wissen darum geboren, wie die Welt funktioniert. In der Kindheit erlernen wir allmählich die Regeln und Strukturen, Rituale und gesellschaftlich akzeptablen Verhaltensweisen: Wir lernen, Erwachsene zu werden und uns in einer komplizierten und oft verwirrenden Welt zurechtzufinden. Das ist ein faszinierender Prozess: Kinder sind unendlich neugierig, spielen mit Begeisterung, knobeln gerne etwas aus und sind manchmal von den merkwürdigsten Dingen gefesselt. Bei den Buben im Tarot ist es mehr oder weniger genauso: Ein jeder geht furchtlos mit der Energie seines Satzes um und kümmert sich nur darum, was er tun, anfertigen oder werden könnte.

Bei den Kindern ist es allerdings so, dass sie sehr ungewöhnliche kleine Geschöpfe sind, die von sehr speziellen Bedürfnissen angetrieben werden. Als Gesellschaft neigen wir dazu, die Kindheit zu idealisieren und Kinder mit verklärendem Blick als Wesen von vollkommener Anmut, Unschuld und unerschöpflichem Potenzial zu sehen. Doch du solltest nicht vergessen, dass sie deswegen so bezaubernd, neugierig und optimistisch sind, völlig unbehelligt von Vorstellungen davon, wie die Dinge sein sollten, weil ihr Gehirn noch in der Entwicklung ist. Sie befinden sich in einem ständigen Wachstums- und Veränderungsprozess und nehmen die Welt buchstäblich anders wahr als Erwachsene. Es gibt immer mehr wissenschaftliche Belege dafür, dass die Wirkung von psychedelischen Drogen eine hohe Ähnlichkeit mit dem Zurückversetzen des Geistes in einen Zustand kindlicher Wahrnehmung aufweist, als er noch von keinem Wissen darum eingeengt war, wie Dinge zu sein haben, und dadurch starke neue Verbindungen schaffen kann. Dieser Zustand kann magisch sein: Manchmal führt er zur Erfindung eines spektakulären neuen Fantasiewesens! Aber mitunter führt er auch zu unerwarteten Folgen: dass du Joghurt in deinem Schuh mischst. Unschuld ist also keineswegs immer süß, wie man sieht, aber sie kann fruchtbar sein.

Und so solltest du auch an die Buben im Tarot herangehen. Sie stehen für Menschen – oder Aspekte des Charakters von Menschen –, die noch immer mit weit offenen Augen staunen können. Sie sind fantasievoll (die Kelche), kritisch fragend (die Schwerter), abenteuerlustig (die Stäbe) oder einfach voller Begeisterung (die Münzen). Aber das heißt nicht, dass du ihrer Urteilsfähigkeit trauen darfst. Die Buben sind noch nicht weltklug, sie werden keine ausgewogene Zweitmeinung beisteuern, und sie sollten definitiv nicht für die Ausgaben zuständig sein. Freu dich an ihnen, wie sie sind, und denk daran, dass sie dann, wenn sie ohne angemessene Aufsicht sich selbst überlassen werden, durchaus von jugendlichem Überschwang in ein Verhalten kippen können, das William Goldings Roman *Herr der Fliegen* vorführt.

Sinn und Zweck der Buben ist es, uns daran zu erinnern, dass diese zügellosen, ungehemmten Impulse in uns allen vorhanden sind. Wir waren alle einmal Kinder, und irgendwo in den Tiefen der Seele sind die Reste dieses kindlichen Geistes noch lebendig. Wenn bei einer Legung ein Bube erscheint, erinnert er unter Umständen an dir bekannte Menschen, die eine jugendliche Haltung zur Energie dieses Satzes haben. Aber die Karte kann dich auch auffordern, über den kindlichen Geist in dir selbst nachzudenken: ob du noch immer zum Kindlichen neigst, ob du freundlich und liebevoll mit ihm umgehst, ob du ihm noch Raum zum Spielen gibst, es Chaos stiften lässt oder Dinge essen lässt, von denen es besser die Finger lassen sollte. Wenn die Buben Boten sind, dann kommen sie nicht aus der Außenwelt. Wenn du einen siehst, ist es Zeit, dich zu fragen, ob der Ruf vielleicht aus deinem Inneren kommt.

Die Ritter: Was für ein Ritt!

Wie die Buben sind die vier Ritter des Tarots von Haus aus mit den frühen Lebensphasen assoziiert – und werden in vielen Decks auch so dargestellt. Aber wenn die Buben die Kindheit verkörpern, repräsentieren die Ritter die gesteigerte Intensität der Jugend. Es wäre viel zu verkürzt, sie lediglich als »Teenager« zu bezeichnen. Aber es ist gut, zu wissen, dass es traditionell eine Assoziation zwischen diesen Figuren und jungen Erwachsenen gibt, denn das kann dir herausfinden helfen, welche Teile von dir selbst und anderen sie am besten vertreten, wenn sie bei Legungen auftauchen.

Die allgemeine Faustregel für das Verstehen der Ritter des Tarots ist, dass sie alle die Energie ihres jeweiligen Satzes auf die Spitze treiben. Welche Energie das auch immer ist: Sie verkörpern sie im Extrem. Der Ritter gibt dir XXL-Gefühle bei den Kelchen, liefert dir harte und wütende Auseinandersetzungen bei den Schwertern, Leidenschaft bis zur Obsession bei den Stäben und ist – meine persönliche Vorliebe! – so radikal aufs Praktische ausgerichtet, dass es weh tut, bei den Münzen. Aus diesem Grund will man, wenn einer von ihnen bei einer Legung auftaucht, oft instinktiv sagen: »BRRR! HALT! Zügeln Sie Ihr Pferd, Sir!« (Denn sie haben ja alle ein Pferd.) Und dieser Instinkt ist auch ganz in Ordnung: Man kann buchstäblich von allem zu viel haben. Manchmal ist die Energie des Ritters willkommen, weil er Dinge in Bewegung bringt, aber es ist fast nie eine gute Idee, etwas einfach ins Kraut zu schießen oder jemanden blindlings lospreschen zu lassen, ungebremst und ohne Gegengewicht.

Ein Ritter in einer Tarotlegung fragt, ob du auf dem Weg einer anscheinend unaufhaltsamen Kraft bist oder ob du eine Sache nicht vielleicht ein wenig zu weit treibst – oder ob das jemand tut, der dir nahesteht. Gibt es etwas, das gezügelt werden muss, oder jemanden, den du freundlich ein wenig beaufsichtigen und im Auge behalten solltest? Die Ritter deuten auf Aktivität und Veränderung hin, aber auch auf die Gefahr, vorschnell zu handeln, ohne die potenziellen Konsequenzen zu durchdenken, oder darauf, dass man sich auf etwas fixiert und das Gesamtbild aus dem Blick verliert. Diese Karten können Gespräche über Menschen anstoßen, die die Fragestellerin überwältigen, sodass sie sich in die Ecke gedrängt fühlt und in Panik gerät. Wenn eine Karte eine bestimmte Assoziation auslöst, lohnt es sich im Tarot immer, dem entsprechenden Thema auf den Grund zu gehen.

Nach allem, was du mittlerweile erfahren hast, solltest du inzwischen wissen, dass das Tarot das Drama liebt. Und niemand – NIEMAND – ist so offen und ungeniert dramatisch wie die Ritter. Diese Figuren definieren sich nicht durch Ideen und Intentionen, sondern durch *Aktion*. Sie sind im ganz wörtlichen Sinne Schauspieler (*actors*). Ich meine damit nicht, dass sie eine ausgeprägte schauspielerische Ader haben, aber ich meine auch nicht, dass das *nicht* der Fall ist. Die kanadische Dichterin Anne

Carson hat über Schauspieler geschrieben: »Es gibt eine Theorie, die besagt, dass es einem guttut, unerträglichen Geschichten über andere Menschen zuzuschauen, die in Kummer und Wut gefangen sind – es könnte einen von seiner Dunkelheit reinigen. Möchtest du ganz allein in deine Tiefen hinabsteigen? Lieber nicht. Und wenn das nun ein Schauspieler für dich tun könnte? Ist das nicht der Grund, warum sie Schauspieler heißen? Sie handeln (*act*) für dich.«[16] Bei einem großen Teil der darstellenden Künste geht es darum, das Publikum Zeuge einer Geschichte werden und sie in gewissem Sinne auch erleben zu lassen, die größer ist als seine Alltagserfahrungen. Damit gewährt man den Menschen den Zugang zu Gefühlen und Wahrheiten, die sonst außer Reichweite bleiben würden. Die größten Schauspieler sind jene, die einen so mitreißen, dass man die Dinge ausschließlich aus der Perspektive der verkörperten Figur sieht. Sie ermöglichen einem, den Geist eines anderen von innen her zu erleben, wenn auch nur für wenige Augenblicke.

Und die Ritter des Tarots mit ihrem Ernst, ihrer Aufrichtigkeit und ihrem Eifer spielen eine ähnliche Rolle. Manchmal zieht man sich bei ihrem Anblick so zusammen, dass es einem fast das Innere nach außen stülpt, aber sie können auch eine Transformation bewirken, bieten die Gelegenheit, etwas Neues an dir selbst oder der Welt zu verstehen. Sie bewohnen hyperbolische Räume und Erfahrungen: Sie betrachten jedes winzige Detail unter einem Vergrößerungsglas und hören jeden Song in maximaler Lautstärke. Sie wollen hin, wo etwas los ist – ganz gleich, wo das ist –, sind jederzeit zum Blitzstart bereit und holen aus einer Erfahrung alles heraus, was sie hergibt. Es kann ziemlich nervig sein, jemandem zu begegnen, der sich mit den Extremen des Lebens wohlfühlt, aber es kann auch sehr schön und ausgesprochen kathartisch sein.

Die Ritter des Tarots sind hochmotiviert und wollen handeln. Sie lassen sich nicht von Peinlichkeit oder Scham bremsen – ehrlich gesagt, fehlt ihnen der Teil, der zu einer korrekten Selbstwahrnehmung fähig ist. Und es gibt kein Patentrezept dafür, wann ein Ritter im Tarot bedeutet, dass etwas gezügelt werden sollte, und wann er ein Aufruf ist, sich auszutoben. Aber die Ritter sprechen immer ein Potenzial für Intensität bei dir oder anderen an, das nicht ignoriert werden sollte.

Die Königinnen: Man selbst sein

Zu den Dingen, die mir an den Königinnen des Tarots besonders gefallen (und das sind viele), gehört, dass sie fast immer als reife Frauen dargestellt werden. Nur selten findet man ein Deck, in dem die Königinnen wie Jugendliche aussehen oder auch wie Frauen in den Zwanzigern – sie sind meistens ganz selbstverständlich in mittleren Jahren. Das soll nicht heißen, dass etwas daran falsch ist, jünger zu sein. Es ist nur ungewöhnlich – wie wir alle wissen –, dass wir ranghohe weibliche Figuren präsentiert bekommen, die so aussehen, als hätten sie tatsächlich gelebt.

Bei diesen Figuren ist die Tatsache, dass sie alle schon eine stattliche Anzahl von Jahren hinter sich haben, entscheidend für das Verständnis ihrer Macht. Wenn ich an die Königinnen denke, fällt mir Susan Sontags Essay *The Double Standard of Aging* (1972/1977) ein, in dem sie ausführt, in wie vielfältiger Weise Frauen dazu ermuntert werden, ewig im Zustand eines Mädchens zu verharren – sowohl körperlich als auch im Verhalten. Am Ende des

Aufsatzes kommt sie zu dem Schluss, dass es vielleicht noch eine andere Möglichkeit gibt: »Sie können danach streben, weise zu sein, nicht einfach nur nett; selbstbewusst, nicht einfach nur hilfsbereit; stark, nicht einfach nur anmutig; ehrgeizig für sich selbst, nicht einfach nur für sich in der Beziehung zu Männern und Kindern.« Für mich sind die Königinnen die Verkörperung dieses anderen Weges: die Annahme erwachsener Weiblichkeit und der Zentrierung des Selbst; der Fähigkeit, seinen Platz in der Welt aus sich selbst heraus zu verstehen, nicht aus dem Verhältnis zu anderen.

Selbstverständlich braucht man nicht eigens zu betonen, dass die vier Königinnen nicht für Frauen stehen müssen, nur weil sie weiblich kodiert sind; ich denke nur, dass die Verwurzelung dieser Symbole in weiblichen Körpern etwas schwer Erkämpftes in ihren Eigenschaften einfängt. Diese Figuren haben wirklich Gewicht, ein hohes Maß an Selbsterkenntnis und ein komplexes und nuanciertes Verständnis für die Energien ihres Satzes. Und sie sind nicht einfach eines Tages so aufgewacht! Diese Karten repräsentieren die Krönung von Lernen, Übung, Nachdenken und Erfahrung. Nach dem unkultivierten Optimismus der Buben und den Naturgewalten in den Rittern bieten uns die Königinnen einen Augenblick des Innehaltens. Sie sind stille Wasser, aber gründen tief: Sie sammeln die Energie ihres Satzes in sich und hüllen sich in ihre Macht ein. Eine brennt hell und strahlend, eine andere verkündet kluge, scharfsichtige – manchmal brutale – Wahrheiten. Eine hält einen sicheren Raum für die Stimme des Herzens frei und eine ist mit tiefen Wurzeln in der Festigkeit und den Empfindungen der physischen Welt verankert. Eine jede von ihnen versteht nicht nur ihren Satz, sondern fungiert auch als seine Wächterin.

Wie alle Karten haben auch die Königinnen ihre weniger angenehmen Seiten. Entsprechend dem Grundton (und dem zentralen Symbol) eines jeden Satzes haben die Königinnen der Schwerter und der Stäbe eher das Potenzial, stachlig und verletzend zu sein, als die Königinnen der Münzen und der Kelche. Diese neigen dafür im schlechtesten Fall zu Materialismus beziehungsweise Fügsamkeit. Im Großen und Ganzen erscheinen diese Karten jedoch nicht in einer Legung, um Ärger zu machen. Allerdings würde ich niemals dazu raten, ihnen ohne jede Wachsamkeit zu begegnen – das Tarot ist immer für Überraschungen gut! Aber wenn eine dieser Grandes Dames erscheint, um eine Runde durch den Raum zu drehen, gilt im Allgemeinen der alte Medizinerspruch »Wenn du Hufschlag hörst, denk an Pferde, nicht an Zebras«: Die wohlwollende Interpretation trifft häufiger zu als die andere.

Erschwert wird die Deutung der Königinnen manchmal gerade für diejenigen, die erst mit dem Tarot anfangen, durch die Tatsache, dass sie tendenziell nicht auf das Handeln ausgerichtet sind. Sie fordern dich nicht wirklich auf, etwas zu tun oder auch nur deine Perspektive zu ändern. Eine jede Königin zeigt eher eine Stimmung als eine Richtung an. Wie mir schon oft aufgefallen ist, sind sie aus genau diesem Grund die Hofkarten, bei denen es den Menschen am leichtesten fällt, sie mit Freunden, Bekannten oder Familienmitgliedern zu identifizieren: Menschen, die sie bewundern und zu denen sie aufschauen. Es kann sehr vorteilhaft sein, dieser Spur zu folgen: Diese Karten ermöglichen uns oft, über das Netzwerk von Unterstützung und Stärke nachzudenken, das uns aufrecht hält. Aber es kann sich auch lohnen, ernsthaft auszuloten, wie eine Königinnenkarte sich zu deinem eigenen Selbst verhält. Lebt sie mit dir? Würdest du dir das wünschen?

Es gibt nicht so viele Wörter im Englischen, die eine positive Bezeichnung für starke erwachsene Frauen sind. Tatsächlich haben sogar diejenigen, die als Kompliment begonnen haben oder zumindest als neutrale, faktische Benennungen – *virago* (eigentlich Heldenjungfrau, heute Mannweib), *matron* (Matrone), *beldam* (alte Frau/alte Hexe) – mit der Zeit irgendwie Flecken in Form von geringschätzigen oder höhnischen Untertönen bekommen. *Queen* (Königin) gehört zu den wenigen, die noch übrig sind, und es hat etwas Wunderbares, dass dem Wort *queen* ein neues Leben als genderneutraler Begriff der Anerkennung geschenkt wurde. In der modernen Welt sind Königinnen die Menschen, die wissen, wer sie sind, wie sie beschaffen sind und wozu sie fähig sind. Und die Königinnen im Tarot fragen dich auf ihre Weise: Weißt du das auch?

Die Könige: Große Energie (der Sätze)

Es gibt eine lange Reihe von Büchern, die ich liebe, seit ich sie vor beinahe 25 Jahren zum ersten Mal gelesen habe, und die am Ende für mich zum Schlüssel für das Verständnis der Könige des Tarots wurden: Die magischen Tortall-Romane von Tamora Pierce, die im Mittelalter spielen. Ihre Protagonistinnen sind allesamt kriegerische Mädchen, aber in den ersten vier Bänden, die unter dem Titel *Alanna – Das Lied der Löwin* in einem Band erschienen sind, ist die zweitwichtigste Figur ein Prinz, dessen Weg darin besteht, die Last einer Führungsrolle schultern zu lernen: Er muss seine eigenen Wünsche beiseitestellen und zu einem Herrscher heranwachsen, der das Richtige für sein Volk tut. Wir begegnen ihm im Laufe von zwölf oder mehr Büchern immer wieder, und dabei wird zweierlei herausgestellt: Erstens, dass er ein hervorragender König wird, der in der Geschichte seines Reiches ein goldenes Zeitalter herbeiführt, und zweitens, dass viele Menschen denken, er sei ein ziemlicher Mistkerl. Nachdem sie ihn kennengelernt hat, erklärt eine junge Kriegerin trocken, ihr Vater hätte vielleicht recht gehabt, ein guter König sei nicht immer ein guter Mensch.

So musst du dir im Grunde die Könige des Tarots vorstellen. Sie sind hervorragend in dem, was sie tun, aber das heißt nicht unbedingt, dass du sie mögen wirst. Ihr Handeln wird vom allgemeinen Wohl geleitet (oder sollte das zumindest), und sie haben einen langen Atem. Ein jeder ist Meister in der Energie seines Satzes: Er kann sie leiten und dafür sorgen, dass sie in seiner Umwelt wirkt. Die Könige können eine strenge und dominante Macht sein – selbst der emotionalste von ihnen, der König der Kelche, repräsentiert eine Strukturiertheit, an der du dich messen und deine eigenen Grenzen entdecken kannst. Die Könige versuchen nicht, dich zu gewinnen. Sie denken vermutlich überhaupt nicht an dich – oder zumindest nicht an dich als Individuum mit Hoffnungen, Bedürfnissen, Wünschen und Sehnsüchten jenseits des Kollektivs. Ihr Ziel ist nicht, von dir ins Herz geschlossen zu werden, sondern zu tun, was getan werden muss.

Und das muss man letztlich auch respektieren. Es zeugt von Mut und starker Überzeugung, wenn man sich nicht darum kümmert, ob Menschen einen mögen, wenn man nach seinen Prinzipien lebt und fähig ist, im Dienst seiner Ideale ein gewisses Maß an persönlichem Komfort zu opfern. Wenn du bei einem König an jemanden in deinem Leben denkst, den er repräsentiert, dann ist es wahrscheinlich eine einflussreiche Person oder eine, die für dich eine Autorität ist. Wenn also die Könige auftauchen, laden sie dich oft dazu ein, zu überlegen, wie du mit dieser Art von Figur zurechtkommst. Hast du Ehrfurcht vor ihnen? Findest du sie einschüchternd? Empfindest du Groll wegen der Tatsache, dass sie dich nicht wirklich wahrzunehmen scheinen, dass ihr Blick auf den Horizont gerichtet ist? Ist es in Ordnung, wenn du sie nicht immer gernhast?

Noch pointierter werden diese Fragen, wenn du über die Könige als Aspekte deiner selbst nachdenkst – besonders als Aspekte, die du vielleicht unterdrückst. Gibt es Gelegenheiten, bei denen du dich kleiner machst und fügsamer bist, weil du dich vor dem fürchtest, was die Leute über dich denken würden, wenn du das nicht tätest? Könntest du mit dem Gedanken leben, dass jemand wütend, verärgert, aufgebracht oder frustriert auf dich reagiert, wenn dein Verhalten im Dienste von etwas stand, von dem du wusstest, dass es richtig war? Wie die Königinnen sind auch die Könige im Tarot von innen her motiviert und beziehen ihr Gefühl von Sinnhaftigkeit und Erfüllung eher aus ihrem Inneren, als dass sie äußere Bestätigung suchen. Aber ihr Handeln wirft tendenziell einen längeren Schatten, und sie sind wesentlich stärker mit dem Status von Erfolg in der Welt identifiziert: Sie sind Experte, Visionär, Patriarch und Tycoon. Diese Identitäten empfinden die Menschen nicht immer als angenehm, und es kann schwer sein, sich einzugestehen, dass sie irgendwo im eigenen Selbstgefühl einen Platz haben können.

Der Kontrapunkt zu der Ansicht, dass gute Könige nicht immer gute Menschen sind (obwohl manchen auch beides gelingt), ist, dass schlechte Könige ohne Zweifel absolut fürchterlich sind. Die Schattenseiten der Könige des Tarots stellen sich als eine vielfältige Reihe von Schurken dar: der Missbrauchstäter und der meisterhafte Manipulator; der Geizkragen, der Milliarden hortet und von seinem Palast aus zuschaut, wie die Welt Hunger leidet; der elitäre Intellektuelle, der keinerlei Wert in jemandem sieht, der nicht den gleichen Hintergrund hat wie er; der Größenwahnsinnige, der vielleicht seine gesamte Zeit auf den Versuch verwendet, einmal in den Weltraum zu reisen. Es wäre schön sich vorzustellen, dass es solche Leute nicht gibt, aber leider ist das offensichtlich der Fall. Mit diesen Karten gibt uns das Tarot eine Chance anzuerkennen, wie schwierig und destruktiv solche Leute sein können, wenn sie mit ihren schweren Bösewicht-Stiefeln überall herumtrampeln, und es spricht zugleich eine Warnung an jeden aus, der selbst in dieser Richtung unterwegs sein könnte.

Letzten Endes ist es wichtig, beim Auftauchen eines Königs keine voreiligen Schlüsse zu ziehen. Auf der persönlichen Ebene sind die Könige nicht immer die einfachsten Charaktere, aber sie sind die Zugmaschinen ihrer Sätze und nutzen deren Rohenergie, um ihr Lebenswerk voranzutreiben. Manchmal sind sie genau das, was nötig ist.

Höfische Etikette

Hoffentlich sind inzwischen die Unterschiede zwischen den Hofkarten klarer geworden. Aber es gibt auch einige Techniken, die dir helfen können, sie in deinem Gedächtnis zu verankern und sie bei einer Legung mit Selbstvertrauen zu interpretieren.

Auf der praktischen Ebene solltest du beim Auftauchen einer Hofkarte in einer Legung als Erstes fragen, ob sie sich vertraut anfühlt. Erkennst du diese Figur? Erinnert sie dich an jemanden? Eine Hofkarte kann ein Freund, eine Freundin, ein Familienmitglied, ein Kollege, eine Kollegin sein – jede beliebige Person. Ich weiß, dass wir das bei der

Beschreibung der einzelnen Karten bereits gesagt haben, aber es darf ruhig noch einmal wiederholt werden: Lass dich von den traditionellen Benennungskonventionen dieser Karten nicht in deiner Vorstellung davon einschränken, wen sie repräsentieren könnten. Dass eine Karte eine Königin zeigt, heißt beispielsweise keineswegs, dass sie für eine mächtige Frau steht. Es wäre falsch, zu sagen, du solltest die äußeren Kennzeichen für Männlichkeit und Weiblichkeit, mit denen diese Karten spielen, einfach ignorieren – vielmehr kann es sehr hilfreich sein, sie als Linse zu benutzen, um die Nuancen ihrer Bedeutung zu erkunden. Aber behandle die Karten nie wie ein festgelegtes binäres System und vergiss nicht, dass Menschen jeglichen Geschlechts die Eigenschaften sämtlicher Hofkarten verkörpern können.

Während es einem das Rider-Waite-Smith-Deck und viele andere traditionelle Tarotdecks nicht immer leicht machen, die Universalität dieser Karten wahrzunehmen, gibt es andere, moderne Decks, die die Dinge anders angehen. Sie bieten alternative Möglichkeiten an, die vier Hofpositionen zu bezeichnen, die du vielleicht hilfreich findest, um die Rolle eines jeden Archetyps im Satz zu erschließen. Das *Tarot of the Crone* von Ellen Lorenzi-Prince befasst sich beispielsweise mit der Macht der älteren Frau und benennt die Karten in *Beast* (wildes Tier), *Witch* (Hexe), *Grandmother* (Großmutter) und *Shadow* (Schatten) um. Cedar McCloud stellt sich in *The Numinous Tarot* König und Königin als Mystiker und Schöpferin vor. Ari Wisner hat uns das *Transient Light Deck* geschenkt, in dem der Hof mit *Crown* (Krone), *Keeper* (Hüter*in), *Champion* (Meister*in) und *Apprentice* (Lehrling) genderneutral neu konzipiert ist.

Wenn dich die Hofkarten nicht an jemanden erinnern,

den du kennst, dann gibt es noch einen weiteren, sehr bedeutenden Blickwinkel zu bedenken. Manchmal laden sie dazu ein, den Blick nach innen zu richten. Wir stellen uns eine Hofkarte gerne als Vertreterin einer Person vor, die einen mächtigen Einfluss auf dein Leben ausübt … und wer hat eine größere Wirkung auf dein Leben als du selbst? Mit diesem Gedanken im Hinterkopf ist es bei deinem Bemühen, diese Karten in den Griff zu bekommen, eine wertvolle Übung, dir aufzuschreiben, welches Verhältnis du zu einer jeden von ihnen hast. Wann hast du einmal den Buben der Kelche verkörpert? Wie sieht ein Moment im Zeichen des Ritters der Stäbe für dich aus? Das sind alles unterschiedliche Facetten deines Selbst, und auch wenn manche dominanter sein können als andere, gibt es nur selten jemanden, der nicht ein klein wenig von jeder einzelnen Energie irgendwo in sich trägt.

Wenn du so weit bist, dass du die feinen Unterschiede zwischen den Hofkarten wirklich kennenlernen willst, dann schlagen wir dir vor, das zu tun, was du vielleicht bei einer Begegnung mit wirklichen Personen tun würdest: Setze sie um einen runden Tisch und stelle Fragen. Versuche einmal, alle 16 Karten zu ziehen und zwar paarweise. Was würde der Bube der Stäbe frühstücken und was hätte die Königin der Schwerter dazu zu sagen? Wie würde der Ritter der Kelche mit einer Trennung umgehen, verglichen mit dem Ritter der Schwerter? Was könnte uns der Bube der Münzen über Veränderung lehren, und was würde der König der Kelche anders machen? Vielleicht kannst du dir eine fabelhafte imaginäre Dinnerparty für sie ausdenken? Welche Karte würde neben welcher sitzen? Wer würde eine geistreiche Konversation führen? (Die Königin der Münzen wäre charmant.) Und wer würde nie wieder eingeladen werden?

Kapitel 9

Das Verhalten der Großen Arkana

Falls dir je schon einmal Tarotkarten begegnet sind, dann vermutlich am ehesten diese. Die Großen Arkana sind die Trumpfkarten des Decks, und ich betrachte sie gerne als seine missverstandenen Prominenten. In der Unterhaltungskultur wimmelt es von Bildern aus dem Tarot – jeder hat schon mal einen Film oder eine Fernsehshow gesehen, in dem die Liebenden, der Gehängte oder der Tod (von dem es, wie du vielleicht aus der Serie *Father Ted* weißt, »nur einen in jedem Deck geben sollte«) auftauchen. Neun von zehn Mal sieht die fiktive Tarotleserin darin ein absolut unsinniges Omen für Unheil, das zwar zur Handlung des Films passt, aber keinerlei Bezug zum Tarot hat. Nach diesem Kapitel wirst auch du dich darüber ärgern können (oder amüsiert sein), wie übel diese Karten missdeutet werden!

»Große Arkana« bedeutet wörtlich »große Geheimnisse«, und das Auftauchen dieser Karten in einer Legung lädt uns dazu ein, über die erdbebenartigen Veränderungen zu sprechen, die manchmal unser Leben erschüttern. Aber nimm sie nicht für bare Münze. Halte dich unbedingt daran, dass die Karten des Tarots nicht wörtlich genommen werden dürfen und nur selten das bedeuten, was man auf den ersten Blick zu sehen meint. Willkommen in der

Stadt der Metaphern, Einwohnerzahl: 22. Die Karte mit einer schwangeren Frau darauf bedeutet nicht, dass du demnächst ein Baby bekommst. Der Teufel hat sehr wenig mit dem Satan zu tun. Die Liebenden? Nicht wirklich die Prophezeiung einer erfolgreichen Beziehung (tut mir leid). Nach unserer Erfahrung ist es besonders wichtig, diesen Punkt herauszuarbeiten, wenn bei einer Legung für jemand anders die Karten mit den eher alarmierenden Namen erscheinen – jeder fühlt sich besser, wenn du ihm versicherst, dass du nicht im Begriff bist, ihm seinen vorzeitigen Tod anzukündigen. Das tust du nicht. Das kannst du auch gar nicht.

Entscheidend ist auch, immer daran zu denken, dass das die komplexesten Karten sind, die man bei einer Deutung interpretieren muss. Eine jede hat viele Bedeutungsschichten, die ineinandergefaltet sind wie die Blütenblätter eine Rose. Die Großen Arkana zu lesen heißt, viele Bedeutungsebenen zu durchschreiten und bei jeder zu schauen, ob sie passt. Und du wirst feststellen, dass die Karten durch die Übung nicht etwa leichter verständlich werden, sondern dass du bei jeder Begegnung mit einer dieser Karten neue Facetten entdecken wirst.

Auch wenn die Karten nicht immer bedeuten, was sie dem Anschein nach nahelegen, kann man doch getrost sagen, dass alle 22 Karten der Großen Arkana etwas Wichtiges zu sagen haben und es dir IN GROSSBUCHSTABEN mitteilen wollen. Wenn es um Gefühle geht, sind es große Gefühle. Glück wird so rein dargestellt, dass es ein nacktes Kleinkind auf dem Rücken eines Pferdes an einem sonnigen Tag ist. Unglück ist ein Turm, in den der Blitz einschlägt und von dessen Zinnen Menschen herabstürzen. Wie die Kleinen Arkana haben auch diese Karten eine Schattenseite – und manchmal sind diese Schatten außerordentlich lang. Diese Karten kann man bei einer Legung nicht unter den Teppich kehren, und sie steuern auch nicht nur ein bisschen Wattierung und subtile Schattierung zu einer Legung bei. Diese Karten verlangen, dass man von ihnen Notiz nimmt.

Das kann ein wenig beängstigend sein – deshalb empfehlen wir, zuerst die Kleinen Arkana zu lernen. Es gibt zweieinhalbmal so viele Kleine Arkana in einem Deck wie Große Arkana, folglich siehst du sie allein aufgrund der statistischen Wahrscheinlichkeit weniger häufig, ganz gleich, welche Kräfte des Schicksals und Glücks du Tarotdeutungen zuschreiben magst. Die Großen Arkana werfen fast immer viel Gewicht in die Waagschale und verschieben den Schwerpunkt bei einer Deutung oder provozieren sehr offene und intime Gespräche. Doch normalerweise erscheinen sie flankiert von den Kleinen Arkana, die die Nuancen und die sanftere Führung beisteuern sowie den dringend benötigten Puffer zwischen den Ratsuchenden und den vollkommen taktlosen Großen Arkana.

Geschwisterkarten und die Verbindung zu den Sätzen

Es kann einige Zeit brauchen, die Beziehungen zwischen den Großen und den Kleinen Arkana lesen zu lernen – allerdings wird einem das mit wachsender Übung fast zur zweiten Natur. Was einem als Anfänger hilft, ist unter anderem das Wissen, dass alle Großen Arkana einem der vier Elemente der Kleinen Arkana zugeordnet sind. Zu wissen, welche Karte zu welchem Element gehört, kann dir helfen, die Verbindung zwischen den Karten zu sehen und zu verstehen, ob die Kleinen Arkana in einer Legung die

Energie der Großen Arkana verstärken, ergänzen, ausgleichen oder mit ihr zusammenstoßen:

Die **Wasserkarten** (Kelche) sind: Die Hohepriesterin, Der Wagen, Der Gehängte, Tod und Der Mond.

Die **Feuerkarten** (Stäbe) sind: Der Herrscher, Kraft, Rad des Schicksals, Mäßigkeit, Der Turm, Die Sonne und Gericht.

Die **Erdkarten** (Münzen) sind: Die Herrscherin, Der Hierophant, Der Eremit, Der Teufel und Die Welt.

Die **Luftkarten** (Schwerter) sind: Der Narr, Der Magier, Die Liebenden, Gerechtigkeit und Der Stern.

Auf der praktischen Ebene heißt das etwa, wenn du die Karte Der Wagen ziehen würdest – eine Karte der Willenskraft, Entschlossenheit und Vorwärtsbewegung –, und dazu einen der Ritter des Tarots, die alle auch sehr eigensinnig sind, ergäbe das ganz klar das Gefühl, dass die Fragestellerin kurz davor steht, in Aktion zu treten. Der Ritter der Kelche würde die Energie des Wagens verstärken, auf Gedeih und Verderb, und zu der Interpretation führen, man solle seinem Herzen und seiner Leidenschaft folgen. Der Ritter der Schwerter würde die Karte ergänzen und eine Verbindung von Herz und Verstand ansprechen, was darauf hinweist, dass die Fragestellerin diese ziemlich wichtigen Aspekte des Selbst beide zum Tragen bringt, wenn sie ihr Ziel verfolgt. Der geerdete, solide Ritter der Münzen würde ein Stück weit die vorwärtsdrängende Energie des Wagens ausgleichen, sodass die Fahrt etwas weniger wild ausfällt und dafür eher ein Vorstoß in eine Richtung ist, von der du weißt, dass sie stimmt. Und der Ritter der Stäbe könnte sich wie ein beunruhigender Zusatz anfühlen: Wie ein Zusammenstoß von Feuer und Wasser, der eine Wandlungskraft sein könnte, aber wahrscheinlich eher eine Warnung, dass etwas nicht in Ordnung ist und dass gleich die Räder abfallen.

Es gibt keine festgelegte Regel dafür, wie die verschiedenen Karten zusammenwirken – und teilweise hängt die Deutung vom Kontext ab, von der Fragestellung und von den eigenen Erfahrungen der Fragenden. Aber du wirst deine Deutungen befriedigender finden (besonders bei den Großen Arkana), wenn du die Karten nicht als separate, hermetisch abgeschlossene Objekte ansiehst, sondern als Zutaten eines Kochrezepts. Manche fallen mehr ins Auge als andere, aber die Magie entsteht durch die Beziehungen untereinander. Die Karten des Tarots stehen im Dialog miteinander, wobei sie manchmal die Botschaften der anderen verstärken und manchmal eine weitere Sichtweise hinzufügen oder Annahmen anfechten. Das gilt gleichermaßen für die Großen Arkana wie auch für die Verbindung zwischen den Karten der Großen und der Kleinen Arkana.

Die Reise des Narren

Die Karten der Großen Arkana folgen einem Weg, der von 0 bis 21 durchnummeriert ist. Die Position einer jeden Karte im Deck und die Identität ihrer Nachbarkarten kann ihre Bedeutung durch einen zusätzlichen Kontext erweitern. Die Tarotkennerin Rachel Pollack schreibt dazu: »Jeder neue Trumpf baut auf dem vorherigen auf und bereitet den nächstfolgenden vor.«[17] Der Erzählbogen der

22 Karten beschreibt eine Heldenreise – genau die Geschichte, die du wieder und wieder in der Literatur und in Filmen gesehen hast, von der *Odyssee* bis zu *Die unendliche Geschichte*, vom *Krieg der Sterne* bis zu *Girls Club – Vorsicht bissig!*

Der Zyklus beginnt mit dem unendlichen Potenzial von Der Narr (der die Zahl 0 hat, was bedeutet, dass er überall im Deck stecken könnte – der kleine Schlingel – und der Protagonist der Geschichte ist), der den Sprung ins Ungewisse wagt, wenn er zu einem neuen Abenteuer aufbricht, voller Hoffnung und Optimismus. Auf dem Weg findet er Freunde, Menschen, die ihn führen, und Feinde. Er stößt auf Hindernisse, die er überwinden muss. Er erlebt Augenblicke der Freude und der Selbsterkenntnis und muss auch mit Verlusten und der dunklen Nacht der Seele fertigwerden. Die letzte Karte der Großen Arkana ist Die Welt, mit der der Abenteurer ans Ende seiner Reise gelangt und über die Lektionen nachdenken kann, die er gelernt hat, um dann den Zyklus wieder von vorne zu beginnen.

Du musst am Anfang nicht unbedingt die Reihenfolge der Trumpfkarten im Kopf haben, aber manchmal ist es hilfreich zu wissen, welche Karten aufeinander folgen und welche näher am Anfang oder am Ende der Folge der 22 stehen. Das beste Beispiel dafür ist das ziemlich vertrackte Stück in der Mitte, wo du am Gehängten und am Tod vorbeikommst, ehe du einen kurzen Zwischenstopp bei der unergründlichen Mäßigkeit einlegst und dann zum Teufel und zum Turm kommst. Die beiden benachbarten Paare sind beide schwierig und haben eine Verbindung zueinander. Der Gehängte ist eine Karte der Geburt, des Aufenthalts in einem Schwellenbereich und der Frage, ob er nun in die Transformation hineingehen soll oder nicht, während der Tod eine Veränderung anspricht (oder ein Ende), die auf jeden Fall eintritt und dich verwandeln wird, ob du das willst oder nicht. Der Teufel hat damit zu tun, dass man in einem Muster festhängt, das sich unentrinnbar anfühlen kann, während es beim Turm um den plötzlichen – oft schockierenden – Einsturz von Strukturen geht, die sich ewig und unangreifbar angefühlt hatten.

Unmittelbar nach diesem Quartett von Herausforderungen und Unannehmlichkeiten trittst du dann ins Freie, unter einen weiten, offenen Himmel: unter den Stern, der Hoffnung, Heilung, Stille und Frieden symbolisiert; den Mond, der vom Zulassen des Unbewussten handelt (was nicht immer ideal, aber dennoch befreiend ist); und dann unter die Sonne, die für Freude steht, für einen Moment, in dem man die Wärme des Lichts genießt. Das ist kein Zufall: Die Himmelskarten sind reife Karten, die dir die Chance bieten, über deine Erfahrungen nachzudenken, anzuerkennen, dass diese Erfahrungen vielleicht nicht leicht waren, und zu entscheiden, wie du zu dem Ganzen stehst. Am Anfang der Reihe hast du auch die Hochzeit von Herrscherin und Herrscher, die eingerahmt sind von einem weiteren weiblich-männlichen Paar, der Hohepriesterin und dem Hierophant. Und ganz am Ende hast du das Gericht und die Welt, wobei Ersteres die Letztere ankündigt, genau wie die Neunen bei den Kleinen Arkana schon einmal andeuten, was bei den Zehnen kommt.

Die Großen Arkana kennenlernen

Manchmal findest du kompakte Tarotdecks, die nur die Großen Arkana enthalten. Es kann sehr interessant sein, sie zu deuten, besonders, wenn du in einer Verfassung vom Typ »ganz oder gar nicht« bist. Ein Deck, das wir beide mögen, ist *The Autonomic Tarot* von Sophy Hollington und David Keenan, das 30 Karten umfasst. Dort ist die Darstellung einiger Großer Arkana verändert und es enthält auch zwei Karten für jeden Satz der Kleinen Arkana, um ihre Endpunkte einzubeziehen. Lesarten auf diese Weise zu erkunden, kann eine wertvolle Übung sein. Die Großen Arkana erzählen die Geschichte der Lebensreise, und sie können auch als eigenständiges Narrativ existieren, bevölkert von Archetypen, die wir alle in uns tragen und in größerem oder kleinerem Maße aus Erfahrung kennen. Sie nehmen kein Blatt vor den Mund, aber sie haben auch wichtige Geschichten zu erzählen.

Die größte Herausforderung bei diesem Teil des Tarots ist die Komplexität der möglichen Bedeutung dieser Karten. Jede von ihnen lässt sich auf vielfältigen Ebenen interpretieren, und die meisten Deutenden entwickeln persönliche Assoziationen zu allen – manche sehen sie liebend gerne, andere hassen sie, und fast alle sind mit Bedeutungen aufgeladen, die aus ihren eigenen Erfahrungen stammen. Für jede Person, die ein intuitives Verständnis für eine bestimmte Karte hat, steht eine andere, die wirklich zu kämpfen hat, um sie zu begreifen: Aus diesen Karten kann man unmöglich eine reine Essenz herausfiltern oder sie zu einer soliden Form kristallisieren lassen. Der Schlüssel dazu, sie kennenzulernen und Freude an ihnen zu haben, ist, dass man sich erlaubt, all ihre verborgenen Tiefen, ihre Herausforderungen und ihre Gaben auszuloten: bereitwillig zu akzeptieren und sich nicht davon entmutigen zu lassen, dass jede von ihnen eine große Vielfalt birgt.

Kapitel 10

Die Großen Arkana

0	*Der Narr*
I	*Der Magier*
II	*Die Hohepriesterin*
III	*Die Herrscherin*
IV	*Der Herrscher*
V	*Der Hierophant*
VI	*Die Liebenden*
VII	*Der Wagen*
VIII	*Kraft*
IX	*Der Eremit*
X	*Rad des Schicksals*
XI	*Gerechtigkeit*
XII	*Der Gehängte*
XIII	*Tod*
XIV	*Mäßigkeit*
XV	*Der Teufel*
XVI	*Der Turm*
XVII	*Der Stern*
XVIII	*Der Mond*
XIX	*Die Sonne*
XX	*Gericht*
XXI	*Die Welt*

DER NARR (0)

Zuversicht, Optimismus, Hoffnung, Risiken, Anfänge, Idealismus, Angst vor dem Scheitern, sich bremsen

Niemand will im Alltagsleben als Narr bezeichnet werden, und das ist auch verständlich. Beim Tarot gelten jedoch ganz andere Regeln. Hier, im Land der Karten, ist es ganz und gar keine Beleidigung, den Narren zu ziehen.

Als erste Karte der Großen Arkana steht der Narr für den Ausgangspunkt der Lebensreise. Er ist das noch ungeformte Selbst, das zu einem großen Abenteuer aufbricht, frei von Vorurteilen und früheren Erfahrungen, die seine Erwartungen prägen. Deshalb tut er auf der Darstellung im Rider-Waite-Smith-Deck etwas, das so aussieht, als sei es eine sehr schlechte – wenn nicht törichte – Idee: Er ist im Begriff, über einen Felsvorsprung hinaus ins Bodenlose zu treten. Aber das ist in Ordnung! Ungeachtet der Gesetze der Physik wird er nicht in den Tod stürzen! Die Essenz des Narren ist der reine Optimismus, und seine Gabe ist die Kraft, Risiken einzugehen und ins Unbekannte vorzustoßen, um seinen Sehnsüchten zu folgen.

Sooft diese Karte erscheint, fordert sie dich auf, zu überlegen, wohin dein Herz dich führt und ob du dich irgendwo zurückhältst, wo das nicht nötig wäre. Gibt es ein Vorhaben, eine Verbindung, eine Idee, die du gerne auf den Prüfstand stellen würdest, die du dir aber als dumm und unrealistisch ausgeredet hast? Der Narr glaubt nicht an das Wort »dumm«! Gibt es etwas, das du tun möchtest, dich aber nicht auszuprobieren traust – etwas, von dem du fürchtest, es könnte schiefgehen und du wärst hinterher nur verletzt und traurig? Der Narr erinnert uns daran, dass es leider keinen Weg gibt, Verletzung und Trauer im Leben zu vermeiden – sie gehen Hand in Hand mit der Freude, sind der Schatten, den ihr Licht wirft. Gibt es etwas, das du dir erst erlauben wirst, wenn …, falls …, irgendwann einmal, *mañana, mañana?* Der Narr sagt: Die Zeit ist *jetzt*. Er glaubt, das Schlimmste sei, grau in grau zu leben, voller Angst, etwas zu probieren, weil du damit scheitern könntest. Er glaubt, dass die Belohnung mit strahlend bunten Farben das Risiko wert ist.

Der Narr ist ein fest etablierter Archetyp. In der Literatur ist er oft prophetisch, er sieht klarer und spricht wahrhaftiger als die anderen um ihn herum. Shakespeares Hofnarren stehen außerhalb der sozialen Hierarchie, was ihnen erlaubt, sie zu kommentieren, und das, was sie sehen, in Form von Rätseln verschlüsselt auszusprechen und so die Möglichkeit aufzutun, die Ordnung der Dinge zu ändern. Robin Hobbs *Fool* mit den vielen Gesichtern wechselt nach Belieben zwischen einer männlichen und einer weiblichen Identität hin und her, manchmal Dummheiten machend, manchmal ernst, aber immer bestrebt, die Menschen um sich herum von ihrem Kurs abzubringen und zu einem Handeln zu bewegen, das die Welt zu einem besseren Ort machen wird. Dabei sollte man im Auge behalten, dass diese Figur nicht vollkommen naiv ist. Der Narr verkörpert jugendlichen Optimismus, aber das heißt nicht, dass er nicht auch ein Ziel hat und dass dieses Ziel durchaus hochgesteckt sein kann. Diese Karte kann Träume und Ideale ansprechen, die außerhalb deiner Reichweite zu liegen scheinen, und dich fragen: Sind sie wirklich so weit weg?

Du weißt nie, was dich erwartet. Aber wenn du zulässt, dass dich Ängste und Bedenken bremsen, wirst du es auch nie herausfinden. Es ist nicht leicht, sich auszusetzen, Risiken einzugehen, das Herz auf der Zunge zu tragen oder zu springen und zu hoffen, dass dich jemand oder etwas schon auffangen wird. Aber der Narr erinnert uns daran, dass es mutig ist, das zu tun, und oft notwendig. Diese Karte erinnert uns daran, dass Hoffnung ganz und gar nicht närrisch ist.

FRAGEN, DIE DU STELLEN SOLLTEST, WENN DU DIESE KARTE SIEHST:
Bist du bereit, einen Sprung zu wagen? Zögerst du am Rand von etwas Neuem? Worauf hoffst du? Wovor fürchtest du dich? Ist es nicht besser, es zu versuchen, als dich zu bremsen?

DER MAGIER (I)

Energie, Entschlossenheit, Verwirklichung,
fehlender Fokus, Machtmissbrauch, Manipulation

Der Magier hat viele Namen: Seher, Schamane, Prophet, gute Fee, Zauberer oder manchmal sogar einen Götternamen. Joseph Campbell nennt diesen Archetyp in *Der Heros in tausend Gestalten* den »Mentor mit übernatürlicher Hilfe«. In der Kultur, besonders in Film und Literatur, wimmelt es von Beispielen dafür: König Artus hat seinen Merlin; Dorothy hat die gute Hexe Glinda; Harry Potter hat Dumbledore; Peter, Susan, Edmund und Lucy haben Aslan; Link hat Prinzessin Zelda; Karate Kid hat

Mr Miyagi; Neo hat Morpheus; eure Autorinnen haben ihre Agentin; du hast diese Karte. Die Idee dabei ist einfach – du bist auf einer Heldenreise, und der Magier ist dazu da, dir zu helfen.

Normalerweise ist er daher ein willkommener Gast bei einer Legung. Der Magier kann dir helfen, das Gewöhnliche ins Außergewöhnliche, Träume in Wirklichkeit und das Unmögliche in absolut Mögliches zu verwandeln. Er ist eine Art Blitzableiter, der Himmel und Erde, den Makrokosmos und den Mikrokosmos, das Unbewusste und das Bewusstsein verbindet. Er nutzt die Kraft des Universums und lässt diese Energie so manifest werden, wie er will. Man könnte es einen Trick nennen, aber eigentlich repräsentiert der Magier das Privileg der Zuversicht, sei es aufgrund von Bildung, Reichtum, Liebe, Rückendeckung oder besonderer Führung. Diese Karte macht dich frei, deine höchste Vision auszudrücken. Der Magier hat die ultimative Supermacht: Er wird nicht von selbstbeschränkenden Glaubenssätzen behindert.

Oft wird diese Figur männlich dargestellt, aber mich erinnert sie auch an Jerry Hall: Model, Texanerin, ikonische Blondine. Vor vielen Jahren gab sie an Weihnachten Lesern und Leserinnen in einer Zeitungskolumne Ratschläge, wie sie durch die Partys an den Feiertagen kommen sollten. »Sie tun den anderen Gästen etwas Gutes, wenn Sie bei der Ankunft einen fabelhaften Auftritt hinlegen«, schrieb sie. »Wenn Sie einen Raum betreten, lassen Sie den Blick quer durch den Raum gleiten und winken einer weit entfernten Ecke zu, als hätten Sie dort jemanden entdeckt, den Sie kennen, dann gehen Sie zielstrebig in diese Richtung.« Was für ein Statement! Das ist wahrlich eine Magierin in ihrem Element.

Wenn diese Karte auftaucht, eröffnet sie die Frage, ob

und wie weit du dich in der Lage fühlst, dich zuversichtlich auf das einzustellen, was du erreichen möchtest. Vielleicht erkennst du dich im Magier wieder, aber er kann sich auch wie eine vollkommen fremde Energie anfühlen. Normalerweise ist diese Karte eine Einladung, an dich zu glauben, kühn und furchtlos zu sein und dich nach deinen Vorstellungen und Zielen zu richten, als hättest du einen direkten Draht zum Himmel. Natürlich kann es auch Zeiten geben, in denen du deine Macht ein wenig zügeln musst. Du bist nicht der einzige Magier, die einzige Magierin auf der Welt, und obwohl deine Stadt groß genug für euch alle sein kann, könnte es auch mal Funken sprühen, wenn niemand Zugeständnisse machen will. Wie kannst du deine Gabe mit anderen teilen? Wie kannst du Raum für andere schaffen?

Der Magier repräsentiert eine Übereinstimmung von Anstrengung, Absicht und den richtigen Bedingungen. Hier geht es darum, alle Aspekte deiner selbst zum Tragen zu bringen und ein Problem oder eine Chance als ein integriertes Ganzes anzugehen: mit Kopf, Körper, Herz und Seele (dementsprechend wird der Magier in vielen Decks umgeben von den vier Assen der Kleinen Arkana dargestellt). Das Wissen um dich selbst und die Stärke deiner Überzeugung sind nichts, wofür du dich schämen bräuchtest: Sie sind mächtige Kräfte, die zu großen Leistungen genutzt werden können.

FRAGEN, DIE DU STELLEN SOLLTEST, WENN DU DIESE KARTE SIEHST: Was ist dein Ziel? Was motiviert dich? Hast du Selbstvertrauen? Bist du überheblich? Was ist das größte Hindernis für dich? Zu wem schaust du auf und wie kannst du dir ein wenig vom Glanz dieser Person aneignen?

DIE HOHEPRIESTERIN (II)

Mystik, Intuition, Instinkt, Wahrnehmungsvermögen, Magie, Irrationalität, Leugnung

Bei der Hohepriesterin geht es um Mystik im ganz traditionellen Sinne: um die Fähigkeit, hinter den Schleier zu blicken, unter die Oberfläche der Dinge, um den Zugang zu verborgenen Wahrheiten. Sie wird in hohem Maße identifiziert mit dem Übernatürlichen, mit hellseherischen Praktiken, mit der göttlichen Weiblichkeit und Spiritualität. Das kann sie zu einer herausfordernden Karte für Deutende und Fragende machen (auch für mich), die eine säkulare Beziehung zum Tarot haben. Man sollte sich vor

Augen halten, dass man nicht wirklich zu wissen braucht, *wie* sie bewirkt, was sie bewirkt, um an ihre magische Kraft zu glauben. Die Macht der Hohepriesterin besteht, anders gesagt, in der Intuition. Unabhängig davon, ob du glaubst, dass die Erklärung für die oft unheimliche Treffsicherheit der Intuition eine wissenschaftliche oder eine übernatürliche ist, kannst du für sie offen sein.

Die Hohepriesterin hat mit den Zeiten zu tun, in denen du auf dein Bauchgefühl hörst. Wir sprechen hier nicht von Aberglauben und Vorahnungen – nur von Zeiten, in denen du ein starkes Empfinden in Bezug auf eine Person oder eine Situation hast. Du kennst das Gefühl, jemanden neu kennenzulernen und dir nach wenigen Worten sicher zu sein, dass dieser Mensch zu deinem Leben gehören wird? Das ist ein Moment der Hohepriesterin. Kennst du Situationen, in denen du das Empfinden nicht loswirst, dass es jemandem, den du kennst, nicht gut geht – auch wenn die Person nichts gesagt hat und du dir ein bisschen albern vorkommst –, und dass du dich nach ihr erkundigen und sie wissen lassen musst, dass du sie liebst? Auch das ist die Hohepriesterin. Und wenn sich etwas nicht richtig anfühlt und du weißt, du musst gehen oder etwas tun oder den Mund aufmachen? Wieder die Hohepriesterin. Die Hohepriesterin steckt in guten Schwingungen, in schlechten Schwingungen und in den unheimlichen. Sie ermutigt dich, sie anzuerkennen und nachzuforschen, was sie bedeuten.

Sie gibt dir allerdings nicht die Erlaubnis, deiner Intuition zu gestatten, dass sie Amok läuft. Manchmal geht es schlecht aus, wenn wir unsere Instinkte unterdrücken und subtile Zeichen, dass etwas nicht stimmt, ignorieren. In meinem Leben hat es Zeiten gegeben, in denen ich jemanden kennengelernt und mich schon beim ersten Gespräch wie eine Katze gefühlt habe, die man gegen den Strich gebürstet hat: Ich war zutiefst überzeugt, dass ich diese Person einfach nicht mag. Oft habe ich dieses Gefühl außer Acht gelassen … und dann hat sich mein Instinkt doch als richtig erwiesen, manchmal ganz leise, manchmal recht dramatisch. (Es endete nicht immer damit, dass ich schrie: »WENN ICH DICH NIE MEHR WIEDERSEHE, IST ES IMMER NOCH ZU OFT!«, aber ich würde lügen, wenn ich sagen würde, das sei nie vorgekommen.) Aber manchmal sind erste Eindrücke auch irreführend oder jemand erkennt nicht, dass das, was er da spürt, keine intuitive Weisheit, sondern ein unbewusstes Vorurteil ist. Bei dieser Karte geht es um die Mäßigung des rationalen Denkens, nicht darum, es zu auszuschalten.

Das ist die eigentliche Gabe der Hohepriesterin. Sie lädt dazu ein, das Irrationale zurückzugewinnen: zu erkennen, dass »irrational« nicht immer ein Schimpfwort ist. Wir sind keine Geschöpfe, die vollkommen logisch denken und handeln, und das sollte auch so sein. Die Irrationalität gehört zu uns. Sie steckt in den Instinkten, die durch tausend Generationen hindurch geschärft wurden. In der Irrationalität ist unsere Intuition zu Hause. Wenn wir diesen Aspekt unserer selbst akzeptieren, wenn wir anerkennen, dass es Gelegenheiten gibt, bei denen er angenommen werden sollte, werden wir meistens dafür belohnt. Und vielleicht, ganz vielleicht öffnen wir dadurch die Tür zur Magie – wenn vielleicht auch nur in ganz bescheidenem Maße.

FRAGEN, DIE DU STELLEN SOLLTEST, WENN DU DIESE KARTE SIEHST: Weißt du, wie du auf deine Intuition hören kannst? Wann lässt du dich von deinem Bauchgefühl leiten? Bist zu jemals zu sehr darauf aus, rational und logisch zu sein? Kannst du zugeben, dass Dinge unerklärlich, aber wahr sind?

DIE HERRSCHERIN (III)

Reifung, das Nähren, Fürsorge, Fülle,
Geduld, Warten, Eile, das Erzwingen

Die Herrscherin wird normalerweise als wunderbar reife, fruchtbare Frau dargestellt: Oft in ruhender Haltung, hochschwanger und bekleidet mit einem Gewand, das mit Granatäpfeln bestickt ist. Ihre Anwesenheit hat Gewicht und Schwere: Sie ist Tochter der Erde, mit ihr verbunden und darüber hocherfreut. Sie ist blühend und schön und strahlt Fruchtbarkeit und Fülle aus. Und wenn sie erscheint, lädt sie dich dazu ein, über das Nähren nachzudenken: über die Dinge, die du hegst und pflegst, bis sie zu voller Süße herangereift sind.

Welche das sind, muss die Fragestellerin entscheiden. Wir finden alle unterschiedliche Dinge, die wir kultivieren möchten: Es kann eine Fertigkeit oder eine Leidenschaft sein, es können Beziehungen oder Freundschaften sein. Es könnte dein eigener Körper sein, deine Kunst, deine Arbeit, dein Geist. Es könnte ein Kind sein – obwohl ich wohl nicht eigens zu betonen brauche, dass die Schwangerschaft der Herrscherin eher metaphorisch als wörtlich zu verstehen ist. Ihre Gabe ist der schöpferische Akt: Es geht darum, ihrem Schützling reichlich Energie und Fürsorge zufließen zu lassen, ihn zu füttern, zuzuschauen, wie er Gestalt annimmt. Sie weiß, dass Dinge, die mit Liebe herangezogen wurden, am schönsten blühen. Sie weiß, dass es unmöglich ist, durch zu viel Güte beschädigt zu werden – nur durch Kälte und Vorenthalten. Die Herrscherin erinnert uns daran, niemals Hunger leiden zu lassen, was uns am Herzen liegt.

Und noch etwas Wichtiges weiß sie: wie man wartet. Die Herrscherin kann sehr, sehr gut warten. Sie weiß, dass alles seine Zeit hat, dass die Dinge kommen, wenn sie reif sind, und wenn man sie drängt, nur blasse Schatten dessen sind, was sie hätten sein können. Sie sind dann oft schwach und zerbrechlich und noch nicht stark genug, den Schlägen der Welt zu trotzen. Manchmal versuchen wir uns zu Handlungen anzutreiben, für die wir noch nicht wirklich reif sind, oder versuchen eine Verbindung zu erzwingen, die nicht genug Zeit hatte, Wurzeln zu schlagen. Manchmal sind wir frustriert von uns selbst oder von anderen, wenn etwas, was wir wollen, nicht schnell genug geht. Die Herrscherin fordert dich auf, zu bedenken, ob das eine faire und richtige Einschätzung der Situation ist. Vielleicht gibt es ja durchaus Bewegung und sie ist einfach nur langsam. Vielleicht läuft schon die Vorbereitung auf einen entscheidenden Schritt – unsichtbar für das bloße Auge, aber deshalb nicht weniger wirklich.

Wenn Menschen sich dem Tarot zuwenden, ist oft das Letzte, was sie hören wollen, dass sie Geduld haben sollen. Als Gesellschaft haben wir uns an sofortige Bedürfnisbefriedigung gewöhnt. Wir können alles kaufen, was wir wollen, gleich auf der Stelle, und es am nächsten Tag geliefert bekommen, selbst, wenn wir nicht das Geld dafür haben. Wenn wir irgendeine Frage haben, finden wir im Internet in Sekundenschnelle die Antwort. Und es gibt immer irgendwo jemanden, der uns Tipps gibt, wie wir im Handumdrehen unsere Ziele erreichen können. Die Herrscherin repräsentiert das Gegenteil dieser Lebensweise. Sie sagt uns, wenn wir Zeit und Mühe aufwenden müssen, um etwas zu schaffen, wissen wir die Früchte unserer Anstrengungen umso mehr zu schätzen (vermutlich ist das der Grund dafür, dass die Menschen IKEA-Möbel so mögen).

Ein wunderbarer Nebeneffekt des geduldigen Dasitzens, das die Herrscherin vormacht, ist, dass man beobachten kann. Man kann all die winzigen Details wahrnehmen, die beim Verstreichen der Zeit ins Auge fallen: Knospen und Blüten, den Flug der Vögel, die Wolken, die am Himmel dahinziehen. Du könntest etwas entdecken, das dir entgangen wäre, wenn du es eilig gehabt hättest. Geduld bringt Rosen – aber manches gedeiht auch schon, solange du wartest.

FRAGEN, DIE DU STELLEN SOLLTEST, WENN DU DIESE KARTE SIEHST:
Was kultivierst oder nährst du in deinem Leben? Versuchst du jemanden, etwas oder dich selbst zur Eile anzutreiben? Gibt es etwas, das schmerzhaft lange zu dauern scheint? Kommst du damit klar, wenn du warten musst?

DER HERRSCHER (IV)

Autorität, Dominanz, Führungsstärke,
Schutz, Sicherheit, Starrheit, Eigensinn

Der Herrscher ist eine Karte, die für eine heutige Tarotleserin schwierig sein kann. In starkem Gegensatz zu der Zeit, als das Tarot erfunden wurde, betrachtet man große Reiche und Herrscher – zu Recht – nicht mehr als etwas Gutes. Und auf dieser Karte ist fast immer eine männliche Autoritätsfigur abgebildet: buchstäblich ein Patriarch.

Sehr häufig wird daher das Erscheinen des Herrschers notwendige Gespräche über Entkolonialisierung, den Abbau des Patriarchats oder Beziehungen zu väterlichen

Autoritätspersonen anstoßen – vor allem zu schwierigen, herrischen. Wenn das die stärkste Reaktion ist, sobald eine Fragestellerin die Karte sieht, dann geh dem nach – die Karte kann und will einen sicheren Raum dafür bieten, über einige heikle Themen zu sprechen. Die alten Systeme hatten zutiefst destruktive und weitreichende Auswirkungen auf Generationen von Menschen. Und ihren Galionsfiguren – den Leuten, die traditionelle Autoritätspositionen innehaben – misstraut man aus gutem Grund. Herrscher bedeuten oft zugleich Unterdrückung, Gleichgültigkeit gegenüber dem Volk, häufig wiederholte und manchmal abgrundtiefe Grausamkeit und Gewalt gegenüber den Untertanen. Die Schattenseite dieser Karte sieht genauso aus, wie man erwarten würde: Sie kann Aspekte von Strukturen und des Ich repräsentieren, die rigide, diktatorisch und gefühllos sind. Sie kann für diejenigen stehen, die ihre Kronen nicht verdienen und vom Thron gestoßen werden müssten.

Aber lass das nicht die Grenze deines Verständnisses dieser Karte sein. Beim Herrscher geht es auch darum, wie du von der Autorität etwas Gutes bekommen und es an andere weitergeben kannst. Autorität heißt in diesem Fall nicht patriarchalische Autorität: etwas, das man durch Status, Geburt oder Identität erlangt. Vielmehr bedeutet das eine Führungsrolle, die durch Mitgefühl und Vertrauen erworben wurde. Der Herrscher kann sich auf Aspekte des Ich beziehen, nach denen zu streben sich lohnt: Die Fähigkeit, Verantwortung zu übernehmen und dabei positive Veränderungen und Situationen für die Menschen um einen herum herbeizuführen; direkt zu sein und zu wissen, wie man verantwortlich handelt, sein Wissen und seine Erfahrung in den Dienst anderer zu stellen ist alles andere als schlecht.

Es gibt einen Satz in Lauren Groffs Roman *Matrix*, der für mein Gefühl sehr schön zusammenfasst, was den Kern der Gabe des Herrschers ausmacht: »Denn es ist eine zutiefst menschliche Wahrheit, dass die meisten Seelen auf Erden erst dann Ruhe finden, wenn sie sich sicher in den Händen einer Macht wissen, die weit größer ist als sie selbst.«[18] Das Entscheidende dabei ist, dass dieses Zitat die Reaktion einer Gruppe von Menschen auf eine großartige Nonne des 12. Jahrhunderts ist, die praktisch im Alleingang das Fortbestehen und Gedeihen einer Abtei im Niedergang und der dazugehörigen Klostergemeinschaft wiederherstellt und sichert. Der Herrscher ist nicht »Der Mann« oder notwendigerweise überhaupt ein Mann. Er ist jemand oder etwas, das Schutz bietet oder die Richtung weist, wenn du das brauchst. Im besten Fall ist dieses Etwas so beschaffen, dass du dich ihm mit Erleichterung überlässt: Ein Arztkittel, eine Pilotenlizenz, eine ruhige, feste Stimme, wenn du in Panik bist, oder allein schon die Ansage »Vorsicht bei der Abfahrt« auf einem Bahnsteig. Der Herrscher steht für Führungsfiguren und Autoritätspersonen, aber auch für Sicherheitsgurte.

Der Herrscher ist eine gewichtige Karte und eine, die im Laufe der Zeit schwierige semiotische Assoziationen bekommen hat – wenn er also bei einer Legung Unbehagen auslöst, dann ignoriere das nicht. Aber er ist auch eine Stelle im Tarot, an der dein Wissen über die tiefere Symbolik der Karte für Ratsuchende außerordentlich wertvoll ist. Der Herrscher kann wohlwollend sein – das Symbol für Kräfte und Menschen, die uns Schutz und Geborgenheit geben, und unter deren Fittichen wir uns sicher fühlen. Es lohnt sich immer, beide Seiten dieser Medaille zu erforschen.

FRAGEN, DIE DU STELLEN SOLLTEST, WENN DU DIESE KARTE SIEHST:
Wen oder was thematisiert diese Karte für dich oder wie fühlst du dich damit? Wo findest du Sicherheit und Schutz? Wie zeigst du anderen gegenüber Führungsstärke? Welches Verhältnis hast du zur Autorität?

DER HIEROPHANT (V)

Hierarchien, Systeme, Regeln, Machtkämpfe,
Höheres Selbst, Bruch mit der Tradition

Der Hierophant ist ein erstklassiges Beispiel dafür, dass das Tarot in grauer Vorzeit gestaltet wurde, als jemand ein Bild des Papstes auf dem Papstthron gesehen und gedacht haben könnte: »Ja, das spiegelt meine momentane innere Verfassung wider – wie gut fängt doch diese Karte die Essenz meiner täglichen Herausforderungen ein!« Heute dürfte es viel weniger wahrscheinlich sein, dass sie auf den ersten Blick eine Resonanz weckt (außer, du bist vielleicht zufällig der Papst).

Für ein heutiges Publikum und für die Zwecke einer Tarotdeutung ist es hilfreich zu wissen, dass der Hierophant eine Person ist, insbesondere ein Priester, der heilige Geheimnisse oder esoterische Prinzipien interpretiert. Und was sind unsere modernen heiligen Geheimnisse und esoterischen Prinzipien, wenn nicht die Systeme und Mächte, die unser Leben regieren und kontrollieren? Der Hierophant ist eine Verkörperung der Organisationen und Institutionen, die uns umgeben, von der Geschäftswelt bis zum Akademischen, von der Regierung bis zum Rechtssystem. Er ist mit einem Wort die Gesellschaft – die Regeln (niedergeschrieben oder auch nicht), die wir kollektiv achten und von denen erwartet wird, dass wir uns alle daran halten, um Teil der Gruppe zu bleiben.

Die Rolle des Hierophanten ist daher die eines Lehrers und Mentors. Er erklärt die Regeln und hilft dir, sie zu befolgen. Es ist erwähnenswert, dass der Hierophant der männliche Gegenpart zur Hohepriesterin ist, aber wo sie mit den Feinheiten ihrer Intuition in Verbindung steht, ist sein Ansatz eher praktisch – bei ihm geht es um angewandtes Lernen. In diesem Sinn repräsentiert er die Ressourcen, die dir zur Verfügung stehen, um das zustande zu bringen, was du erreichen möchtest. Wenn du dich auf eine Prüfung vorbereitest oder eine Beförderung anstrebst, steht der Hierophant für die Materialien und den Vorgang des Lernens: die Bücher, die Gedächtnisübungen, die Anstrengung. Er kann auch einen Verbündeten repräsentieren – den guten Manager mit einem Arbeitsblatt zu deinen Bewertungszielen und dazu, wie du sie erreichen kannst. Diese Karte spricht die Tatsache an, dass beinahe alles erlernbar ist, und dass es fast immer jemanden gibt, der dir den Weg zeigen kann, oder auch etwas, das dir weiterhilft.

Und natürlich gilt für Regeln noch etwas anderes – ebenso auch für Rom –, dass du nämlich wissen musst, wann du mit ihnen brichst. Der Hierophant erinnert uns daran, dass das Verstehen des Status quo die Voraussetzung dafür ist, ihn infrage zu stellen. Und hier haben wir auch die Schattenseite der Karte. Diese Figur ist gewohnt, das Sagen zu haben – jemand hat ihn zum Oberhaupt der Kirche und zur Pforte zu all diesen heiligen Geheimnissen gemacht und er denkt nicht im Traum daran, das aufzugeben. Wenn du also versuchst, mit der Tradition zu brechen, eine gläserne Decke zu durchstoßen oder auch nur mit deinem Großvater über Politik zu reden, kann es gut sein, dass du auf eine Menge Widerstand stößt. Das Schwierigste bei der Begegnung mit dem Hierophanten ist, zu wissen, ob du mit ihm zusammenarbeiten, dich gegen ihn auflehnen oder ihn in die Tonne werfen sollst.

Diese Karte steht für Entscheidungen darüber, ob du den Regeln gehorchen willst oder nicht. Sie kann Struktur und Unterstützung auf dem Weg bieten und dich lehren, was du wissen musst, um deine Ziele zu erreichen. Aber es ist auch wichtig, erkennen zu können, wann die Lehrstunde vorbei ist, wann du diese äußere Bestätigung nicht mehr brauchst und es Zeit ist, von der Tradition abzuweichen.

FRAGEN, DIE DU STELLEN SOLLTEST, WENN DU DIESE KARTE SIEHST: Woran arbeitest du? Was musst du wissen oder lernen, um ein Ziel zu erreichen? Wo findest du einen Mentor oder eine Mentorin und Unterweisung? Hast du das Gefühl, genug zu wissen? Bist du so weit, dass du deinen eigenen Weg gehen kannst?

DIE LIEBENDEN (VI)

Verbindlichkeit, Harmonie, Gleichheit, Bindung,
Intensität, Obsession, Ungleichgewicht

Die Liebenden sind dir schon begegnet. Sie sind das frisch gebackene Liebespaar, das nicht die Augen (und die Hände) voneinander lassen kann und das Gefühl vermittelt, hier hätten sich Seelenpartner gefunden. Sie sind die wiedererkennbaren Protagonisten in bestimmten Genres der Erzählliteratur: die großen Liebespaare, die jedes Hindernis überwinden, um zusammen sein zu können. Vielleicht sprechen sie davon, dass sie Zwillingsflammen oder Seelenzwillinge sind: Dahinter steckt die Idee Platons, dass jeder

Mensch eine halbe Seele in sich trägt und nur wirklich Erfüllung finden kann, wenn er die andere Hälfte findet und sich mit ihr wieder zu einem Paar verbindet, vereint in der größeren Entität des »Wir«.

Je nachdem, wo du stehst, kann diese Art von Geschichte für dich unendlich romantisch und wunderbar, unerträglich vermessen, lächerlich oder sogar problematisch sein. Das ist auch der Haken bei den Liebenden und der Grund dafür, dass du bei der Begegnung mit ihnen sehr vorsichtig damit sein solltest, sie so zu deuten, wie sie auf den ersten Blick wirken. Diese Karte sagt dir nicht, dass du eine Beziehung ohne Fehl und Tadel hast oder dass deine Liebesgeschichte für alle Ewigkeit hält. Vielmehr erinnert sie dich daran, dass du dann, wenn die Verliebtheit erloschen ist, eine Wahl hast: zu bleiben oder zu gehen. Es ist eine Karte, die jedes beliebige Ideal hochhält – nicht nur das Ideal der Romantik – und fragt, wie du dich momentan in Bezug darauf fühlst. Im Allgemeinen lautet die Antwort: Es ist kompliziert.

Die Liebenden haben eine bedeutende Schattenseite, die ich gerne *The Full Enrique* nenne, zu Ehren von Enrique Iglesias und seinem Song *Escape*. Im Text erklärt der Erzähler, seine Geliebte könne zwar weglaufen und sich vor ihm verstecken, aber niemals seiner überwältigenden Liebe entkommen. Das ist eine schräge Dynamik, aber sie ist uns vertraut. Die meisten Leute wissen, wie es ist, wenn man ganz frisch verliebt ist. Diese erste Phase ist der Stoff von Liebesliedern: Ihr würdet alles füreinander tun; eure Liebe wird jedes Hindernis überwinden; ihr beide nehmt es allein mit der Welt auf, usw. Aber das Schlimme an Liebesliedern ist, dass sie notorisch unfähig sind, dir zu zeigen, wie eine gesunde Beziehung aussehen soll. Die Karte der Liebenden sagt, dass es ein fabelhafter Ausgangspunkt ist, jemanden zu finden, für den man so starke Gefühle hat, aber dass du vielleicht nicht erwarten solltest, dass das allein schon genügt. Daraus können Gespräche darüber entstehen, was man von Beziehungen erwarten kann, genauer gesagt, ob du eventuell auf eine idealisierte, epische, fantasierte Version von Liebe wartest, die es vielleicht gar nicht gibt.

Diese Karte ist aber keineswegs negativ – selbst bei der Schattenseite geht es hauptsächlich um einen Realitätscheck. Es ist selten, dass eine Fragestellerin nicht aufgeregt oder zumindest einen Hauch fasziniert ist, wenn diese Karte bei einer Legung erscheint. Aber die Liebenden *müssen* sich nicht unbedingt auf Liebespaare beziehen. In den schönsten Fällen geht es sogar tendenziell überhaupt nicht um Beziehungen zu anderen Menschen. Das Geschenk der Liebenden ist Harmonie, Verbindlichkeit und eine Verbindung, die jedem Sturm standhält. Und vielleicht brauchst du gar nicht über dich hinauszuschauen, um das zu finden.

Die Liebenden fragen dich: Wie wäre es, wenn du dadurch Harmonie erreichen könntest, dass du dich selbst liebst und respektierst? Wie, wenn dein Partner, deine Partnerin (sofern vorhanden) eben dieses sein könnte: ein geliebter Weggefährte, eine geliebte Weggefährtin, aber dennoch ein eigenständiges Individuum? Ich denke, dem Gedanken einer »anderen Hälfte« wohnt etwas Befremdliches inne, da sie impliziert, dass wir alle von Haus aus Mängelwesen sind. Im besten Fall fordern dich die Liebenden auf, den Blick nach innen zu richten, dich selbst als vollständig anzusehen, als Yin und Yang, als Frage und Antwort, alles in ein und derselben Seele. Sie sagen, du brauchst keine Leerstellen zu füllen – nur Liebe zu geben.

FRAGEN, DIE DU STELLEN SOLLTEST, WENN DU DIESE KARTE SIEHST:

Wie stellst du dir Liebe vor? Glaubst du an perfekte Seelenpartner? Wie wirkt sich das in deinem Liebesleben aus? Welches Gefühl hast du in Bezug auf dich selbst? Glaubst du, dass du dir genügst? Liebst du dich?

DER WAGEN (VII)

Erfolg, Fokussierung, Besessenheit, Entschlossenheit, Schnelligkeit, Eigensinn, Draufgängertum, Ablenkung, Kontrollverlust

»Bei Sonnenaufgang fahren wir los«, sagt der Wagen. Und wow, tun wir das je? Manchmal muss man im Leben an seine eigene Macht erinnert werden: an den Glauben, dass man der Erzähler seiner eigenen Geschichte ist, dass man nicht von den Launen des Schicksals herumgeschubst wird, sondern seine Bestimmung satteln und zum Sieg reiten kann. »Lauf – lauf wie Seabiscuit!«, sagte eine frühere Kollegin gern in Anspielung auf das berühmte Rennpferd. Das ist die Karte einer absolut obsessiven Fokussierung auf ein Ziel und der Mobilisierung deiner gesamten Energie, um es zu erreichen. Volle Kraft voraus, sagt der Wagen. Wo immer du hingehst, du bist SCHNELL unterwegs.

Zuvor jedoch noch ein warnendes Wort, ehe du mit der Peitsche knallst und die Pferde zum Galopp antreibst. In der Symbolik des Wagenlenkens stecken ein paar rote Flaggen, denen du Beachtung schenken solltest. Erstens werden Streitwagen vorwiegend bei Rennen und im Krieg eingesetzt, und das heißt, dass es hier nicht um eine Vergnügungsfahrt geht: Du kannst unterwegs auf Widerstand und auch handfeste Gegenwehr stoßen (die meisten Wagenlenker tragen aus genau diesem Grund eine Rüstung). Zweitens fehlt es bei Streitwagen in der Regel an Sicherheitsvorkehrungen, und das kann ein Problem sein, da sie ja für sehr schnelles Fahren gedacht sind. Du wirst dich gut festhalten müssen (dein Ziel genau kennen), dich auf die Straße vor dir konzentrieren und darauf vorbereitet sein müssen, mit Hindernissen fertigzuwerden – sei es, dass du einen eindrucksvollen Bogen um sie schlägst oder sie einfach überfährst und plattmachst. Mut, Selbstvertrauen und eine Entschlossenheit, die Kopf und Herz vereint, sind erforderlich, um den Wagen zu lenken.

Wenn es gut läuft, dann läuft es sehr, sehr gut. Beim Wagen geht es nicht nur um Entschlossenheit und Zielstrebigkeit für dich selbst, sondern er kann auch einen mächtigen Einfluss auf andere bedeuten. Er kann mit sich bringen, dass man gegen den Strom schwimmt, dem Status quo entgegenwirkt und auf dem Weg zu etwas Neuem führend ist. Beobachte einmal einen Fischschwarm oder einen Starenschwarm, und du wirst rasch sehen, dass der Kurswechsel eines einzigen Tieres genügt, um die Richtung des ganzen Schwarms zu verändern. Du könntest dieser Vogel oder diese Makrele sein! Die Tatsache, dass der Weg, den du eingeschlagen hast, nicht mit dem übereinstimmt, den alle anderen gehen, ist eine Herausforderung, aber keine unüberwindliche. Selbst wenn es sich anfühlt, als hätte sich alles gegen dich verschworen, können Willenskraft und Entschlossenheit doch obsiegen.

Aber wenn es schlecht läuft, dann ist der Wagen auch katastrophal. Die Schattenseite dieser Karte ist nicht schwer zu erraten. Statt eines triumphalen Vorwärtspreschens auf einen sicheren Sieg zu ist es mehr wie … beim wildem Ritt des Kröterichs in *Der Wind in den Weiden*. Er ist ein draufgängerischer Kerl mit wenig Talent zum Fahren und ohne Gefühl für die Richtung, der irgendwie an ein Auto gekommen ist und jetzt das Leben anderer gefährdet und großen Schaden am Eigentum anderer anzurichten droht. Mit anderen Worten, es wird schrecklich und führt wahrscheinlich dazu, dass das schnelle Gefährt mit den Rädern nach oben in einem Graben landet. Wenn dir das bekannt vorkommt – wenn dein Wagen unkontrolliert vorwärtsrast – dann pass auf. Das könnte die Gelegenheit für dich sein, noch einmal zu überdenken, ob du tatsächlich mit 180 Stundenkilometern fahren musst (knappe Antwort: nein). Wenn die Dinge nicht klappen, müssen wir manchmal unsere Aufmerksamkeit neu ausrichten. Manchmal müssen wir uns mit mehr Überzeugung ins Zeug legen. Und manchmal müssen wir anhalten.

FRAGEN, DIE DU STELLEN SOLLTEST, WENN DU DIESE KARTE SIEHST: Was ist dein Ziel? Glaubst du daran, selbst wenn andere das nicht tun? Bist du bereit, dafür einen Spurt hinzulegen? Welche Hindernisse siehst du auf dem Weg und wie willst du mit ihnen fertigwerden? Wie läuft die Fahrt? Bist du sicher, dass du weißt, was du tust? Moment mal, hast du überhaupt einen Führerschein?

KRAFT (VIII)

Selbstkenntnis, Zurückhaltung, Akzeptanz, Demut, Anmut, Ausdauer, Gemütsruhe, Zweifel, Ur-Instinkt

Die Kraft hat nichts mit roher physischer Kraft zu tun – diese Tarotkarte ist kein Hinweis, dass du ein muskelbepackter Mensch bist oder werden sollst. Vielmehr ist hier von etwas Ruhigerem und Introspektiverem die Rede: von der inneren Stärke, die daher kommt, dass du dich selbst wirklich kennst, akzeptierst und dir vertraust. Und obwohl das nichts Dramatisches sein mag, erfordert es dennoch Mut. In den meisten Decks ist die Kraft als junge Frau dargestellt, die einem Löwen energisch das Maul aufmacht, mit ziemlich genau dem Gesichtsausdruck, den ein Hundebesitzer hat, wenn sein Liebling gerade einen Hühnerknochen vom Boden geschnappt hat. Ihr Gesicht ist ruhig – sogar beinahe ein wenig müde. Der Löwe sieht meist nicht gerade entzückt aus, aber er knurrt auch nicht. Das hier ist kein Kampf und auch kein Zirkustrick. Es besteht ein Gefühl von gegenseitigem Respekt und von Kooperation. Die Frau kontrolliert das Tier nicht und es kontrolliert auch sie nicht.

Wenn die Kraft in einer Legung erscheint, wird dir eine Chance geboten, darüber nachzudenken, wie du mit dir selbst umgehst. Woher kommt deine innere Stärke und wie zeigt sie sich in deinem Leben? Bist du dazu fähig, Unbehagen auszuhalten? Bist du deinen Gefühlen ausgeliefert oder kannst du dich über sie erheben? Wenn du kritisiert wirst, kannst du dann dem Drang widerstehen, anzugreifen oder dich zu verteidigen, und zu Ruhe und Weisheit finden, ehe du antwortest? Wir alle haben leidenschaftliche und ursprüngliche Instinkte, und es gibt Zeiten, in denen sie uns gute Dienste leisten. Aber es gibt auch Zeiten, in denen unser Reptiliengehirn – der Teil von uns, der bereit ist, alles für sein Überleben zu tun – niedergerungen werden muss. In diesen Momenten beschließen wir dann, die Dinge anders zu machen.

Diese Karte fordert uns auf, uns mit all den wilden, ungezähmten, unordentlichen und namenlosen Teilen unserer selbst anzufreunden, den Teilen, die wir vielleicht geleugnet oder ignoriert haben und die wir zu verdrängen gelernt haben. In King Khans *Black Power Tarot* wird die Kraft von Tina Turner dargestellt. Ursprünglich hatte King Khan vorgehabt, Turner im Kampf mit dem Mann zu zeigen, der sie misshandelt haben soll, aber sein Mentor Alejandro Jodorowski riet ihm, den traditionellen Löwen zu behalten. Alles andere wäre ein fundamentales Missverständnis. Bei der Karte »Kraft« geht es nicht um unseren Umgang mit der Außenwelt, sondern darum, wie wir mit uns selbst umgehen.

Mir ist es unmöglich, auf die Kraft zu schauen, ohne daran zu denken, wie feministische Autorinnen mit der uralten Geschichte von der Schönen und dem Biest gespielt haben: Sie haben sie von einer Geschichte über männliche Aggressivität, die von weiblicher Sanftheit besänftigt wird, in eine Allegorie über die Vereinigung von Aspekten des eigenen Selbst verwandelt. Das Biest ist dann kein Eindringling und keine Bedrohung von außen, sondern ein Aspekt der Schönen, den sie bisher zurückgedrängt hat, weil er zu wild, zu sinnlich ist. Wenn der Schönen das Biest erscheint, so schreibt Marina Warner in *From the Beast to the Blonde*, »ist es ein Spiegel der Naturkräfte in ihr, die sie akzeptieren und wachsen lassen soll«. Manchmal fordert die Kraft eine Fragestellerin auf, darüber nachzudenken, ob es Teile in ihr gibt, die erstickt wurden. Sie erinnert daran, dass die Unterdrückung der Wildheit in dir nicht dasselbe ist wie ein Verstehen dieser Seite, dass wahre Kraft in der Selbstkenntnis und in radikaler Selbstannahme liegt.

FRAGEN, DIE DU STELLEN SOLLTEST, WENN DU DIESE KARTE SIEHST: Kennst du dein ganzes Selbst und nimmst es an? Bist du mit deinen elementaren Trieben verbunden oder unterdrückst du sie? Lässt du dich von deinen Instinkten beherrschen oder hast du sie gemeistert? Bringen sie dich je in Gefahr?

DER EREMIT (IX)

Alleinsein, Introspektion, Rückzug, Stille, Reflexion, Meditation, Isolation

Der Eremit löst bei Ratsuchenden meist eine unmittelbare Reaktion aus, wenn er auftaucht: Entweder lieben sie ihn oder sie hassen ihn. Menschen, die sich in dieser Karte wiederfinden, sind tendenziell introvertiert und beziehen ihre Energie aus ihrem Inneren. Wer sie ablehnt, ist eher extravertiert. Ich brauche nicht eigens zu betonen, dass diese Gruppe ein wenig mehr gutes Zureden braucht, um anzunehmen, was der Eremit anzubieten hat.

Zuallererst muss man festhalten, dass der Eremit nichts

mit Exklusion zu tun hat. Überhaupt nicht. Historisch gesehen waren Eremiten nicht aus der Gesellschaft ausgeschlossen – es waren Menschen, die sich aus unterschiedlichen Gründen in die Einsamkeit zurückzogen, aber von ihren Gemeinden unterstützt oder zumindest mit Respekt behandelt wurden. Wenn diese Karte in einer Legung auftaucht, heißt das nicht, dass die Menschen nicht mit dir zusammen sein wollen: Es heißt, dass du nicht mit anderen Menschen zusammen sein willst. Es geht darum anzuerkennen, wie erholsam und stärkend es ist, wenn du den Blick nach innen richtest und dich für das Alleinsein entscheidest. In den meisten Decks hält der Eremit eine Laterne hoch, in der ein winziger Stern brennt, was dich daran erinnert, dass du dich manchmal so darauf fokussierst, der Strahlkraft und dem Glanz anderer nachzulaufen, dass du dein eigenes Licht vergisst. Die Karte ist eine Einladung, dich für einen Moment in dein Schneckenhaus zurückzuziehen, dich deinen Gedanken und Gefühlen zuzuwenden, sie wahrzunehmen und dich von ihnen nähren zu lassen. Die Welt wird immer noch für dich da sein, wenn du so weit bist, dass du zurückkommen willst.

Mich erinnert der Eremit immer an eine Zeit, in der ich nach dem (bisher!) schlimmsten Jahr meines Lebens beschlossen hatte, eine Woche allein im schottischen Hochland zu verbringen. Es war in der Übergangszeit vom Herbst zum Winter und meine Unterkunft war eine Schäferhütte ohne Strom und fließendes Wasser. Ich wanderte viel, las viel, hackte und verbrannte jede Menge Holz und sprach mit niemandem außer den Schafen. Es war – und ich kann das nicht genug unterstreichen – erstaunlich. Irgendwie half mir diese Woche des Alleinseins, in der ich in die Natur und meine eigenen Gedanken eintauchte, mit der schwierigen Arbeit zu beginnen, aus den Ruinen meines zerbrochenen alten Selbst ein neues Gefühl für mich selbst zusammenzubasteln.

Zu dem, was ich in dieser Woche las, gehörte der Gedichtband *In the Cairngorms* von Nan Shepherd, die den größten Teil ihres Lebens allein in einer ebenso winzigen Hütte in den Cairngorms gelebt hat. Sie schreibt darüber, dass die Wildnis ein Raum ist, in dem man sich in seine elementarsten Bestandteile zerlegen und dann wieder neu anfangen kann: »Jetzt kann sie sich neu erschaffen. / Jetzt ist der erste Tag.« Der Eremit hat mehr anzubieten, als nur Erholung und Wiederherstellung: Er kann, wie ein Kokon für einen Schmetterling, zum Ort einer Transformation werden.

Und wie ein Kokon ist dieser Rückzug auch nicht als dauerhafte Daseinsform gedacht. Das ist der Schatten dieser Karte: Wenn man zu lange wegbleibt, kann die Rückkehr schmerzhaft werden. Man kann in seinem Kokon festsitzen oder Widerstand dagegen entwickeln, wieder herauszukommen. Man sollte stets darauf hinweisen, dass der Eremit nicht für immer gedacht ist: Vielmehr soll man sich einen Raum des Alleinseins schaffen, der die richtige Größe für die jeweiligen Bedürfnisse hat. Und der Eremit erinnert auch daran, dass zu den größten Freuden einer Zeit, die man allein verbringt, der Augenblick der Rückkehr in die Welt zählt – geerdet, wiederhergestellt, sogar wie neu geboren – mit einem veränderten Blick auf sie.

FRAGEN, DIE DU STELLEN SOLLTEST, WENN DU DIESE KARTE SIEHST:
Fühlst du dich wohl, wenn du allein bist? Nimmst du dir genügend Zeit zum Alleinsein? Gibst du dir jemals zu viel davon? Hast du Schuldgefühle, wenn du dich von anderen zurückziehst? Hast du das Vertrauen, dass die Menschen noch da sind, wenn du wiederkommst?

RAD DES SCHICKSALS (X)

Unberechenbarkeit, Ungewissheit, Unerwartetes,
Umstände, Schicksal, Zufall, Instabilität, Furcht

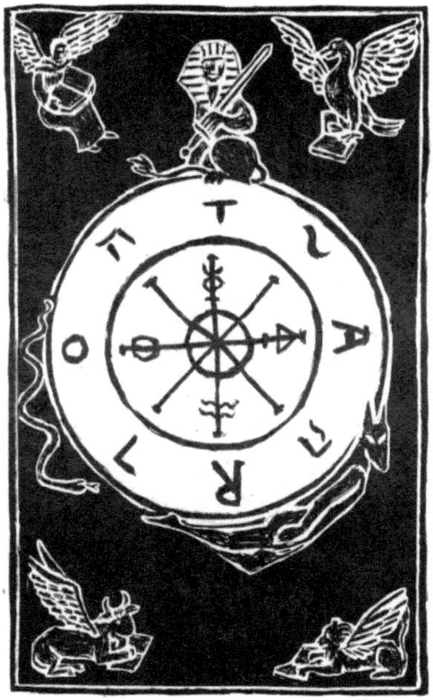

Das Rad des Schicksals ist im Tarot die Erinnerung an die Unberechenbarkeit des Lebens. Wandel, so heißt es, ist die einzige Konstante. Diese Karte sagt dir, dass du eines Morgens vielleicht aufwachst und ohne Vorwarnung einen Tag erlebst, den du nie mehr vergessen wirst. Oder du wachst am Morgen auf und stellst fest … alles ist wie immer. Sie ist also im Wesentlichen eine Art Ablehnung einer Sicherheitsgarantie des Tarots. Denn wenn du dem Tarot eine Frage stellst (Lerne ich dieses Jahr die Liebe meines

Lebens kennen? Werde ich meine Arbeitsstelle wechseln? Wird es regnen?), und diese Karte taucht auf, dann nimmst du sie am besten, wie sie gemeint ist: Als freimütiges Eingeständnis, dass das Tarot nicht alles vorhersehen kann, was dir begegnen wird. Bediene dich unbedingt deines freien Willens! Aber sei auch darauf gefasst, dass das Schicksal, der Zufall, das Universum oder wie immer sonst du es nennen willst, an beliebiger Stelle dazwischenfunken kann. Man kann die Zukunft nicht im Voraus festnageln. Tut uns leid. Es gibt keinen Schadensersatz.

Aber, fragt das Rad des Schicksals, würdest du dir tatsächlich einen Spoiler wünschen? Mit dieser Frage setzt sich der Roman *Gezeitenwechsel* von Sarah Moss auseinander: ob es wirklich eine gute Sache wäre, zu wissen, was einem selbst und den Menschen, die man liebt, begegnen wird – nicht nur das Gute, sondern auch das Schlimme, »ihre Lieben und Verluste, ihre Triumphe und Niederlagen, Krankheiten und letzte Momente.« Wahrscheinlich nicht, kommt dabei heraus. »Man meint, eine Geschichte zu wollen, ein Ende, aber man will es nicht. Man will das Leben. Man will Unordnung und Unkenntnis und Ungewissheit.«[19] Das gehört zu den schmerzhaften Dingen, die Teil der Bedingungen des Menschseins sind, aber es ist auch die Quelle einiger seiner größten Freuden. Wenn du alles wüsstest, was dir begegnen wird, würde das diese transzendenten Augenblicke verderben, von denen du keine Ahnung hattest, dass sie auf dich zukommen. (Und wenn es im Voraus eine Warnung der weniger guten Ereignisse gäbe, würden die meisten Menschen wahrscheinlich schon zusammenbrechen, ehe sie überhaupt das Haus verlassen hätten.)

Wenn also das Rad des Schicksals auftaucht, versuche es als Geschenk anzusehen: als Einladung, mit den Veränderungen zu leben und sie anzunehmen, und neue Möglichkeiten zu erkunden, wenn sie kommen, auch – oder gerade – dann, wenn sie für dich unerwartet kommen. Es ist ein Moment, in dem du dich fragen solltest, wie du mit Ungewissheit umgehst. Kannst du damit und darin leben? Die Karte kann auch ein Gespräch darüber anstoßen, welche Techniken du benutzt, um in einer Welt voller Unwägbarkeiten das Gefühl der Kontrolle zu behalten. Hast du Bewältigungsstrategien, die dir helfen, dich zu erden und die dich trösten? Sind sie gesund und konstruktiv oder bremsen sie dich?

Die andere Lektion des Rades des Schicksals ist: Wenn etwas konstant ist, dann ist es die Veränderung. Nichts bleibt jemals, wie es ist, nicht einmal Schlimmes. Wenn diese Karte bei dir auftaucht und es in deinem Leben gerade schwer und herausfordernd zugeht, dann kann sie dich auch an die Kraft erinnern, die darin liegt, in Deckung zu gehen und zu tun, was nötig ist, um durchzukommen, solange die Turbulenzen anhalten. Es ist kein Zufall, dass diese Karte häufig einen Kompass oder das Steuerrad eines Schiffes zeigt: Man braucht kein erfahrener Seemann zu sein, um zu wissen, dass die Fahrt mit einem Schiff immer bedeutet, dass man sehr mächtigen Elementen ausgeliefert ist. Wenn ein Sturm durch dein Leben fegt, musst du dich manchmal biegen, um nicht zu brechen. Manchmal gilt es einfach abzuwarten, bis er vorbei ist.

FRAGEN, DIE DU STELLEN SOLLTEST, WENN DU DIESE KARTE SIEHST:
Wo in deinem Leben empfindest du Ungewissheit? Welches Gefühl gibt dir die Zukunft? Hast du zuverlässige Bewältigungsstrategien? Bist du flexibel genug, um mit dem Unerwarteten fertigzuwerden? Verstehst du dich darauf, das Ende eines Sturms abzuwarten?

GERECHTIGKEIT (XI)

Unentrinnbarkeit, Verantwortlichkeit, Schicksal, Akzeptanz, Entschlossenheit, leidenschaftsloses Handeln, Gesetz, Gleichgewicht, Unbehagen, Wahrheit

Wenn du die Karte »Gerechtigkeit« siehst, nimmst du vielleicht an, dass hier gleich die Gerechtigkeit obsiegen wird und dass dir endlich Recht widerfahren wird. Da würdest du dich irren. Es mag zwar einige Situationen geben, in denen diese Interpretation sinnvoll sein könnte oder sich beruhigend anfühlen würde, aber darum geht es überhaupt nicht. »Gerechtigkeit« verheißt einen Entschluss, aber nicht unbedingt einen zu deinem Wohl. Sie ist blind, sie ist unerbittlich, sie gehorcht dem Gesetz und ist zweifellos problematisch.

Viele Menschen kämpfen zu Recht mit der Kälte dieser Karte und ihrer offensichtlichen Assoziationen mit dem Rechtssystem. Es ist ja recht und gut, zu verkünden, dass du Emotionen, Gefühle und Philosophie ausklammern wirst und nach dem Gesetz, nach Präzedenzfällen und Kodizes handeln wirst. Aber wer sagt, dass diese Kodizes nicht auch Fehler haben? Wo haben sie ihren Ursprung? Wem gehören sie und für wen sind sie vorteilhaft? Wessen »objektive« Wahrheit vertreten sie? In der Welt herrschen nicht die gleichen Voraussetzungen für alle, und ganz gleich, was die Theorie besagt, in der Praxis scheint es manchen Menschen weit besser zu gelingen, Gerechtigkeit für sich zu erreichen als anderen. Diese Karte verspricht Wahrheit, aber es ist schwer, Voreingenommenheit zu vermeiden.

Gleichgewicht und Ungleichgewicht der Macht bilden den Kern der Karte »Gerechtigkeit«, und wenn sie bei einer Legung auftaucht, lohnt es sich, dem nachzugehen. Wenn ich sie sehe, denke ich unwillkürlich an eine Seite in einer Low-Fidelity PowerPoint-Präsentation über Promis, die eine Freundin mir schickte, als ich vor einigen Jahren meinen Job verloren hatte. Quer über ein Zeitungsfoto von ein paar Chihuahuas hatte sie in großen Comic-Sans-Buchstaben geschrieben: »Wenn der gequälte Gesichtsausdruck von Paris Hiltons Hunden uns etwas lehren kann, dann das, dass manchmal die falschen Leute über unser Schicksal bestimmen.« Es war eindeutig urkomisch, was ich auch nötig hatte, aber es blieb mir hängen (und wurde seither noch mit vielen Menschen geteilt, die Unterstützung brauchten), weil es so perfekt die verblüffende Absurdität meiner Situation einfing. Es gibt Augenblicke, in denen jemand oder etwas seine Macht dazu nutzt, dich aufs Kreuz zu legen, und ganz gleich, wie unfair, ganz gleich, wie wohlformuliert deine Einwände sind – nichts wird etwas daran ändern. Die »Gerechtigkeit« kann und sollte Gespräche über Situationen anregen, in denen wir Ungerechtigkeit erfahren, ob im Kleinen oder im Großen. Das ist eine der Karten im Tarot, bei der oft die Schattenseite zu dominieren scheint.

Ich habe lange gebraucht, um die andere Seite der Karte »Gerechtigkeit« zu finden – das darin enthaltene Geschenk. Es offenbarte sich mir schließlich durch das Nachdenken über eine andere Art von Gesetz: die Art, bei deren Entstehung kein Lebender und kein Verstorbener die Hand im Spiel hatte. Im *Nomad Tarot* ist die Gerechtigkeit als Fuchs mit einem weißen Vogel in den Fängen dargestellt, und Jennifer Dranttel, die das Deck entworfen hat, schreibt, es gehe dabei um »die unveränderlichen Gesetze des Universums«. Die Natur ist nicht kalt oder grausam oder ungerecht: Sie *ist* einfach. Wenn du einen Naturfilm anschaust, dann fieberst du entweder mit dem Jäger oder mit der Beute mit, je nach dem Blickwinkel der Darstellung, aber keiner von beiden ist in Wirklichkeit ein Held oder Schurke. Du hattest vielleicht keine Freude am Physikunterricht in der Schule, aber du kannst nicht wirklich gegen Newtons Grundgesetze der Bewegung protestieren. Manchmal, so sagt die Karte »Gerechtigkeit«, geschehen Dinge einfach. Und dann stellt sich wieder ein Gleichgewicht ein. Und dann geht der Zyklus weiter.

Die »Gerechtigkeit« kann nicht nur die Kodizes ansprechen, die wir für uns erstellen, sondern auch die gewaltigen und unergründlichen Gesetze des Kosmos. Wenn sie erscheint, ist das eine Gelegenheit, dich zu fragen, ob du annehmen kannst, was geschieht – und manchmal auch, ob du das solltest.

FRAGEN, DIE DU STELLEN SOLLTEST, WENN DU DIESE KARTE SIEHST: Steckst du derzeit bei irgendetwas fest? Fühlst du dich ungerecht behandelt? Ist es hilfreich, an diesem Gefühl festzuhalten? Kannst du irgendetwas in der Sache unternehmen? Kannst du sie akzeptieren?

DER GEHÄNGTE (XII)

Opfer, Befreiung, Unterwerfung, neue Perspektive, Schwellenzustand, Akzeptanz, Innehalten, Schwebezustand, Unentschlossenheit

»Knöchel« ist das erste und wichtigste Wort, das hier zu sagen ist. Der Gehängte ist an einem Knöchel aufgehängt, nicht am Hals. Er ist nicht tot oder am Sterben und wird nicht bestraft. Er ist in einer Position der Unterwerfung und hängt mit dem Kopf nach unten an einem Baum, zwischen Himmel und Erde, um eine Transformation zu durchlaufen. Ich glaube nicht, dass diese Stellung mit dem Kopf nach unten, vergleichbar mit der eines Babys kurz vor der Geburt, ein Zufall ist. Er sucht nach einer neuen

Art des Daseins, und der Preis dafür, sie zu finden, ist sein Wohlbehagen.

Die Lektion des Gehängten kennen wir aus mehreren Redewendungen, die teils hochtönend, teils prosaisch sind: Ohne Fleiß kein Preis; man kann nicht auf allen Hochzeiten tanzen; man bekommt nichts geschenkt. Der Gehängte erinnert uns daran, dass man manchmal etwas loslassen muss, um vorwärtszukommen. Das ist eine Lektion, gegen die wir uns instinktiv auflehnen: Menschen verlieren nicht gerne etwas. Das Risiko eines Verlustes motiviert uns sogar mehr, als uns ein potenzieller Gewinn reizt. Wir wollen glauben, wenn wir die Dinge gut genug festhalten, würden sie für immer unverändert bleiben. Wenn dann der Gehängte auftaucht, fühlen wir uns oft in diesem tröstlichen, aber letzten Endes falschen Glauben bedroht.

Und manchmal ist das Erscheinen dieser Karte auch eine Einladung, dir Dinge anzuschauen, vor deren näherer Betrachtung du dich immer gefürchtet hast. Diese Träume, Sehnsüchte, Wünsche oder möglichen künftigen Versionen deiner selbst, über die du lieber gar nicht erst nachdenkst, denn wenn du ihnen nachgehen würdest, müsstest du alles wegwerfen, was du bislang gewonnen, aufgebaut oder angehäuft hast. Es würde bedeuten, über Bord zu werfen, was du über die Welt und über dich selbst weißt – und dieser Preis ist zu hoch, nicht wahr? (Tatsächlich?) Manchmal sind das die Gefühle und Gedanken, zu deren sehr aufmerksamer Betrachtung uns diese Karte auffordert.

In ihrem wunderschönen Gedicht *The Hinds* (Die Hindinnen) beobachtet Kathleen Jamie ein Rudel Hirschkühe, das durch ein Tal zieht und sich dann umdreht und sie anschaut. In den Schlusszeilen stellt sie sich das Leittier als

Königin vor, die sie in ein anderes Reich einlädt: »Sind wir nicht / die schönste Gesellschaft? / Komm zu mir, / du wirst glücklich sein, aber nie mehr nach Hause gehen.« Das Gedicht macht mich auf dieselbe Weise kribbelig wie der Gehängte. Es stellt eine Frage, die fast unmöglich zu beantworten ist: Wie groß darf das Opfer sein, das du zu bringen bereit bist? Willst du an der Sicherheit des Bekannten festhalten oder könntest du es auch loslassen, um etwas Größeres zu finden? Und wie würdest du mit dem Schmerz leben, zu wissen: Was immer du wählst, das andere geht dir verloren?

Die Wahrheit des Gehängten ist nicht einfach, aber sie wird uns behutsam angeboten. Die Karte zeigt, was du tun musst, um voranzukommen, aber sie zwingt dich nicht, zu handeln – und kann das auch gar nicht. Manchmal regt sie Gespräche über das Gefühl des Feststeckens an oder darüber, dass man weiß, man steht vor einer schwierigen Entscheidung, für die man noch nicht bereit ist. Denk daran, es ist völlig in Ordnung, eine Weile in dieser Position zu bleiben, wenn du das brauchst. Der Gehängte weiß, dass es Zeit brauchen kann, seinen Blick auf die Welt neu auszurichten, in sein neues Wissen, sein neues Ich hineinzuwachsen. Man befindet sich in einem Übergangsbereich und kann die Schwelle erst überqueren, wenn man so weit ist.

FRAGEN, DIE DU STELLEN SOLLTEST, WENN DU DIESE KARTE SIEHST:
Woran hast du festgehalten, und ist es jetzt Zeit, loszulassen? Bist du bereit, ein Opfer zu bringen? Hast du das Gefühl, zwischen zwei Wirklichkeiten zu leben? Steckst du fest oder ist die Befreiung nah?

TOD (XIII)

Ende, Verwandlung, Veränderung, Neuanfänge, Abschluss, Furcht, Rückfall

Im Tarot bedeutet die Karte »Tod« nicht unbedingt – und nicht einmal normalerweise – den Tod. Man versteht leicht, warum die Menschen das glauben angesichts des Namens und auch der Darstellung im Rider-Waite-Smith-Deck, die den Schnitter Tod hoch zu Ross über einen Acker mit Toten und Sterbenden reitend zeigt. Aber bitte lass dir von mir versichern, dass die Karte »Tod« nicht bedeutet, dass jemand unmittelbar vom Tod bedroht ist.

Aber auch dann ist sie nicht gerade leichte Kost. Wenn

du diese Karte siehst, wirst du aufgefordert, über Endpunkte nachzudenken: über solche, die ein Kapitel und ganze Zyklen abschließen. Beziehungen, Jobs, Häuser, das Ende eines Lebensjahrzehnts – es kann um all diese Dinge und noch andere gehen, leichtere und schwierigere. Dabei ist auch erwähnenswert, dass diese Karte zwar keine Todesdrohung ist, dass aber alle sterben müssen; das Auftauchen dieser Karte in einer Legung kann einen Raum eröffnen, in dem Menschen über ihre eigenen Verlusterfahrungen nachdenken können. Diese Karte kann und sollte Gespräche darüber anregen, wie wir generell das Ende von etwas erleben. Sie erinnert auch daran, dass der Tod Teil des Lebenszyklus ist. Wenn etwas stirbt, führt das zu neuem Leben: zu einer metaphorischen Neugeburt. Die Atome, aus denen unser Körper besteht, waren alle schon tausend andere Dinge, ehe sie zu uns wurden, und wer weiß, was in Zukunft aus ihnen werden wird?

Der Aspekt dieser Karte, mit dem die Menschen tendenziell zu kämpfen haben, ist nicht die Möglichkeit einer Transformation, sondern der Schmerz des Beendens: die Arbeit, die es kostet, ein altes Leben, eine alte Version seiner selbst, alte Arten des Daseins und Denkens und Fühlens, zum Abschluss zu bringen; und am allermeisten schmerzt der Akt des Abschiednehmens. Wenn die Karte »Tod« in einer Legung erscheint, stellen die meisten Menschen die Frage: *Bin ich schon dazu bereit?* Manchmal lautet die Antwort Nein. Aber dann ist entscheidend (und hier liegt der Unterschied zur vorigen Karte mit dem Gehängten), dass es beim Erscheinen des Todes keinen Unterschied macht, ob man Nein sagt oder nicht. Bei dieser Karte geht es um Zeiten, in denen selbst dann, wenn du noch nicht bereit bist, selbst wenn jede Faser deines Seins noch festhalten möchte, die Veränderung – das Ende – auf dich zukommt. Die Gabe und die Herausforderung der Karte »Tod« ist, das zu akzeptieren. Der Tod ist unvermeidlich, sei es metaphorisch oder auch nicht. Wenn das möglich ist, kann dich das befreien. Und wenn nicht, kann es sich mehr nach einem Akt der Zerstörung anfühlen. Das Tarot mag keine Antwort auf dieses Gefühl haben, aber wenn es dir vertraut ist, dann ist diese Karte vielleicht eine Chance, dich einen Moment lang darauf einzulassen.

Die Vorstellung von Tod ist, dass er eine One-Way-Reise ist. Das ist auch oft so. Aber manchmal kannst du doch noch einmal zurückgehen und alles genau unter die Lupe nehmen oder die Geister der Vergangenheit einladen, dich heimzusuchen. Und hier liegt der Schatten dieser Karte: zurückfallen in alte Muster und Gewohnheiten und vergessen, dass sie aus gutem Grund beendet wurden. Manchmal fordert die Karte »Tod« dich auf, dich dem, was du in deinem Leben aufgeben musst, wirklich zu stellen, damit du diesen Weg nicht einschlägst. Eine Tür zu schließen ist eine Sache. Sie zu verriegeln ist eine andere.

FRAGEN, DIE DU STELLEN SOLLTEST, WENN DU DIESE KARTE SIEHST:
Stehst du vor einem Ende in einem Teil deines Lebens oder warst du kürzlich damit konfrontiert? Wehrst du dich gegen Veränderung? Gibt es etwas, das dir nicht länger dienlich ist? Kehrst du immer wieder zu Dingen zurück, die man ruhen lassen sollte? Welche potenzielle Zukunft eröffnet dir dieses Ende? Welche Neuerung würdest du gerne als Nächstes in dein Leben holen?

MÄSSIGKEIT (XIV)

Balance, Mäßigung, Kontrolle, Alchemie,
Exzess, Extreme, Ungleichgewicht

Wenn du anfängst, dich mit dem Tarot zu beschäftigen, gibt es einige Karten, die dich sofort ansprechen, und andere, deren Erscheinen du fürchtest. Die Mäßigung ist für viele Menschen (auch für mich) diese Karte.

Das ist im Grunde verständlich, denn die Mäßigkeit ist die Karte der Balance und der Mäßigung, und für die meisten Menschen, die ich kenne, ist das unbekanntes Gelände. Ein gesunder Mittelweg ist nicht die Standardeinstellung des modernen Lebens. Unsere Kultur treibt uns zu Produktivität und Exzess an: Immer wieder bekommen wir zu hören, wir könnten es besser machen und mehr erreichen, härter arbeiten, höher springen, klüger konsumieren und uns optimieren, um unseren Traum zu verwirklichen. Wie die gleichnamige Hauptfigur der Sitcom *Frasier* einmal sagte: »Ah, wenn schon weniger mehr ist, was meinst du, wie viel mehr mehr dann ist.« Ein Sprichwort sagt: »Alles in Maßen, auch die Mäßigung.« Die Mäßigkeit spricht ganz entschieden *nicht* von diesem Leben.

Die gute Nachricht bei dieser Karte ist, dass sie nicht aufgetaucht ist, um dich nach deinem Sportprogramm, deiner Ernährung, deinem Alkoholkonsum, deiner Verwendung einer Kreditkarte oder deinen Schlafgewohnheiten auszuhorchen. Die schlechte Nachricht ist, dass sie dich auffordert, etwas Kniffligeres zu erreichen. Mäßigung wird oft als Ausgleich zwischen schlechtem und gutem Verhalten dargestellt, aber die »Mäßigkeit« glaubt nicht daran, dass du durch ein Gegengewicht aus Schwierigkeiten herauskommst. Sie fordert nichts weniger als einen alchemistischen Prozess: Die Fähigkeit, mit Eleganz unterschiedliche oder gegensätzliche Kräfte zu etwas Neuem und weit Höherem zusammenzuführen. Im *Rider Waite Smith Tarot* wird das als Engel dargestellt, der sich über die Schwerkraft hinwegsetzt und Flüssigkeit aufwärts von einem Kelch in einen anderen fließen lässt. Im *Wild Unknown Tarot* verschmilzt ein Reiher Flamme und Wasser miteinander. Mäßigkeit repräsentiert etwas, das nicht leicht oder spontan geschieht. Sie handelt von einem Können oder von einer Praxis, die erfordert, dass du fachmännisch volatile und häufig völlig widersprüchliche Elemente kontrollierst. Ist das etwas, das du wiedererkennst? Oder ist es etwas, das du suchst?

Wenn bei einer Legung die Mäßigkeit auftaucht, ist das eine Einladung, darüber nachzudenken, ob und wo du diese Art von Kontrolle in deinem Leben hast. Sie verlangt nicht, dass du alles aufgibst und Mönch wirst, aber sie kann Gespräche darüber anstoßen, ob du eine klare Vision und einen stetigen Weg hast, oder ob es sich eher so anfühlt, als würdest du ständig zwischen Extremen hin und her schwanken und versuchen, Feuer zu löschen und Dinge zu kompensieren, die du getan oder nicht getan hast. Manchmal kann die Karte auch ein Wink sein, innezuhalten, tief Luft zu holen und dich zu sammeln, statt immer weiter so zu leben, als würdest du in einem Flipperautomaten stecken.

Die Mäßigkeit unterstreicht auch, wie wichtig es ist, sich dessen bewusst zu sein, welche Wirkungen deine Erwartungen an dich selbst und die Erwartungen anderer an dich haben können. Leben heißt sich verändern: manchmal ganz natürlich und aus eigenem Wunsch und manchmal auf das Drängen anderer hin. Diese Karte kann dich daran erinnern, dass es einen feinen Unterschied macht, ob du anpassungsfähig und bereit zum Wachsen bist, oder ob du so formbar bist, dass du dich am Ende auf dem Altar der Meinungen anderer Menschen opferst. Du kannst nicht allen alles sein: Ein Chamäleon sein ist eine Kunst, aber es laugt auch deine Kräfte aus. Diese Karte kann auch fragen, ob du allzu viele Masken trägst oder zu viele Ich-Formen abwechselnd annimmst, um anderen zu gefallen. Vielleicht ist es an der Zeit, große Gesten und schnelle Kostümwechsel aufzugeben und dich stattdessen der Gaben zu bedienen, die diese Karte anbietet: Geduld, Fürsorge und Authentizität.

FRAGEN, DIE DU STELLEN SOLLTEST, WENN DU DIESE KARTE SIEHST: Wie sieht dein Leben heute aus? Wo gibt es ein Gleichgewicht und wo ein Ungleichgewicht? Was bedeutet das Wort Mäßigung für dich? Vor welchen Herausforderungen stehst du? Bist du dir selbst treu oder wirst du stark von anderen beeinflusst?

DER TEUFEL (XV)

Muster, Zyklen, Abwehr, Sucht, Selbstbeschränkung, Meinungen, Kontrolle, Befreiung

Oh, hallo! Es ist der Teufel. Der mag nicht deine Lieblingskarte sein, aber bitte schreib ihn nicht gleich ab – es steckt mehr in ihm, als auf den ersten Blick sichtbar ist. Ist das tatsächlich Satan? Nein. Hat er einige große Fragen für dich auf Lager, die du dir stellen solltest? Selbstverständlich. Dieser Teufel ist der Herr der Muster, der Kreise und Zyklen, die sich immer wieder und wieder und wieder um sich selbst drehen. Und wenn er erscheint, ist es Zeit, dass du dich fragst, ob du dich in deiner Spirale nach oben oder nach unten bewegst.

Du weißt wahrscheinlich intuitiv, was er in seiner unmittelbarsten Interpretation bedeutet: Er ist die ultimative Schattenseite im Tarot. Er kann einige der wichtigsten Manifestationen negativer Kräfte in deinem Leben ansprechen: selbstzerstörerische Verhaltensmuster, Süchte, toxische Beziehungen. Wenn sich das nicht wie vertrautes Terrain für dich anfühlt, erkennst du ihn vielleicht in weniger dramatischen, aber nicht unbedingt weniger schädlichen Inkarnationsformen: im Grunde in jedem Verhaltensmuster, das dich gefangen halten kann. Manche sind echte Laster und schwierige Gefühle – Furcht, Wut, Selbsthass –, während sich andere eher wie schlechte Gewohnheiten anfühlen mögen: Immer wieder das Konto überziehen, sich ständig niedermachen, seinen Körper bis an die Grenzen treiben, statt ihn fürsorglich zu behandeln. Der Teufel steckt auch in einigen eher prosaischen Zyklen: Im morgendlichen Kaffee, den du haben *musst*, um funktionieren zu können, im Job, der dir verhasst ist, den du aber nicht aufgibst, weil sonst dein gewohnter Lebensstil gefährdet wäre.

Die Herausforderung dieser Karte ist klar, aber ihr Geschenk ist nicht ganz so offensichtlich – du musst genauer hinschauen, um es zu finden. In den meisten Darstellungen des Teufels sehen wir ein gehörntes Ungeheuer und zwei Gestalten rechts und links vor ihm, die mit Ketten um den Hals an seinen Thron gefesselt sind. Die Ketten sind locker. Sehr locker. Wenn sie wollten, könnten die Gefangenen des Teufels sie abstreifen und frei weggehen. Im *Nomad Tarot* ist der Teufel als Spinnennetz dargestellt, als labyrinthische Konstruktion von Fäden und Spiralen – aber es ist leer, keine auf Beute lauernde Spinne sitzt in der

Mitte. Die Wahrheit ist, dass es das Muster ist, das dich gefangen hält, nicht irgendeine unsichtbare diktatorische Autorität. Der Teufel handelt von den Dingen, bei denen nicht allein andere die Schuld tragen. Er erinnert uns daran, dass es nicht immer wahr ist, wenn wir uns sagen, es könne sich nichts ändern, wir säßen in dieser Lage fest, sie läge außerhalb unserer Kontrolle, es sei eben, wie es ist. Und dieses Wissen kann befreiend sein. Es kann der erste Schritt dazu sein, etwas anders zu machen.

Die Karte gibt uns eine Wahlmöglichkeit. Es gibt den Weg des geringsten Widerstandes, der Fortsetzung der Zyklen und Muster – und die Möglichkeit, sich ihnen entgegenzustemmen. Natürlich wird die zweite Option nicht leicht sein. Alte Gewohnheiten abzulegen ist schwer, und es kann jahrelanger Arbeit und Unterstützung bedürfen, die destruktivsten Zyklen zu durchbrechen. Aber es ist möglich – und vielleicht, ganz vielleicht ist es jetzt Zeit dafür. Wenn der Teufel auftaucht, fragt er dich, ob du bereit bist, diese Teile deines Lebens und deiner selbst anzugehen. Er erinnert dich an deine Macht dazu. Er sagt dir, dass du vielleicht tief graben, um Hilfe bitten und deine eigenen Annahmen über die Welt auf den Prüfstand stellen musst, aber er sagt dir auch, dass du das kannst. Du kannst es wirklich.

FRAGEN, DIE DU STELLEN SOLLTEST, WENN DU DIESE KARTE SIEHST:
Von welchen Dingen fühlst du dich gefangen gehalten oder von welchen beziehst du Trost? Von welchen Dingen glaubst du, du könntest ihnen nicht entrinnen? Ist das wahr? Welche Muster hast du in deinem Leben immer wieder beobachtet? Sind sie hilfreich oder schaden sie dir?

DER TURM (XVI)

Unerwartete Veränderung, Katastrophe, Offenbarung, Zerstörung, Revolution, Transformation, Wahrheit

Der Turm ist eine der schwierigsten Karten im Deck. Sie steht für eine schockierende, unerwartete Veränderung, bei der Strukturen, die bisher solide und unerschütterlich schienen, plötzlich in sich zusammenfallen. Das ist ein machtvolles Zerschmettern des Status quo, bei dem sich Wahrheiten als hohl herausstellen, bei dem einem der Boden unter den Füßen weggezogen wird, oder bei dem das Leben, das man bisher geführt hat, plötzlich eine ganz andere Richtung bekommt. Die Karte kann Erfahrungen ansprechen, die zu den schwierigsten von allen gehören: Todesfälle, Verrat, Verluste und Veränderungen aus heiterem Himmel, die einen ins Schleudern bringen. Sie handelt von jeglichem Ereignis, das deine Fundamente erschüttert und dein Selbstgefühl aus dem Gleichgewicht bringt.

Taucht diese Karte auf, wenn du für jemand anders die Karten legst, dann sei behutsam. Es gibt nur sehr wenige Menschen, die bis zum Erreichen des Erwachsenenalters nicht einen »Turm-Moment« erlebt haben, und diese Karte kann schwierige Erinnerungen wachrufen. Manchmal sind die Erinnerungen noch frisch – manchmal stehen die Menschen noch in den Trümmern und fragen sich, was sie jetzt tun sollen. Das ist einer der Augenblicke, in denen das Tarot keine Ratschläge bietet: Sein Geschenk liegt einzig darin, dass die Geschichte der Person angehört wird und dass es ihr eine Tür dafür öffnet, eine Zeit lang bei ihren Gefühlen zu verweilen, allein oder mit anderen.

Aber der Turm ist nicht nur schlecht – überhaupt nicht. Wendepunkte und Erkenntnisse, nach denen das Leben unwiderruflich verändert ist, sind sicher schockierend, aber sie können auch notwendig sein und sogar Gutes bewirken. Manchmal bist *du* die Person, die etwas zu Fall bringt. Der Turm kann das reinigende Feuer bedeuten, das Wegschaffen von Schutt, den Entschluss, aus Strukturen, Institutionen und Bindungen auszubrechen, die dir nicht länger dienlich sind oder die für überhaupt niemanden mehr einen Zweck erfüllen. Fiona drückt das sehr eloquent so aus: Der Turm bedeutet VERBRENNE ES! BRENNE ES NIEDER BIS AUF DIE GRUNDMAUERN! Manchmal bist du einfach mit etwas fertig – Schluss! Ende! Aus! Manchmal kann Zerstörung positiv sein: Indem du das Alte abreißt, bereitest du den Boden für einen Neubau.

Das ist die Karte der Revolutionen, kleiner wie großer.

Es ist die Karte sozialer und politischer Bewegungen, die sagen: Genug, es reicht; und auch die Karte für das Hinwerfen eines verhassten Jobs, für die Aufkündigung der Beziehung, die nicht klappt, und vielleicht für den Umzug auf die andere Seite der Welt. Doch diese Umwälzungen und diese Zerstörungen müssen nicht physischer Natur sein: Der Turm kann auch einen Moment phänomenaler Courage und Überzeugung sein, der Akt, der Wahrheit einer Sache auf den Grund zu gehen, und der Erleichterung, die du spürst, wenn du sie gefunden hast, wenn du in der Lage bist, ehrlich gegenüber dir selbst und der Welt zu sein.

Und noch etwas ist mir bei dieser Karte aufgefallen: Wenn sie auftaucht, bezieht sie sich nicht immer auf etwas, das tatsächlich geschieht, sondern vielmehr auf etwas, dessen Eintreten du fürchtest. Manchmal beschwörst du mental das Bild des Turms herauf, auch wenn er weit und breit nicht zu sehen ist. Er kann für katastrophisierendes Denken stehen: immer das Schlimmstmögliche befürchten, ständig auf der Hut sein und überall Bedrohungen wittern. Das ist nicht hilfreich und es macht auch die schockierenden Momente nicht leichter erträglich. Die abschließende Lektion des Turms ist, dass du dein Leben nicht in seinem Schatten führen solltest. Er begegnet uns allen hin und wieder, mit guten oder schlechten Folgen, aber immer per definitionem unerwartet.

FRAGEN, DIE DU STELLEN SOLLTEST, WENN DU DIESE KARTE SIEHST:

Ist dir in letzter Zeit etwas zugestoßen, das dich völlig entwurzelt hat? Wie verarbeitest du Umwälzungen? Gibt es etwas, das deiner Meinung nach zerstört werden muss, damit du dich weiterentwickeln kannst? Wird es etwas ändern, wenn du dir Sorgen darüber machst?

DER STERN (XVII)

Hoffnung, Erneuerung, Glaube, Heilung, Transformation, Verlust des Glaubens, Verzweiflung

Der Stern ist fast immer die schönste Karte in einem Tarotdeck. Normalerweise ist darauf eine nackte Gestalt allein im Sternenlicht zu sehen, die einen Fuß an Land und den anderen im Wasser eines fließenden Gewässers hat. Die Farben sind Blau und Gold, ruhig und still. Diese Karte spricht im Flüsterton, hat aber im Herzen vieler Menschen, die Tarotkarten deuten, einen besonderen Platz. Am besten versteht man ihre Energie, wenn man sich an eine klare Nacht erinnert (oder sie sich vorstellt) und an einen weiten Himmel über einem Ort, an dem kein anderes Licht als das Funkeln der Sternbilder über einem zu sehen ist. Ihre Energie ist das Gefühl, das sich einstellt, wenn man erkennt, dass man nur ein winziges Pünktchen von Bewusstsein in einem unermesslich großen Universum ist – und auch, dass man ein natürlicher und ganz vollkommener Teil davon ist. Das ist ein Ort des Friedens und der heiteren Gelassenheit.

Wie viele der schönsten Dinge hat auch diese Karte mehr als nur einen Hauch von Melancholie an sich. Sie repräsentiert Erneuerung und umfasst daher notgedrungen auch vergangene Schwierigkeiten: einen Verlust, einen Verrat, eine tiefe Traurigkeit, ein Ende. Sie erinnert uns daran, dass es selbst in tiefer Verzweiflung noch Hoffnung geben kann. Beim Stern kommt mir immer ein Brief des amerikanischen Autors E. B. White an einen Mann in den Sinn, der ihm schrieb, er habe den Glauben an die Menschheit verloren (was zufällig auch ein Gefühl ist, das zur Schattenseite dieser Karte gehört). In seiner Antwort meint White, er solle den Schmerz anerkennen, sich aber nicht davon überwältigen lassen. Solange es noch einen aufrechten Mann gebe, solange es noch eine mitfühlende Frau gebe, könne das ansteckend sein und die Lage sei nicht desolat. Hoffnung sei das, was uns in einer schlimmen Zeit noch bliebe.

An der Hoffnung festzuhalten, besonders im Nachgang an ein Trauma oder angesichts überwältigender Schwierigkeiten, kann sich sinnlos anfühlen. Aber der Stern fordert uns auf, es trotzdem zu tun. Er will uns nicht weismachen, dass jetzt alles bestens ist; er negiert nicht die Vergangenheit und verspricht nicht, dass die Zukunft perfekt sein wird. Es geht nicht darum, Dinge in Ordnung zu bringen, weil du nicht in Ordnung gebracht werden musst. Deine Erfahrungen sind Teil dessen, was du bist und was du werden wirst. Diese Karte erkennt an, was geschehen ist, und bietet oft Raum für Reflexion – und auch für Heilung, wenn du das brauchst –, wobei sie die Fähigkeit anspricht, Frieden in dir selbst zu finden, auch wenn die Welt im Chaos versinkt. Numerologisch ist der Stern mit den Achten der Kleinen Arkana verwandt und mit der Karte »Kraft«, also mit Karten, die die Selbsterkenntnis, Selbstakzeptanz und Momente ansprechen, in denen du nach innen schauen, aus dir selbst Kraft schöpfen und vorwärts gehen kannst.

Die schönste Gabe des Sterns ist vielleicht sogar eine Erinnerung daran, was auf der anderen Seite der Erfahrung liegt. Rebecca Solnit schreibt in *Die Kunst, sich zu verlieren:* »Lass die Tür offen für das Unbekannte, die Tür in die Dunkelheit. Dort kommen die wichtigsten Dinge her, dort bist du selbst hergekommen, und dort wirst du auch wieder hingehen.«[20] Wir können nicht alles vorher wissen oder uns auf alles vorbereiten, was in unserem Leben geschehen wird. Wir überleben mehr, als wir glauben, ertragen zu können. Das Geschenk dabei, und das Geschenk des Sterns ist, dass wir verwandelt werden.

FRAGEN, DIE DU STELLEN SOLLTEST, WENN DU DIESE KARTE SIEHST:
Was hast du auf deiner Lebensreise gelernt? Gab es Momente der Traurigkeit und des Schmerzes, die dich zu dem gemacht haben, was du bist? Würdest du alles noch einmal so machen? Bist du dazu fähig, dich dem Unbekannten zu stellen? Kannst du an der Hoffnung festhalten?

DER MOND (XVIII)

Das Unbewusste, Illusion, Träume, Geheimnisse, Widersprüche, Verwirrung, Furcht, Verdrängung, verborgene Wahrheiten

Wenn du die Mond-Karte siehst, wirst du wahrscheinlich an den Himmelskörper denken, und das ist kein schlechter Ausgangspunkt. Zum Mond stellen sich zahlreiche Fragen, auch über seine Beziehung zum menschlichen Handeln. Ist er ein sanfter, silberfarbener Beobachter, der unsere Geheimnisse bewahrt, oder ein Scheinwerfer, der die Dinge allzu detailreich in grelles Licht taucht? Ist er ein wohlwollender Linienmanager am Himmel oder eine Macht, die uns verrückt macht und deren Willen wir uns ständig beugen müssen?

»O Mond / der du in dir trägst / deinen eigenen Totenkopf, deinen dunklen / warum hackst du dich ab / Stück für Stück«, fragt die britische Dichterin Alice Oswald in ihrer Mondhymne.[21] Das Problem und der Knackpunkt sind, dass der Mond (Himmelskörper) niemals antwortet. Er geht auf und geht unter, rundet sich, schwindet dahin, leuchtet und verblasst. Er ist eigenständig und verlässlich variabel. Die Mond-Karte ist ganz genauso. Wenn diese Karte auftaucht, ist sie im Grunde eine Einladung zur Unordnung. Sie sagt uns, wir sollten das Programm vergessen – wir sind schon über die Strecke hinaus, auf der es eine Struktur gibt, und jetzt ist niemand mehr zuständig. Auch sämtliche Faktenchecker sind gefeuert worden. Das Feld ist offen, und wir heißen jetzt alle Beiträge von unserem alten Freund, dem Unbewussten, willkommen.

Das ist nicht das erste Mal, dass wir bei den Großen Arkana dem Unbewussten begegnen. Aber während die Hohepriesterin dafür steht, es ins Werkzeug der Intuition zu leiten, serviert der Mond es uns unverdünnt, rein, roh und wild. Es steht für das Gefühl, halb wach oder im Fieber zu sein, in einem Zustand, in dem das Reale und das Illusionäre zusammenstoßen und nicht mehr voneinander zu unterscheiden sind. Es ist das Gefühl, dass man nicht sicher ist, ob man etwas nur geträumt hat oder ob es tatsächlich geschehen ist. Es ist ein Umhertasten im Dunkeln, bei dem man gar nicht mehr weiß, wo man ist. Es fragt, ob du dich in diesem Halbdunkel wohlfühlst oder ob du dich dem Licht zuwenden musst?

Man kann auch unmöglich die Tatsache ignorieren, dass diese Karte Geisteskrankheit ansprechen kann und auch den langsamen mentalen Abbau, den so viele in höheren Jahren erleiden. Es kann auch um Gelegenheiten gehen, bei denen alte Erinnerungen ans Licht kommen wie Schiffswracks und du mit den Erfahrungen rechnen musst, die dich zu dem gemacht haben, was du bist, ohne dass du es überhaupt gemerkt hättest.

Der Mond repräsentiert im Allgemeinen eine unangenehme Erfahrung für einen Fragesteller. Der Versuch, Fakten von Gefühlen, wirkliches Leben von der Fantasie oder grundlose Ängste von legitimen Quellen der Sorge zu trennen ist mühsam und häufig schmerzhaft. Manchmal gelingt das nicht, was ein verwirrendes Erlebnis und verstörend ist für den, der es mit ansieht. Dafür gibt einem der Mond die Erlaubnis, das Unbewusste übersprudeln zu lassen. Er legt dir nahe, dass du mit dem Versuch aufhören solltest, alles unter den Teppich zu kehren und dich stattdessen den Dingen stellen solltest. Ihnen zuhören. Sie sichten. Jemand hat mir beigebracht, dass einer der besten Wege, ein Gedankenkarussell zu stoppen, darin besteht, zehn Minuten lang all meine Ängste und Befürchtungen niederzuschreiben, auch diejenigen, von denen ich weiß, dass sie absurd sind. Allein, diese Gedanken laut auszusprechen oder zu Papier zu bringen, kann dazu beitragen, sie zu beschwichtigen.

Und manchmal, wenn auch nicht immer und wahrscheinlich nicht oft, möchtest du Mondgefühle haben. Du möchtest vielleicht nackt und frei im Mondlicht tanzen. Du möchtest vielleicht eine Nacht lang deinem Unbewussten freien Lauf lassen. Das ist auch in Ordnung. Der Mond würde dich niemals dafür verurteilen.

FRAGEN, DIE DU STELLEN SOLLTEST, WENN DU DIESE KARTE SIEHST:
Hattest du in letzter Zeit seltsame Träume? Fühlst du dich verwirrt oder ängstlich und weißt nicht genau, warum? Gibt es etwas, das du möglichst aus deinen Gedanken verbannen möchtest? Wie kannst du aufmerksamer und freundlicher auf dich selbst hören?

DIE SONNE (XIX)

Freude, Optimismus, Vergnügen, Gutes, Positivität,
Klarheit, Unsicherheit, Leugnen

So, da sind wir, gut gemacht, du hast sie gefunden: die wohl beste Karte im ganzen Tarot. Diese Karte steht für eine so reine Freude, dass sie normalerweise durch ein nacktes Kleinkind dargestellt wird, das fröhlich auf einem Pony reitet und über dem eine große, lächelnde Sonne strahlt. *Das könntest du sein!*, sagt das Tarot. Ist das nicht wunderbar? Entledige dich all deiner Kleider (metaphorisch)! Lass die Sonne auf deine (metaphorisch) nackte Haut scheinen!

Denke nicht lange über diese Karte nach: Die Sonne ist da und will dich dazu ermuntern, im Hier und Jetzt zu sein, die Sonne nach Kräften in dich aufzusaugen und vielleicht auch etwas von ihrer Wärme auf die Menschen um dich herum auszustrahlen. Die Reise durch das Tarot und durch das Leben ist nicht immer ein Picknick, daher ist es schön, auf eine Szene reiner Freude zu stoßen. Vielleicht weißt du schon, was diese Karte für dich bedeutet – vielleicht erlebst du gerade einen Sommer in deinem Leben, die Dinge fühlen sich leicht an, das Glück ist in Reichweite, Pläne können geschmiedet werden und Probleme sind lösbar. Vielleicht ist diese Karte auch ein Bild für deine Lebenseinstellung: die Fähigkeit, immer jenen unbesiegbaren inneren Sommer zu finden, ganz gleich, wie das Wetter im Außen sein mag. So oder so ist die Botschaft der Karte klar: Nimm diesen Augenblick wahr und feiere ihn oder genieße diese Kunst. Schätze und ehre alles und alle, die dir helfen, dich energiegeladen und lebendig zu fühlen.

Selbstverständlich enthält auch die glücklichste Karte im Deck ihre Herausforderung. Wenn du zufrieden bist, ist die Sonne eine wunderbare und willkommene Karte bei einer Legung. Aber wenn das Leben gerade nicht so glatt läuft, kann sich das Auftauchen dieser Karte wie ein Schlag in die Magengrube anfühlen, wie eine höhnische Erinnerung an etwas, das du gerade nicht hast. Wenn du unglücklich bist, fühlt sich Glück wie ein exklusiver Club an, dem du nicht angehörst. Graue Tage können sich durch Erinnerungen an goldene Tage noch düsterer anfühlen.

Während der Mond das Unbewusste anzapft, hat die Sonne mit den Dingen zu tun, die man sehen, erkennen, benennen und im Herzen tragen kann. Was also bringt diese Karte für dich ans Licht? Ist sie eine Widerspiegelung dessen, wie du dich fühlst, oder trifft sie auf eine schmerzempfindliche Stelle? Was wirst du mit diesen Gefühlen anfangen?

Manche Menschen scheinen das innere Licht der Sonne leichter bewahren zu können als andere. Kinder haben es beispielsweise oft im Überfluss. Die Älteren unter uns müssen es oft bewusst kultivieren. Für viele ist »die Sonne« eine Übung. Das Tarot ist kein Dankbarkeitstagebuch – das haben wir bei den vorangegangenen 75 Karten ziemlich deutlich herausgearbeitet. Aber es weiß, welche Macht es hat, sich jeden Tag eine gewisse Zeit dafür zu nehmen, über das nachzudenken, was gut ist im eigenen Leben und was geklappt hat und immer noch klappt. Die Sonne ist nicht nur in Augenblicken überwältigenden Glücks, des Sieges und extravaganter freudiger Ereignisse da. Sie steckt auch in den einfachen Dingen, die einen beglücken: im Licht eines Spätnachmittags, in einem netten Gespräch mit jemandem im Park, im Glück, den Bus noch erwischt zu haben, oder etwas, das man braucht, exakt dort finden, wo man es erwartet hat, in einem Tag, an dem alles gut gelaufen ist, im Atem.

FRAGEN, DIE DU STELLEN SOLLTEST, WENN DU DIESE KARTE SIEHST:
Wie fühlst du dich heute? Bist du glücklich? Kannst du im Augenblick leben und dich an der Zufriedenheit freuen? Was schenkt dir Freude? Welche kleinen Dinge schätzt du? Wer bringt in deinem Leben die Sonne in dein Herz?

GERICHT (XX)

Konsequenzen, Karma, Metamorphose, Wiedergeburt, Abrechnung, Belohnungen, Schuld, Sühne, Absolution

Das Gericht ist in vielerlei Hinsicht das, was die Menschen eigentlich von der Karte »Gerechtigkeit« erwarten. Auf der einfachsten Ebene ist das die Karte, bei der man bekommt, was man verdient. Es ist der Augenblick, in dem du erntest, was du gesät hast, in dem deine Arbeit entweder Früchte trägt oder zu Staub zerfällt. Es kann die Karte des Karmas und der wohlverdienten Strafen sein: Ich habe meine bekommen und du bekommst deine. Man kann vor dem Gericht nicht davonlaufen und sich nicht vor ihm verstecken. Es ist da, um das Urteil zu sprechen – gut oder schlecht. Wenn diese Karte ein Meme wäre, dann würde es ungefähr lauten: »Schau an, schau an, wenn das mal nicht die Folgen meines eigenen Handelns sind!«

Aber es wäre nicht das Tarot, wenn es nicht noch einen weiteren, weniger augenfälligen Aspekt zu bedenken gäbe. Das Gericht handelt davon, dass man seine Schulden bezahlen muss, aber auch davon, was man tut, wenn die Schuld beglichen ist. Es ist eine Karte der Neuerfindung und Wiedergeburt. Wenn du mit dem Rider-Waite-Smith-Deck arbeitest, ist die Symbolik eher plump: Siehe, die Toten kommen aus ihren Särgen und erheben sich, die Arme zum Himmel emporgereckt! Ein heutiges Publikum assoziiert bei diesem Anblick häufig eine Zombie-Apokalypse. Wenn man jedoch mit der christlichen Tradition vertraut ist, wird man – ganz richtig – die Szene als das Jüngste Gericht erkennen, das ohne gehirnfressende Monster auskommt und dafür wesentlich mehr Gelegenheit bietet, auf eine höhere Ebene spiritueller Erfüllung zu gelangen. Dementsprechend wählen viele moderne Decks Bilder von säkularer Reinkarnation oder Metamorphose: Freundliche Geister, Schlangen und Schmetterlinge statt wiederbelebter Leiber.

Wenn in einer Legung das Gericht auftaucht, ist das oft eine Gelegenheit, zurückzuschauen und über das Bereinigen von Dingen und das Ablegen von Bürden nachzudenken. Diese Karte hat ein komplizierteres Verhältnis zu Veränderung und Verwandlung als beispielsweise die Karte »Tod«, weil es bei ihr nicht einfach um ein Ende geht. Es geht um das Gewicht von Erfahrung, Wissen und Scham, die ein Mensch ansammeln und mitnehmen kann. Die Karte ist die vorletzte der Großen Arkana: Sie kommt am Ende einer langen Reise und erkennt an, wie schwierig die

Reise gewesen sein mag. Du wirst einige Fehler gemacht haben, und es ist recht, dass du dich dazu bekennst – aber sie brauchen dich nicht zu definieren. Das Gericht fühlt sich in mancher Weise an wie eine substanziellere, vertiefte Version der Sechsen der Kleinen Arkana. Es steht am Schnittpunkt von Vergangenheit, Gegenwart und Zukunft und fragt: Was wirst du mitnehmen, und was wirst du zurücklassen? Hast du überschüssiges Gepäck, das du nicht auf die nächste Etappe der Reise mitzunehmen brauchst?

Ich denke, es ist ein bisschen zu wenig, wenn man dieser Karte nur zugesteht, dass sie davon handelt, ob man Bewunderung oder Strafe verdient. Natürlich gibt es auch Raum dafür, mit sich selbst zufrieden zu sein und zu feiern, was mit der Zeit aus einem geworden ist. Und auch Vergeltung hat hier einen Platz (in einem vernünftigen Rahmen), und das Gericht kann dich sicherlich dazu einladen, Rechenschaft abzulegen und deine Handlungen und Verhaltensweisen zu bewerten. Aber das größte Geschenk dieser Karte ist die Absolution. Sie erlaubt dir, Frieden mit dir selbst zu schließen und aufzuhören, immer wieder zu alten Verletzungen und Fehlern und Dingen, die du bereust, zurückzukehren. Sie lädt dich ein, deine alte Haut abzustreifen, und verspricht dir, dass du bald wieder auftauchen wirst, frisch und erneuert und voller glänzender Möglichkeiten.

FRAGEN, DIE DU STELLEN SOLLTEST, WENN DU DIESE KARTE SIEHST:
Was hast du getan, und was glaubst du, verdient zu haben? Welche Bürden schleppst du mit dir herum? Hält dich etwas davon ab, tief Luft zu holen und neu anzufangen? Hast du ein Bedürfnis nach Rache? Wer würdest du werden, wenn dich niemand daran hindern würde?

DIE WELT (XXI)

Vollendung, Erfüllung, Erleuchtung, Einheit, Erfolg, etwas beenden, Anfänge, Zyklen, Entwicklungsverlauf, Fortschritt, Verfall

Es heißt, die Geschichte wiederhole sich. Das ist eine Vorstellung, die in Kunst, Kultur, Philosophie und Wissenschaftstheorie immer wieder auftaucht: Die Idee, dass vielleicht die Zeit überhaupt ein Rad ist, das sich immerfort dreht und in dem sich Geschichte endlos wiederholt. Aus dem Stegreif könnte ich wahrscheinlich drei Romane, zwei Theaterstücke, einen Film plus (Bonus!) eine beliebte Fernsehshow aus den Neunzigerjahren benennen, in denen das das zentrale Konzept ist – und dir geht es höchstwahrscheinlich genauso. Das sind sehr gute Referenzen, wenn man der Welt begegnet.

Das ist die letzte Karte der Großen Arkana, und sie repräsentiert das Ende einer Reise. Hier löst sich der Knoten – das gibt dir die Chance, die Stränge deiner Geschichte zu betrachten und dir zu überlegen, wie du sie zu Ende führst. In den einfachsten Interpretationen ist hier der Punkt der Vollendung erreicht. Das kann ein sehr befriedigender Augenblick sein, der Erfüllung, Errungenes und vielleicht sogar Erleuchtung repräsentiert. Wie die Zehn der Kelche oder Münzen spricht diese Karte Einheit und Selbsterkenntnis an und bietet dir die Chance, darüber nachzudenken, was du erreicht hast und wie du dorthin gekommen bist (das ist schön). Aber im Gegensatz zu den anderen beiden ist die Welt ein Großes Arkanum, und das ist nur die Spitze des Eisbergs. Bist du also bereit, tiefer zu gehen?

Da diese Karte die Ziellinie ist, ist sie im Tarot zugleich der Startpunkt. Wie eine Schlange, die sich in den Schwanz beißt, bringt sie uns an unseren Ausgangspunkt zurück, jugendlich frisch und töricht. Die Welt dreht sich weiter: Sie ist ein Kreislauf, der in gewissem Sinne weder Anfang noch Ende hat, aber gleichzeitig eindeutig beides. Wie im Leben, so ist es mit dem Tarot: Es wartet stets eine neue Geschichte darauf, sich zu entfalten. Die Welt gratuliert dir, dass du diesen Kreis ganz durchlaufen hast und fragt dich dann: Und jetzt? Bist du bereit, wieder von vorn anzufangen?

Für fast alle fiktionalen Texte, die thematisieren, dass die Zeit ein Kreis ist, gilt – und das spricht für mich auch den Kern dieser Karte an –, dass die Zeitkreise nie in einer Reihe identischer Schleifen besteht, die sich in die Zukunft hinein erstreckt. Der Verlauf dieser Linie ändert sich jedes

Mal: Bei jeder Drehung des Karussells wird es entweder besser oder schlechter, in Abhängigkeit von deinem Handeln. Die Welt sagt dir, dass du diese Macht über dein eigenes Leben hast. Sie ist nicht nur der Augenblick der Vollendung, sie ist auch der Punkt, an dem du entscheidest, wie du deine nächste Runde angehen willst. Wirst du dabei besser oder schlechter abschneiden? Manche Teile deines Musters werden sich vertraut anfühlen – aber was hast du gelernt, das dir helfen könnte, sie zu ändern? Gibt es Gewohnheiten, die sich tief eingeschliffen haben, und die sich sogar noch tiefer eingraben könnten, wenn du nicht aufpasst?

Wenn die Menschen sagen, dass sich die Geschichte wiederholt, dann sagen sie es oft traurig, mit einem Seufzer der Resignation oder einem Unterton dunkler Vorahnungen. Das Tarot erinnert dich hier daran, dass es nicht so sein muss. Du kannst aus dem lernen, was früher war, auch aus deinen eigenen Erfahrungen, und dein Wissen dazu nutzen, deinen Weg zu verändern. Es kann eine Versuchung sein, zu dem Schluss zu kommen, dass alles immer nur schlechter wird, dass wir auf dem Weg nach unten sind, langsamer werden, unerbittlich auf das Ende zugleiten. Aber wie der Narr (der in gewissem Sinne als Nächstes kommt) schaut die Welt nach oben. Die Welt fragt: Und wenn es stattdessen aufwärts ginge mit dir?

FRAGEN, DIE DU STELLEN SOLLTEST, WENN DU DIESE KARTE SIEHST: Bist du am Ende von etwas angekommen oder hat etwas endlich Früchte getragen? Hast du das Gefühl, dass eine wichtige Reise abgeschlossen ist? Was hast du gelernt und wie wirst du es nutzen? Welches Gefühl hast du in Bezug auf die Zukunft?

Mit der Welt hast du nicht nur das Ende der Großen Arkana erreicht, sondern auch der 78 Karten des Tarotdecks. Es passt sehr gut, dass diese Karte am Schluss steht, da sie Kreisläufe anspricht: die Vollendung und den Neubeginn. Wir haben es schon zu Anfang gesagt und sagen es jetzt am Ende noch einmal: Es gibt über jede dieser Karten immer noch mehr zu lernen und es sind immer noch weitere Geschichten zu erzählen. Aber inzwischen solltest du genügend wissen, um dich selbst an der Tarotdeutung zu versuchen (falls du das nicht schon getan hast). Als zusätzliche Hilfe findest du hinten im Buch eine Übersicht über die Bedeutung der Karten auf einen Blick, mit knappen Stichworten, die dich an die Kernbedeutung einer jeden Karte erinnern.

Wenn du so weit bist, besteht der nächste Schritt darin, dein Wissen auf Sequenzen und Muster von Karten anzuwenden. Es gibt unzählige Kombinationen von Karten, die bei einer Legung herauskommen können – und kein Buch, das dir eine schlüssige Antwort darauf geben könnte, wie jede Karte mit all den übrigen interagiert. Das liegt bei dir – und das ist wohl das Beste am Tarot.

Kapitel 11

Einfache Legungen

Bei der Besprechung der Karten haben wir immer wieder darauf hingewiesen, dass sich die Position einer Karte bei einer Legung auf ihre Interpretation auswirken kann – darauf, ob ihre Licht- oder ihre Schattenseite im Vordergrund steht. Hier werden wir dir einige praktische Ratschläge dazu geben, wie du die Karten einer Sequenz deuten kannst, und wir werden dir auch einige Legemuster vorstellen, die sich für uns bewährt haben.

Es ist durchaus möglich, mit dem Tarot einfach so umzugehen, dass du eine, zwei oder eine Handvoll Karten ziehst und deinen Geist für die Möglichkeiten öffnest, die in ihnen liegen: Du hältst Ausschau nach Verbindungen und Mustern, suchst nach den Beziehungen zwischen den Karten und fragst dich selbst oder die Person, für die du die Karten auslegst, ob hier irgendetwas besonders Auffälliges zu sehen ist. Diese Methoden nutzen wir häufig für eher diskursive, lockere Deutungen; sie ist zwanglos und schön und erlaubt dir, all den verschiedenen Seiten und Bedeutungen der Karten nachzugehen.

Meistens leistet dir allerdings – besonders, wenn du neu anfängst – eine formellere Legung einen besseren Dienst. Eine Tarotlegung bietet dir eine Struktur, mit der oder gegen die du arbeiten kannst (*sehr* im Sinne des Hierophanten): Sie hilft dir, deine jeweilige Frage oder dein

Thema in einen klaren Fokus zu bringen, und leitet dich bei der möglichen Interpretation einer jeden Karte. Die richtige Legung für einen bestimmten Moment auszusuchen oder zu erfinden, kann ein wenig Übung erfordern, deshalb ist es sehr praktisch, wenn du einige Legemethoden im Kopf hast. Einfache Deutungen mit ein oder zwei Karten kannst du in ein paar Minuten durchführen, du kannst aber auch mit einer zehn oder zwölf Karten umfassenden Legung wirklich in die Tiefe gehen.

Im Kern ist eine Legung einfach das Muster, nach dem du die Karten hinlegst: Jede Position im Muster hat eine Bedeutung, die dir dabei hilft, die Karte zu interpretieren. Du – oder die Person, die mit einer Frage zu dir kommt – kannst die Karten einzeln der Reihe nach aus dem Deck ziehen, und zwar in dem Wissen, welche Position sie dann haben wird (so könntest du etwa zu jemandem sagen: »Bitte zieh eine Karte für eine Herausforderung, vor der du stehst.«), oder die Karten können gezogen und mit der Bildseite nach unten nach dem gewählten Muster gelegt werden, ohne das die einzelnen Positionen vorher durchgesprochen werden. Sobald das Muster vollständig ist, solltest du alle Karten auf einmal umdrehen und einen Augenblick das Gesamtbild wirken lassen, ehe du anfängst zu deuten. In diesem Augenblick schaust du dir an, was für eine Geschichte sie alle zusammen erzählen, ob es einige klare Muster oder Trends gibt. Gibt es viele Karten desselben Satzes? Fehlt ein Satz ganz? In welchem Verhältnis mischen sich die Großen und die Kleinen Arkana? Fällt irgendeine Karte als besonders groß oder merkwürdig auf?

Es gibt einige häufig genutzte Legemuster, die wir dir vorstellen werden, aber bei diesem Aspekt der Tarotdeutung kannst du sehr kreativ und explorativ sein – deshalb erklären wir dir auch, wie du deine eigenen Muster erfinden kannst. Es gibt auch zahlreiche Online-Gruppen, die neue Ideen für Legungen miteinander teilen, und wir möchten dich dazu ermuntern, sie zu besuchen, um zu sehen, ob etwas dabei ist, das dich besonders anspricht. Ob du es glaubst oder nicht: Auch Pinterest ist eine Fundgrube für inspirierende Ideen (erstaunlicherweise geht es dort doch nicht nur um Kochrezepte und Einrichtung), und es gibt auch einen reichen Schatz an Legungen, die sich an Jahreszeiten oder anderen zyklischen Erscheinungen orientieren – zum Beispiel Legungen bei Vollmond oder anlässlich der Tagundnachtgleiche. Das ist einer der ausgesprochen spielerischen Aspekte des Tarots, und wir möchten dich dazu ermutigen, ihn zu nutzen!

ZWEI KARTEN ZIEHEN

Manchmal möchte man keine ganze Mahlzeit, sondern bloß einen Snack. Das Ziehen von zwei Karten bietet dir genau das an: eine schmackhafte kleine Kostprobe Tarot, die dir erlaubt, etwas von der Speisekarte kennenzulernen, ohne dass du ihr mehrere Stunden des Tages widmen musst. Sie sind ein ausgezeichneter Weg, dein Wissen über das Deck zu testen, wenn du noch am Anfang stehst, oder den großen Zeh mal in ein tieferes Verständnis dafür zu tauchen, wie die verschiedenen Karten miteinander interagieren. Allerdings ist hier auch ein warnendes Wort angebracht: Das Ziehen von zwei Karten ist wie HIIT-Übungen für Okkultisten: Sie dauern nicht lange, sind aber überraschend intensiv.

Du / Dein Problem: Das ist eigentlich das Zentrum des Keltischen Kreuzes (eine Legung, über die du gleich mehr erfahren wirst) und kann eine nützliche Mini-Legung sein. Eine Karte steht für die fragende Person, die andere repräsentiert den Kern der Herausforderung, vor der sie steht.

Gut / Schlecht: Eine einfache Legung, wenn du dir eine Situation anschauen willst, vor der du stehst – sei es, ob du einen Job annehmen, zu einer Party gehen oder umziehen sollst. Das ist eine sehr gute Methode, zu ergründen, was daran gut sein kann und was daran wirklich schlecht sein könnte.

Sonne / Mond: Diese Legung haben wir für ein Event vor vielen Jahren erfunden und lieben sie inzwischen sehr. Dabei bittest du die fragende Person, eine Sonnenkarte für etwas zu ziehen, mit dem sie sich beschäftigen und das sie in ihr Leben aufnehmen sollte, und eine Mondkarte für etwas, das ihr vielleicht noch nie aufgefallen ist, das sie aber vielleicht beeinflussen kann.

Deine verborgene Stärke / Deine verborgene Schwäche: Warum nicht persönlich werden mit der fragenden Person, mit dieser risikoreichen, aber sehr lohnenden Legung? Sie kann zu offenen Gesprächen über die Persönlichkeit und darüber führen, wie Leute ticken. Wenn man plump damit umgeht, kann das auch als Rufmord herüberkommen. Lass Vorsicht walten!

In der blauen Ecke / In der roten Ecke: Du hast ein kniffliges Problem, das du nicht richtig begreifst, oder musst eine schwierige Entscheidung treffen, bei der es keine klare Antwort gibt? Dann nutze das Tarot quasi wie *Street Fighter* – zieh zwei Karten, die für unterschiedliche Aspekte der Sache oder für zwei verschiedene Wahlmöglichkeiten stehen, schicke sie in den Ring und lass sie die Sache ausfechten. Wir wünschen dir einen schnellen und zielführenden K. o.-Sieg.

Tarot Remix: Keine Legung im eigentlichen Sinne, aber ein sehr reizvoller Einsatz von zwei Karten ist, sie in einer Art Partnerschaft zu sehen – eine okkulte Variante von PROMI X SCHUHKOLLEKTION oder ein Tarot-Cronut (für Nichteingeweihte: der Cronut ist eine Mischung aus Croissant und Donut und hat eine sehr interessante Textur). Was haben die beiden Karten gemeinsam? Wo gibt es Spannung? Wie sieht ein Kind ihrer Liebe aus? Was bringen die beiden Energien gemeinsam hervor?

DREI KARTEN ZIEHEN

Drei Karten zu legen ist wohl die häufigste Anwendungsform des Tarots. Das ist einfach durchzuführen, und die fragende Person kann leicht folgen. Die Anzahl der Karten reicht aus, um eine interessante Dynamik zwischen ihnen entstehen zu lassen, ohne dass das Ganze allzu kompliziert wird. Die Besprechung kann zu einem langen Gespräch oder zu einem kurzen komprimiert werden. Und die Drei ist einfach eine sehr befriedigende Zahl.

Vergangenheit / Gegenwart / Zukunft: Die Übungslegung mit Stützrädern für alle, die zum ersten Mal die Karten legen! Wie du sie nutzen kannst, findest du höchstwahrscheinlich selbst heraus.

Ursprung / Situation / Richtung: Ähnlich wie die letzte Legung, aber weniger im Wahrsagen verwurzelt, wenn du nicht in die Zukunft blicken möchtest – hier geht es mehr um den Lebensweg einer Person. Woher kommt sie? Wo steht sie jetzt? Wohin wird sie gehen, wenn sie ohne Kurskorrektur so weiterlebt wie bisher?

Du / Ich / Wir: Ein Klassiker bei Deutungen für Freunde, Freundinnen, Liebespaare oder sonstige Menschen – es kann um den Deutenden / die Deutende und den Fragesteller / die Fragestellerin gehen oder einfach um zwei Personen, die zusammen eine Legung möchten. Jede zieht eine Karte, die ihre eigene Haltung widerspiegelt, und dann ziehen sie gemeinsam eine dritte Karte für die Dynamik zwischen ihnen. Viel Spaß beim Zuschauen – diese Ziehung stößt oft faszinierende Gespräche an.

Wo du gerade stehst / Was du gelernt hast / Was du noch lernen musst: Eine Legung, die auf beliebig viele Situationen anwendbar ist: Liebesleben, Arbeit, persönliche Entwicklung. Diese Legung kann dich gut dazu anregen, darüber nachzudenken, wie sich die Bedeutungen der Karten verschieben, wenn sie unter neuen Gesichtspunkten betrachtet werden.

Hör auf, das zu machen / Fang an, dies zu machen / Mach weiterhin das: Ja, das könntest du von beruflichen Beurteilungen her kennen. Aber es klappt wirklich gut bei Tarotdeutungen. (Und ja, wir haben natürlich beide schon hin und wieder überlegt, das als Grundlage für einen Jahresrückblick zu nutzen, um zu sehen, was dann passiert.)

Was du fühlst / Was du denkst / Was du erhoffst: Eine Art Legung für Herz, Kopf und Seele, die eine Gelegenheit bieten kann, widerstreitende Wünsche zu besprechen und Probleme zu entknoten. Du kannst sie auf alles anwenden: eine Beziehung, eine Stelle, die man dir angeboten hat, den Kauf von neuen Schuhen, eine neue Idee, der du vielleicht nachgehen willst.

DAS KELTISCHE KREUZ

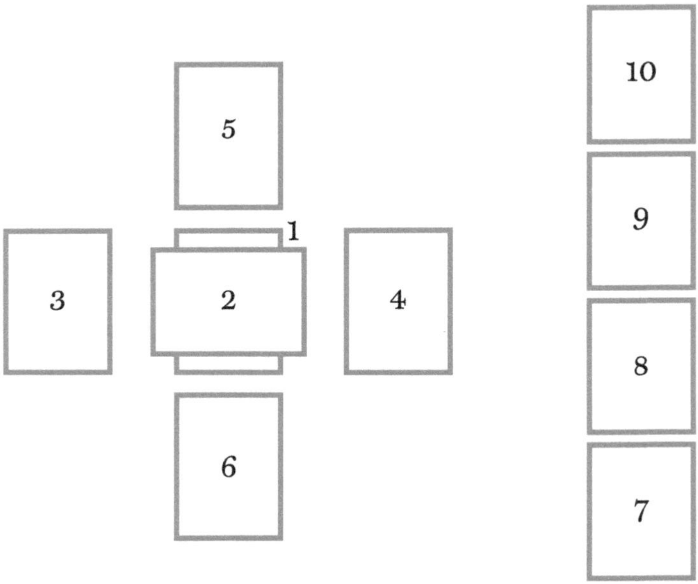

Für alle, die eine tiefgehende Tarotdeutung haben möchten, bietet sich das Keltische Kreuz als erster und treuester Freund an. Dieses ausladende Legemuster ist bei Tarotdeutenden beliebt, weil es so detailliert und umfassend ist. Du musst damit rechnen, dass eine Legung mit so vielen Karten mindestens eine halbe Stunde in Anspruch nimmt.

Beim Keltischen Kreuz liest man die Karten in einer bestimmten Reihenfolge – und es kann hilfreich sein, zu Beginn der Deutung eine nach der anderen mit dem oder der Fragenden durchzugehen. Aber der eigentliche Reiz dieser Legung besteht darin, dass sie dir so viel Raum für die Kunst gibt, die Interaktionen zwischen verschiedenen

Karten zu erkunden: die Muster und die Art und Weise, wie sie sich aufeinander beziehen.

Die Legung selbst besteht aus zwei zusammengesetzten Teilen: dem Kreuz (sechs Karten) und dem Balken (vier Karten). Der erste Teil ist introspektiv und gilt dem, was in der fragenden Person vorgeht und warum, während der zweite aktiver ist und mehr auf neue Möglichkeiten fokussiert ist. Beide Teile können auch selbstständig als kleinere Legemuster fungieren, und man kann sie sogar in noch kleinere Abschnitte unterteilen.

Das Kreuz:

1. **Die Situation:** Was geschieht gerade in deinem Leben oder was beschäftigt dich aktuell?
2. **Was »kreuzt« es:** Vor welchen Herausforderungen stehst du? Es ist wichtig, darauf zu schauen, wie diese Karte mit der ersten zusammenwirkt – die beiden bilden ein Paar.
3. **Der Ursprung:** Welches vergangene Ereignis, welche Erfahrung oder welches Gefühl kann sich auf die Situation auswirken, die von den beiden ersten Karten beschrieben wird?
4. **Die Bahn:** In welche Richtung bewegen sich die Dinge und was könnte in der Zukunft liegen?
5. **Bewusst:** Wessen bist du dir in dieser Situation bewusst, was treibt dein Verhalten oder deine Ansichten dazu an?
6. **Unbewusst:** Was könnte außerhalb deiner Wahrnehmung liegen, aber dein Denken beeinflussen? Welchen Kontrast oder welche Ergänzung liefert das zur Karte Nr. 5, dem bewussten Einfluss?

Der Balken:

7. **Was bringst du in die Situation mit:** Wie beeinflusst deine Haltung die Situation oder könnte sie beeinflussen? Manchmal wird diese Position als guter Rat aufgefasst.
8. **Äußere Einflüsse:** Was geschieht um dich herum? Wie beeinflussen andere Menschen die Situation? Wie sieht ihre Meinung dazu aus?
9. **Hoffnungen und/oder Befürchtungen:** Was wünschst du dir? Wie eng ist das mit dem verflochten, was du fürchtest? Wie verhält sich diese Karte zur Karte Nr. 6, den unbewussten Einflüssen, die mit hineinspielen? Kann sie Klärendes zur Karte Hoffnungen und/oder Befürchtungen beitragen?
10. **Rat:** Traditionell ist das eine »Ergebniskarte«, die angeblich darauf hinweisen soll, welche Konsequenzen sich aus deiner Situation ergeben. Aber wie wir schon erklärt haben, kann das Tarot nicht darüber entscheiden, wie sich dein Leben entwickeln wird! Wir deuten diese Position gerne als »etwas, das zu bedenken ist«. Es lohnt sich, auf die Karte Nr. 5 zu schauen, also auf das, was dir an dieser Situation bewusst ist, wenn du diese Karte deutest, um zu sehen, ob die Ideen auf einer Linie liegen oder ob es einen Konflikt gibt.

DEINE EIGENEN LEGEMUSTER ERFINDEN

Sobald du erst einmal den Bogen heraus hast, wie du dich bei den Deutungen von Legemustern leiten lassen kannst, ist es Zeit, dass du mit der Erfindung deiner eigenen Muster zu experimentieren beginnst. Manchmal kannst du ganz einfach etwas an deinen Gebrauch anpassen, mit dem du schon gearbeitet hast, oder die attraktivsten Aspekte verschiedener Legemuster kombinieren. Und manchmal kann das eine Chance dafür sein, dass du deiner Fantasie freien Lauf lässt. Es gibt eigentlich nichts, was du bei diesen Legungen nicht machen darfst – ich habe einmal eine Online-Legung mit dem Titel »Was zum Teufel?« gesehen, in der man aufgefordert wurde, vier Karten zu ziehen: eine für jedes Wort und eine für das Fragezeichen. Es kommt einzig und allein darauf an, ob das für dich ergiebig ist oder nicht.

Der Schlüssel zu einer guten Legung ist, dafür zu sorgen, dass jede Position eine sehr klar definierte Rolle in diesem Muster hat. Normalerweise ist es sinnvoll, zumindest eine Karte zu haben, die für den gegenwärtigen Moment oder die aktuelle Situation steht, denn das verankert dich im Hier und Jetzt. Obwohl manche Tarotleser das anders sehen, sind wir der Meinung, dass Ja-Nein-Fragen überhaupt nicht funktionieren (das Tarot verabscheut Eindeutigkeit!), deshalb musst du nach Aussagen Ausschau halten, die die richtige Balance zwischen Fokussierung und Offenheit haben. Da das Tarot so sehr in Archetypen und Erfahrungen verwurzelt ist, klappen Legemuster tendenziell am besten, wenn jede Position entweder einen Aspekt des Selbst, eine Haltung oder einen Vorschlag repräsentiert.

Möchtest du ein neues Legemuster ausprobieren, dann ist es auf der praktischen Ebene am einfachsten, wenn du es an dir selbst testest und schaust, was passiert. Sind die Positionen und die Blickwinkel, die du dir ausgedacht hast, zu breit angelegt oder zu eng, wenn du Karten dazu ziehst? Hast du das Gefühl, sie entfalten einen Reichtum und provozieren ein Gespräch, oder sind sie ein bisschen undurchsichtig und schwer zu verstehen? Wenn es nicht klappt, kein Problem! Es ist dein Muster! Du kannst es so lange ändern, bis es passt!

Einen Tipp müssen wir dir unbedingt noch geben, wenn du ein Legemuster erfindest: Schreib es auf und deponiere es irgendwo, wo du es wiederfindest. Fiona und ich haben jahrelang dasselbe Legemuster für Interviews auf der Bühne benutzt. Nachdem wir einen ganzen Sommer lang dieselbe Legung wieder und wieder gemacht hatten, waren wir beide davon überzeugt, dass wir sie nie, nie mehr vergessen würden. Und doch verschwindet sie jeden Winter irgendwie aus unserem Gedächtnis. Und so kommt alle Jahre wieder im Frühjahr der Moment, in dem wir panisch unsere Papiere durchwühlen und beide versuchen, die alte Karteikarte zu finden, auf der die ursprüngliche Legung festgehalten wurde. (Wenn eine von uns mehr vom Ritter der Münzen hätte, hätten wir ein besseres Ablagesystem, aber leider ist das nicht der Fall.)

Und schließlich sagen wir immer, ob bei einem eigenen Legemuster oder einem altbekannten: In Zweifelsfällen fügst du dem Chaos am besten noch ein (zusätzliches) Element hinzu. Es schadet nie, ganz am Schluss eine *wild card* zu ziehen – eine Karte, die für das Unerwartete steht, für etwas, das du bis jetzt nicht gesehen hast, das aber vielleicht Macht hat. Was, so fragen wir uns oft, kann dabei schon schiefgehen?

Kapitel 12
Praktische Magie

Nachdem du jetzt alle Karten im Deck kennengelernt hast und wir dir einige häufige Legemuster vorgestellt haben, bleibt nur noch eines übrig: Mach die Probe aufs Exempel. Das Tarot erfordert viel Übung. Anders gesagt, es ist Zeit, dass du deine innere Acht der Münzen mit Energie auflädst.

Um dir zu einem optimalen Nutzen des Tarots zu verhelfen, verraten wir dir hier unsere erprobten Techniken für das Auswendiglernen der Bedeutung der Karten und das Kennenlernen auf deine eigene Weise, dazu ein paar Tipps für deine ersten Legungen für andere Menschen – und noch einige Ratschläge für die Auswahl eines Tarotdecks und seine Aufbewahrung.

Teile des Decks deuten

Man kommt nicht um die Tatsache herum, dass ein Tarotdeck viele Karten enthält. Es braucht Zeit, sie alle kennenzulernen, und der Versuch, sich alle 78 Bedeutungsfelder einzuprägen, ist eine ziemliche Herausforderung.

Aber wie sagt doch schon das alte Sprichwort: Einen Elefanten isst man am besten, indem man ihn Bissen für Bissen verspeist. Beim Tarot ist es genauso: Für diejenigen, die das Gefühl haben, sie könnten nicht das ganze Deck auf einmal bewältigen – und das sind so gut wie alle –, gibt es die Möglichkeit, sich langsamer heranzutasten. Das Tarot ist wie eine wunderbare okkulte Satsuma: Es ist bereits in handliche Segmente unterteilt. Du würdest ja auch nicht versuchen, eine ganze Satsuma auf einmal in den Mund zu stecken, oder? (Bitte sag Nein.) Also, dann geh an die Karten genauso heran. Die Kleinen Arkana gehorchen einigen klaren Mustern und Regeln, und die 22 Großen Arkana bilden eine fortlaufende Erzählung – du brauchst also nicht mehr zu tun, als das Deck an diesen Linien entlang in seine fünf Hauptkapitel zu unterteilen. Dann machst du dich mit einem dieser Teile vertraut und deutest diesen, bis du einen sicheren Umgang mit der Bedeutung dieser Karten erreicht hast.

Der zweite große Vorteil des Erlernens einzelner Abschnitte des Decks ist, dass es so statistisch wesentlich wahrscheinlicher ist, dass du sämtliche Karten zu Gesicht bekommst. Wenn du mit einem vollständigen Deck arbeitest, können Wochen oder Monate vergehen, bis du eine bestimmte Karte wiedersiehst. Aber wenn du nur mit 15 oder 22 arbeitest, kann sich keiner der kleinen Schlingel so leicht verstecken. Diese Technik holt sie ans Licht und bietet dir eine wesentlich größere Chance, alle kennenzulernen.

Ein Tarot-Tagebuch führen

Tarotdeutung zu lernen besteht zu einem guten Teil darin, die Bedeutungen zu erlernen, die jeder der Karten zugeschrieben werden. Und dann kommt ein weiterer Teil hinzu – der in gewisser Weise interessanter ist –, nämlich das Entwickeln deiner eigenen Auffassung von der Symbolik einer jeden Karte. Deine persönlichen Antworten auf die Geschichten, die die Karten erzählen, werden deinen Deutungen Reichtum verleihen und mit der Zeit deine Beziehung zur Tarot-Praxis vertiefen. Decks wie das *Rider Waite Smith Tarot* sind so angelegt, dass alle grundlegenden Symbole, die du verstehen musst, buchstäblich auf den Karten aufgemalt sind – und als gute Tarotkundige, die wir sind, würden wir dich ermuntern, die allgemein akzeptierten Bedeutungen auswendig zu lernen. Aber wir wollen auch unterstreichen, dass im Laufe der Zeit ein bedeutsamer Anteil des Wissens über die Karten und deiner Freude an ihnen daraus hervorgehen wird, dass du sie durch die Brille deiner eigenen Erfahrungen und Ideen lesen und interpretieren kannst.

Zum Besten, was du tun kannst, sowohl um die Standardbedeutungen der Karten fest in deinem Gedächtnis zu verankern, als auch nach und nach eigene Interpretationen zusammenzutragen, gehört, dass du dir angewöhnst, ein Tarot-Tagebuch zu führen. Das muss nichts Großartiges sein: einfach ein Notizbuch, in dem du deine Gedanken zu und Eindrücke von Deutungen festhalten kannst, die du gibst und bekommst, dazu die Gespräche und Fragen, die daraus entstanden sind, dann, welches Licht die Deutungen auf die Beziehungen zwischen den Karten werfen und was ihre individuelle Bedeutung ist. Ein Tagebuch zu schreiben, ist ein hilfreicher Weg, deine Gedanken und Gefühle zu verarbeiten, und bei einem Tarot-Tagebuch ist das nicht anders. Es kann schwer sein, die genauen Details einer Deutung zu behalten, wenn du die Sitzung hinter dir gelassen hast – du gehst vielleicht mit dem Eindruck weg, du hättest eine Legung mit einer Menge Schwertkarten gehabt, obwohl es tatsächlich nur zwei waren, du dich aber auf sie fixiert hast. Du brauchst bei einem Eintrag nicht bis in die kleinsten Einzelheiten zu gehen – behandle einfach jede Deutung wie einen Tag, notiere dir besonders auffallende, überraschende oder irritierende Karten und halte ein bisschen etwas über den Kontext fest – das genügt.

Zu Beginn empfehlen wir dir eine Tagebuchübung, die wir beide als sehr wertvoll empfunden haben, nämlich, dass du für dich selbst regelmäßig eine Karte ziehst und deutest. Du reservierst dafür einen kurzen Moment – sei es jeden Morgen oder nur ein- oder zweimal in der Woche, je nachdem, wie es dir passt. Ziehe jedes Mal eine Karte, die den Tag repräsentiert – stell dir das wie einen kleinen emotionalen Wetterbericht oder wie eine Meditation vor oder wie den Polarstern, an dem du dich orientierst. Konzentriere dich einige Minuten lang auf das Bild. Schreib ohne nachzuschlagen auf, was bei seinem Anblick in dir aufsteigt, auch wenn du dich an keine seiner angeblichen Bedeutungen mehr erinnern kannst. Was glaubst du, wovon diese Karte handeln könnte? Welche Frage wirft sie auf? Gibt es irgendetwas Spezielles, an das sie dich erinnert? Sobald du deine ersten Eindrücke von der Karte aufgeschrieben hast, lies oder wiederhole ihre Beschreibung in einem entsprechenden Buch (Hi!) oder suche sie online und notiere dir, wenn dir noch etwas dazu einfällt. Du brauchst nur ein paar Minuten auf die einzelne Deutung zu verwenden, und im Handumdrehen – also, vielleicht in ein paar Monaten – hast du dich durch das ganze Deck hindurchgearbeitet und es wird sich für dich viel vertrauter anfühlen als am Anfang, als du begonnen hast.

An anderen Menschen üben

Denis Wood, Autor des Buches *The Power of Maps* (Die Macht der Karten), hat einmal erklärt, dass Straßenschilder für Fremde sind: Wenn ein Ort zu deinem Leben gehört, brauchst du kein Schild, das dir hilft, dich zu orientieren. Dasselbe gilt auch für das Tarot. Eine Zeit lang ist eine Anleitung der beste Weg, jede Karte mit einer Bedeutung zu verbinden und ein Gefühl für das Gelände zu bekommen, in dem du dich bewegst. Aber es wird ein Zeitpunkt kommen, an dem du die meisten Orientierungspunkte und die wichtigsten Dämme im Kopf hast und so weit bist, dass du auf Wanderschaft gehen und eine eigene, einzigartige innere Karte von diesem Ort anlegen kannst, wo immer er liegen mag.

Wenn ich »Wanderschaft« sage, meine ich »deuten«, und zwar für andere, statt nur Karten für dich selbst zu ziehen. Jen und ich haben lange zu zweit zusammengearbeitet, nicht nur, weil es Spaß macht, sondern weil es uns beiden geholfen hat, bessere Tarotleserinnen zu werden. Nichts motiviert dich so sehr, die Anleitung wegzulegen und dich dem zuzuwenden, was vor deiner Nase liegt, wie ein anderer Mensch mit seinen eigenen Geschichten und Fragen. Und je mehr du übst, desto flüssiger kannst du lesen. Deute also für deine Freundinnen und Freunde, für deinen Partner oder deine Partnerin, deute für Familienmitglieder, Kollegen, Haustiere und für erfahrenere Tarotdeutende. Schließ dich einem Tarotkreis in deiner Nähe an, such dir Freiwillige in Tarotforen. Aber vergewissere dich natürlich zuerst, dass sie auch dazu bereit sind. Und sage ihnen auf alle Fälle auch, dass du keine Todesfälle vorhersagen und auch nicht ihre tiefsten Geheimnisse und Unsicherheiten offenlegen wirst, weil du das buchstäblich gar nicht kannst. Das finden die meisten Leute beruhigend.

Natürlich werden deine ersten Kartendeutungen nicht perfekt sein. Manchmal wirst du ratlos sein. Manchmal wirst du die Bedeutung einer Karte falsch in Erinnerung haben. Und manchmal wirst du von einer Legung vor dir so überwältigt sein, dass du etwas sagst, das kaum einen Sinn ergibt. Das kommt vor! Aber mit der Zeit wirst du mehr Selbstvertrauen gewinnen und merken, dass es nicht darum geht, eine Bedeutung hundertprozentig genau und wortgetreu aufzusagen, die du in einem Buch gelesen hast. Es geht darum, die Karten dazu zu nutzen, eine Geschichte aufzubauen. Es geht darum zuzuhören, zu interagieren und ein sinnvolles Gespräch zu führen. Es geht darum, deine Geschichten und Erfahrungen miteinander zu teilen. Und das ist leichter, als du es dir vorstellst. Aber für alle Fälle geben wir dir hier fünf Ratschläge für deine ersten Deutungen:

Sag deinem Gegenüber, dass du Anfängerin bist. Eines Tages wirst du vielleicht eine große Mystikerin sein, aber im Augenblick übst du noch, und das sollten die Leute wissen. Vielleicht könnt ihr die Karten, die für dich keinen Sinn ergeben, gemeinsam durcharbeiten. Und vielleicht kannst du auch darüber lachen, wenn das völlig schiefgeht.

Lass dein Gegenüber hinter den Schleier blicken. Wenn du für jemanden deutest, der nichts über Tarot weiß, dann erkläre ihm vorher, was du tun wirst, welches Deck du verwendest und was er zu erwarten hat. Nach unserer Erfahrung haben die Leute weit mehr Freude an einer Tarotdeutung, wenn sie eine Ahnung haben, was da vor sich geht.

Stelle Fragen. Das Beste an dem freimütigen Eingeständnis, dass du beim Tarotdeuten nicht hellsehen kannst, ist, dass du nicht so tun musst, als könntest du das. Du hast nicht alle Antworten, aber du hast *alle Fragen.* Stelle sie! (Aber erzwinge keine Antwort.)

Sag es, wenn du nicht weiter weißt. Das passiert auch den Allerbesten. Irgendwann werden bei einer Legung drei Ritter auftauchen, oder du bekommst den Teufel, über dem quer die Sonne liegt, und fragst dich ratlos, was das im Zusammenhang mit der bevorstehenden Hochzeit einer Person zu bedeuten haben mag. Keine Panik! Gehe dem nach, was du weißt, und gib zu, was du nicht weißt. Und wenn es so aussieht, als würde dein Gegenüber die ganze Erfahrung abscheulich finden … dann kannst du einfach aufhören.

Lass dein Gegenüber ein Foto machen. Zum einen sind Tarotkarten schön. Zum anderen möchten die Leute manchmal in Ruhe für sich über das nachdenken, was du ihnen gesagt hast, oder die Karten googeln oder sie in einem Buch nachschlagen, um noch mehr zu erfahren. Das ist ein einfacher Weg, ihnen behilflich zu sein.

Muster, Trends, Nachbarn

Wir haben immer wieder Bezug genommen auf die Muster des Tarots und wie sie dazu beitragen können, dass du die Bedeutungen der Karten verstehen (und memorieren) kannst, aber das ist nicht der einzige Grund dafür, dass sie Aufmerksamkeit verdienen. Sie können auch wichtig sein, wenn es darum geht, zu interpretieren, wie die Karten miteinander interagieren. Es gibt einige gemeinsame Themen, die auffallen oder bedenkenswert sind, wenn du eine Legung machst:

Satz-Gefährten: Das am leichtesten erkennbare Muster besteht darin, dass bei einer Legung viele Karten desselben Satzes auftauchen – oder dass es eine ganze Gruppe von Großen Arkana gibt. Und der Schluss, der daraus zu ziehen ist, ist ziemlich eindeutig: Die Energie dieses Satzes steht für die fragende Person oder für die Situation, mit der sie konfrontiert ist, an vorderster Stelle. Der Satz mag vielleicht anfangs überraschend wirken – beispielsweise eine Reihe von Kelchen bei einer Legung über die Arbeit –, aber es lohnt sich, dass man versucht, die Bedeutung herauszufinden (in diesem Fall kann das etwa zu einer Diskussion darüber führen, ob die Arbeit der Person ihre emotionale Verfassung beeinflusst). Und wenn es zahlreiche Große Arkana gibt, bedeutet das häufig, dass bedeutende Ereignisse vor der Tür stehen.

Nachbarn: Da sämtliche Karten sowohl der Kleinen als auch der Großen Arkana als eine Reise gelesen werden können, bei der jede Karte auf der vorherigen aufbaut, kann das Erscheinen von Karten, die im Deck aufeinander folgen, zu der Überlegung führen, welchen Weg die fragende Person alles in allem zurücklegt. Macht sie Fortschritte oder fällt sie zurück? Vergiss nicht, dass es bei den Schwertern und den Stäben einige Karten gibt (die Neunen und Zehnen), in denen zurückgehen gut ist. Es kann auch lohnend sein, die Nachbarkarten im Kopf zu haben, wenn sie nicht zu sehen sind: Wenn beispielsweise der Stern erscheint, kann es nützlich sein, der fragenden Person etwas von seiner Beziehung zum Turm und zum

Mond zu erklären. Wie verhält sich dieser heilende, konstruktive Moment zu Erfahrungen unerwarteter Veränderungen oder schwieriger Umbrüche in ihrem Weltbild? Gibt es etwas, das sich noch immer ungelöst oder verwirrend anfühlt und das noch immer in ihrem Unbewussten lauert?

Gleiche Trikots: Wie die Spieler in einer bizarren Sportliga ist die Mehrzahl der Tarotkarten mit Zahlen versehen. Und was passiert, wenn mehrere mit der gleichen Zahl auftauchen? Das kann leicht auf eine falsche Fährte führen, wenn man nicht gerade Spezialist für Numerologie ist. Die numerischen Positionen der Kleinen Arkana sind von Bedeutung, und Karten mit der gleichen Position haben auch ein gemeinsames Thema. Doch aufgrund der sehr unterschiedlichen Natur der Sätze und der irregulären Zahlen der Großen Arkana (d.h., weil sie eine Null enthalten) sind Parallelen nicht immer erhellend, besonders wenn man sie durch die Brille einer Legung betrachtet. Dennoch lohnt es sich hin und wieder, genauer hinzuschauen: Eine Zehn der Stäbe und eine Zehn der Schwerter, die gleichzeitig auftauchen, könnten beispielsweise zu einem Gespräch darüber führen, ob man sich überwältigt und unglücklich fühlt. Drei Asse in einer Legung könnten auf eine Fülle an Potenzial hinweisen, aber auch auf das Fehlen einer Richtung. Ich rate dir, auf alle ungewöhnlichen Gruppierungen zu achten, dich aber bei den Zahlen mehr auf die Nachbarn zu fokussieren als auf gleiche Zahlen.

Hofkartengruppen: Normalerweise ist es kein Zuckerschlecken, wenn du bei einer Legung eine Gruppe von Hofkarten bekommst. So viele konkurrierende Persönlichkeiten! So viel Potenzial für Konflikte und Dramen! Ist das etwas, das der fragenden Person im Moment bekannt vorkommt? Hat sie das Gefühl, von vielen verschiedenen Menschen in viele unterschiedliche Richtungen gezerrt zu werden? Oder hat sie das Gefühl, mit sich selbst im Kampf zu liegen? Versuche zu erkennen, wo die Karten einander vielleicht unterstützen oder wo sie schlecht zusammenpassen, besonders im Kontext der übrigen Karten. Zwei oder drei Ritter in einer Legung? Das könnte auf die Notwendigkeit hindeuten, das Tempo zu drosseln und sich eine Atempause zu gönnen. Der König des einen Satzes und die Königin eines anderen? Gleichen sich diese Karten energetisch aus oder bringen sie das Schlechteste in der anderen ans Licht?

Geschwisterbeziehungen von Großen und Kleinen Arkana: Sie sind anfangs am schwersten zu entdecken, treten aber mit der Zeit deutlicher hervor, wenn du die Karten besser kennenlernst. Alle Großen Arkana haben Geschwister bei den Kleinen Arkana: Karten mit einer ähnlichen Bedeutung, die aber in leiseren Tönen ausgedrückt wird. Für die Astrologen sei angemerkt, dass die Paarbildungen formal darauf beruhen, von welchem Tierkreiszeichen jede Karte regiert wird. Der Teufel hat beispielsweise eine Schwester in der Königin der Münzen, weil sie beide Steinböcke sind. (Fiona und ich sind ebenfalls beide Steinböcke – lies in diese Tatsache hinein, was du willst.) Wenn diese Dyaden auftauchen, ist es am besten, dem gemeinsamen Thema große Aufmerksamkeit zu schenken. Es gibt auch Stellen, an denen du Echos und Ähnlichkeiten zwischen den Karten erkennen wirst, und zwar aufgrund der Positionen, in denen sie bei einer Legung erscheinen, selbst wenn sie keine Geschwister sind – etwa, wenn zwei

Karten der Kleinen Arkana sich anscheinend zusammentun. Gestatte dir, diesen Verbindungen nachzugehen: Lass die Karten in einen Dialog miteinander treten, sodass eine der Bedeutung der anderen neue Dimensionen verleihen kann, statt dass sie auf in sich geschlossene Bereiche beschränkt bleiben. Das kann den Reichtum und die Nuancierung deiner Interpretationen wesentlich steigern.

Dein Tarotdeck aussuchen

Inzwischen sind Hunderte, wenn nicht sogar Tausende von Tarotdecks erhältlich – viele davon wurden von unabhängig arbeitenden Künstlern und Designern entworfen, die das Tarot in unterschiedlicher Weise neu interpretiert haben. Und zu den großen Freuden beim Tarot gehört es, ein neues Blatt zu entdecken, es durchzuschauen und zu sehen, wie jede Karte gestaltet wurde. Wenn du beim Umgang mit den Karten erst einmal festen Boden unter den Füßen hast, empfehlen wir dir sehr, dass du dir unterschiedliche Tarotvarianten anschaust und eine suchst, die dich anspricht.

Vielleicht spricht sie dich an, weil du ihre Interpretation der Tarotsymbole besonders gelungen findest, oder vielleicht auch, weil du sie besonders hübsch findest. Oder vielleicht aus einem ganz anderen Grund! Aber was immer dahintersteckt, folge deinem Instinkt. Am Ende hast du vielleicht zahlreiche verschiedene Decks, die du für unterschiedliche Anlässe verwendest, oder auch nur eins oder zwei, auf die du immer wieder zurückgreifst. Noch eine kleine Warnung für den Kauf von Tarotkarten: Pass beim Aussuchen auf, ob du ein *pip deck* vor dir hast. *Pips* sind Tarotdecks, bei denen nur die Großen Arkana illustriert sind, während die übrigen 56 Karten nur an den Zahlen und den Sätzen erkennbar sind. In manchen Situationen sind sie hervorragend (keine Bilder von Toten mit zehn Schwertern im Rücken), aber dafür offenkundig für Anfänger schwieriger zu handhaben, die noch dabei sind, die Bedeutungen aller Karten zu erlernen.

Vielleicht ist dir auch schon die Tradition oder der Aberglaube zu Ohren gekommen, dass man kein Tarotdeck für sich selbst kaufen sollte. Wir stehen zwar ganz und gar hinter dieser Tradition – denn was ist schöner, als von einem Freund, einer Freundin ein wunderschönes neues Tarotdeck geschenkt zu bekommen? Aber es ist auch völlig in Ordnung, deine Karten selbst zu kaufen. Die Karten werden es nie erfahren. Nebenbei sei noch angemerkt, dass das, was jemand anders für dich aussucht, nicht unbedingt das ist, was du selbst gewählt hättest. Zum Beispiel hat mir mein Großvater einmal ein Kama-Sutra-Tarotdeck geschenkt, das er auf einem privaten Flohmarkt gekauft hatte. (Die Person, die es ihm verkauft hat, hat ausdrücklich behauptet, es sei noch nie verwendet worden, aber ich bin und bleibe misstrauisch.)

Die Karten mischen

Du kannst die Karten mischen, wie immer du möchtest – und wenn du im Kartenmischen sehr schlecht bist und sie manchmal fallen lässt, kein Problem. Manche Deutende ziehen es vor, die Karten an die fragende Person auszuteilen, andere breiten die Karten fächerförmig aus und schieben sie dann mit den flachen Händen in kreisförmigen Bewegungen herum, was man »durchwühlen« nennt (und auch in Casinos macht), bis sie gut gemischt sind. Dann werden sie wieder aufgefächert, und die fragende Person wird gebeten, ihre Karten zu ziehen. Die einzige durchgängige Praxis, die allerdings auf der Hand liegt, besteht darin, die Karten mit der Bildseite nach unten zum Aussuchen auszubreiten, damit die Person, für die man die Legung macht, nicht sehen kann, welche welche ist und die große Offenbarung verdirbt.

Deine Karten aufbewahren

Das Lagern der Karten ist ein weiteres Thema, zu dem es eine Reihe von Traditionen gibt. Manche behandeln ihre Tarotkarten sehr sorgfältig, hüllen sie in ein Seidentuch ein und erlauben niemandem, sie zu berühren. Andere gehen mit ihrem Deck genauso um, wie sie mit einem Deck Spielkarten umgehen würden – es ist irgendwo in den Tiefen ihrer Tasche verstaut, zusammen mit eingetrockneten Kugelschreibern, einem Feuerzeug, Tampons und Kassenzetteln aus den letzten sechs Jahren. Es gibt kein Richtig und Falsch. Wenn du das Gefühl hast, deine Karten sollten frisch und sauber sein, dann folge deinem Instinkt. Wenn du dich mit einem abgegriffenen Deck mit Gebrauchsspuren wohlfühlst, dessen Ecken schon abgestoßen sind und das Tintenflecke aufweist, dann ist das ebenso in Ordnung. Vielleicht hast du am Ende eine ganze Sammlung von Decks, von denen einige eine Sonderbehandlung bekommen und andere die Arbeitspferde für den Alltag sind. Bei der Aufbewahrung von Tarotkarten gibt es, wie du siehst, keine Regeln außer denen, die du selbst aufstellst.

Und die einzige Regel, die wir für uns aufgestellt haben, lautet: Wenn wir Tarotkarten irgendwohin mitnehmen, wo das Risiko von schlechtem Wetter droht, wie etwa bei einem Musikfestival in einem britischen Sommer, dann legen wir jedes Deck in einen schönen, wiederverschließbaren Sandwichbeutel. Das Tarot mag altehrwürdig sein, aber wir haben aus bösen Erfahrungen gelernt, dass es keineswegs wasserfest ist.

Kapitel 13

Und jetzt?

Wir hoffen, dass wir dich so ins Tarot eingeführt haben, dass du sehen konntest, wie faszinierend, erhellend und sogar magisch es sein kann – und dass du nun bereit bist, es selbst auszuprobieren. Aber wir sind nur ein kleiner Teil einer großen, vielfältigen und ständig sich verändernden Gemeinschaft von Menschen, die im Tarot etwas Liebenswertes für sich entdeckt haben, und wir ermutigen dich, diese Welt noch weiter zu erforschen.

TAROTDECKS

Wir können unmöglich all den verschiedenen Decks Rechnung tragen, die es gibt, aber wir möchten dir einige vorstellen, die wir im Lauf der Jahre gerne gedeutet und näher erkundet haben.

Decks, die sich eng an die Ikonographie des Rider-Waite-Smith-Decks halten, aber ihren eigenen Illustrationsstil haben:

The Aquarian Tarot **von David Palladini:** Ein schönes und einfaches Jugendstildeck.

Modern Witch Tarot **von Lisa Sterle:** Ein Deck mit vielen, sehr unterschiedlichen Frauengestalten. [Deutsche Ausgabe mit Anleitung erhältlich, A. d. Ü.]

Dalí Tarot: Ein Tarot, wie Dalí es sich vorgestellt hat! Überraschend wenig surreal.

The Magician Longs To See Tarot **von Benjamin Mackey:** Bei diesem Deck ist die Kultserie *Twin Peaks* auf ein Tarotdeck projiziert – und das klappt überraschend gut. Die »Log Lady« ist natürlich die Hohepriesterin. Es ist leider fast unmöglich zu ergattern (Fiona schaut immer wieder mal bei eBay nach, ob sie vielleicht ein gebrauchtes aufstöbert), aber Mackey zeigt das ganze Deck auf seiner Website, wo du dich daran erfreuen kannst.

Decks, die andere visuelle Interpretationen (und manchmal auch Kartennamen) enthalten:

***Spolia Tarot* von Jen May und Jessa Crispin:** Es gehört zu unseren Dauerfavoriten und sieht aus, als sei es aus den kostbarsten Materialien collagiert worden, die man sich vorstellen kann.

***The Wild Unknown Tarot* von Kim Krans**: Dieses Deck im Stil von Federzeichnungen bezieht seine Figuren aus der Welt der Natur und ersetzt die menschlichen Gestalten durch abstraktere Bilder von Tieren und Pflanzen.

***The Cosmic Woman Tarot* von Lisa Junius:** Ein leicht deutbares Deck, in dem nur nackte Frauenfiguren unter einem Sternenhimmel zu sehen sind. Einfache, klare Linien und eine beruhigende blaue Farbpalette.

***Circo Tarot* von Marisa de la Peña:** Ein verspieltes Tarot mit dem Zirkus als Thema; das Deck ist in leuchtenden Farben gehalten und wirkt fröhlich – aber lass dich nicht täuschen, es hat einen sehr passenden Anflug von Wildheit.

Akamara Tarot: Ein vergoldetes 78er-Deck, das eine Hommage an die Gabe der Weissagung und die spirituelle Vielfalt der Afrikanischen Diaspora ist.

Carnival at the End of the World Tarot und das ***Tarot of the Drowning World*** von Kahn & Selesnick: Beide Decks sind kreativ in ihren bildlichen Interpretationen – unheimlich, aber umwerfend.

***Tarot del Fuego* von Ricardo Cavolo:** Wie alle Illustrationen von Cavolo ist auch dieses Deck bunt und kühn, und auf jeder einzelnen Karte sind viel (VIEL) mehr Augen zu sehen, als man erwarten würde.

***Tarot of the Old Path* von Sylvia Gainsford:** Ein Deck

aus den frühen 90er-Jahren, das für heidnische Deuter*innen mit einer herrlichen Ästhetik im Stil von Mittelaltermärkten entworfen wurde. Eine Karte soll angeblich ein Porträt von Barbra Streisand sein.

***The Numinous Tarot* von Cedar McCloud:** Dieses wunderschöne Deck ist eine fantasievolle Umgestaltung des Tarot, die hinsichtlich Gender, Ethnie und Identität inklusiver ist. So wird beispielsweise aus der Herrscherin der/die Nährende, was den Schwerpunkt von einer Mutterfigur zu der Vorstellung hin verschiebt, dass wir uns selbst und andere hegen und pflegen sollen, vielleicht so ähnlich, wie wir das mit einem Garten tun würden.

***Omni Tarot* von Olivia M. Healy:** Ein modernes Deck, das sich dennoch zeitlos anfühlt, in dem langbeinige, meist einzelne und überwiegend weibliche Figuren durch die Karten hüpfen.

***Thoth Tarot* von Aleister Crowley und Lady Frieda Harris:** Das Deck hat eine etwas andere Struktur als das von Rider-Waite-Smith und wird als alternative Vorlage für eine Reihe moderner Designs genutzt. Der Stil der Illustrationen ist der okkulte aus der Mitte des 20. Jahrhunderts: eher folkloristisch als dunkel und verschlungen. Es sollte jedoch angemerkt werden, dass Crowley selbst eine umstrittene und auch problematische Gestalt ist, und wir würden nicht empfehlen, dass du in seine weiteren Arbeiten als Okkultist eintauchst, ohne vorher ein bisschen mehr über ihn herauszufinden. [Mit deutschem Begleitheft erhältlich, A. d. Ü.]

Teilillustrierte Pip decks und komprimierte Decks:

Pip decks nennt man im Englischen diejenigen, bei denen nur die Großen Arkana voll illustriert sind. Es kann sehr lohnend sein, mit ihnen zu arbeiten, wenn du die Karten erst einmal gut kennst – und es sind ein paar sehr schöne Beispiele dafür in Umlauf. Aber denk daran, dass es bei ihnen keine visuellen Hilfen gibt, die dich an die Bedeutungen der Kleinen Arkana erinnern: nur den Satz mit seinem Symbol und den Zahlenwert der Karte.

Es gibt auch einige Decks, die nur die Großen Arkana enthalten, oder die die 78 Karten etwas komprimieren. In der Regel vermeiden wir es, sie zu lesen, aber es gibt Anlässe, bei denen sich das richtig anfühlt – und sie sind häufig ganz wunderbare Kunstwerke.

Tarot de Marseille: Eines der ältesten bekannten Tarotdecks, das in der Struktur ein wenig vom Rider-Waite-Smith-Deck abweicht (das Crowleys Tarot beeinflusst hat) – wir arbeiten selten damit, aber es ist interessant, es anzuschauen.

***The Nomad Tarot* von Jennifer Dranttel:** Dieses vom Pazifischen Nordwesten inspirierte teilillustrierte Deck erfordert ein bisschen Übung, aber es ermöglicht eine ruhige, schöne Interpretationserfahrung, wenn man es erst einmal kennt.

Le Tarot de L'étoile Cachée: Dieses fein gezeichnete Deck enthält nur die Großen Arkana und ist matt schwarz mit klaren, silberfarbenen Linien. Es ist fast zu kostbar, um benutzt zu werden.

***The Autonomic Tarot* von Sophy Hollington und David Keenan:** Ein wildes, verspieltes Deck, das auf 30 Karten komprimiert ist. Es verdient durchaus erkundet zu werden, wenn du erst einmal Sicherheit gewonnen hast.

***Black Power Tarot* von King Khan:** Der Musiker King Khan, ein Tarotschüler des Filmemachers Alejandro Jodorowski, hat 26 afroamerikanische Männer und Frauen für die Figuren in seinem vom *Tarot de Marseille* inspirierten Deck ausgesucht. In Interviews hat er darüber gesprochen, dass er Menschen gewählt hat, von denen er das Gefühl hatte, dass sie einem wahrhaftigen Weg zur Erleuchtung folgten, obwohl sie in einem Land geboren wurden, das gegen sie war.

PS: Manche Tarotdecks sind immer zu haben, aber diejenigen, die von unabhängigen Designern gestaltet werden, erscheinen meist in sehr viel kleineren Auflagen und sind nicht immer zu kaufen. Nach solchen Decks suchst du am besten Secondhand. Oft lohnt es sich auch, den Künstler oder die Künstlerin online zu suchen und nach Ankündigungen von Neuauflagen Ausschau zu halten.

WEITERE INFORMATIONEN

Jeder, der Tarotkarten deutet, bringt seine eigenen Erfahrungen und Interpretationen mit, und unser Buch ist darin nicht anders. Wenn du deine Reise in die Welt des Tarots fortsetzen möchtest, findest du hier einige Bücher, Websites und Namen, die wir dir empfehlen, damit du mehr in die Tiefe gehen und weitere Perspektiven dazugewinnen kannst.

Bücher:

Tarot. 78 Stufen der Weisheit **von Rachel Pollack (1980, dt. 1985):** Dieses Buch wurde schon als die Bibel der Tarotdeutenden bezeichnet. Pollack gilt als eine der führenden Tarotexpertinnen der Welt. Ihr gelehrter und detaillierter Leitfaden erforscht die Ursprünge, Bedeutungen, Symbolik und Anwendungsmöglichkeiten der Karten.

The Creative Tarot. A Modern Guide to an Inspired Life **von Jessa Crispin (2016):** Eine kluge, unterhaltsame und kulturell reichhaltige Anleitung dazu, durch Tarotdeutungen deine Kreativität freizusetzen. Crispin ist Autorin, Kritikerin und war die Chefredakteurin der Internetzeitschrift *Bookslut.*

Queering the Tarot **von Cassandra Snow (2019):** Das Tarot ist ein Werkzeug der Selbstentdeckung, der Heilung, des Wachstums und der Ermächtigung. Aber schon ein flüchtiger Blick auf das *Rider Waite Smith Tarot* zeigt dir eine Welt, die überwältigend weiß, europäisch und heterosexuell ist. Snow dekonstruiert die

Bedeutungen der Karten in einer Weise, die Raum schafft für Gespräche über Sexualität, Gender und Gender-Queering, Quellen der Unterdrückung und der Ermächtigung und vieles mehr.

Tarot for Change. Using the Cards for Self-Care, Acceptance and Growth **von Jessica Dore (2021):** Dores durchdachte Meditationen über Tarotkarten haben bei Tausenden von Lesern und Leserinnen auf Twitter eine große Resonanz ausgelöst. In diesem Buch haucht Dore der Sprache der Karten Leben ein, indem sie aus ihren Erfahrungen als Sozialarbeiterin und ihren vielen Jahren Arbeit in psychologischen Verlagen schöpft.

Ignota Books: Dieser wunderbare kleine Londoner Verlag, der von Sarah Shin und Ben Vickers geleitet wird, nutzt Magie und Mythenbildung als Prismen für eine neue Betrachtungsweise der Welt. Zu den dort erschienenen Titeln zählt *Spells: 21st-Century Occult Poetry*, eine Sammlung von 36 Gedichten, die Themen der Gerechtigkeit im Verhältnis zur transformativen Macht des Okkulten ausleuchten, und ein Science-Fiction-Werk von Hildegard von Bingen, der Mystikerin des 12. Jahrhunderts, und dem Autor Huw Lemmey (21. Jahrhundert). Wild.

Das Schloss, darin sich Schicksale kreuzen **von Italo Calvino (1973, dt. 1978):** Diese Erzählung führt Reisende in einem Schloss zusammen, die alle einen Wald durchquert haben und anschließend feststellen, dass sie nicht mehr sprechen können. Stattdessen versuchen sie mittels Tarotkarten darzustellen, was ihnen widerfahren ist – und der Erzähler rekonstruiert daraus ihre Geschichten. Das ist ein herrlich kreativer Weg, das Tarot zu nutzen, der auch erforscht, wie Bedeutung erzeugt wird – Stoff zum Nachdenken, denn du lernst dabei mehr über das Tarot sowie darüber, wie sich seine Verwendung im Laufe der Jahrhunderte entwickelt hat.

Handel und Online-Bezugsquellen:

Treadwell's Books, Store Street, London WC1: Im Jahr 2003 hat die Mediävistin Christina Oakley-Harrington Treadwell's eröffnet, eine herrliche, gut gehende Esoterikbuchhandlung und zugleich ein kulturelles Zentrum, wo es Fachlektüre, seltene Kräuter, Ritualöle, Kerzen, Tarotdecks und alles andere zu kaufen gibt, was moderne Okkultisten sich nur wünschen können. Außerdem gibt es dort auch Vorträge und Workshops über Themen von Chaosmagie bis zu literarischen Hexen der 1920er-Jahre, Kräuter, Schamanismus und mehr.

She's Lost Control, Broadway Market, London E8: Jill Urwin hat ihren Beruf in der Modebranche aufgegeben, um dem Ruf ihres Herzens zu folgen und SLC, eine Lifestyle-Marke für bewusstes Leben, zu gründen. Hier im friedlichen Hafen ihres Shops in East London kannst du Kerzen, ethisch gewonnene Kristalle, Tarotdecks und andere Hilfsmittel für die spirituelle Praxis kaufen. Außerdem gibt Jill auch sagenhafte Partys (an Aurafotografie interessiert?).

HausWitch (online und in Salem, Massachusetts): Lotions, Zaubertränke – und Bürsten aus Buchenholz zum Schrubben von Hexenkesseln (wir denken, dass man bei der Konstruktion von Spülmaschinen nicht an sie gedacht hat). Ein aufstrebender Shop mit umfassendem Sortiment, in dem du mit einem Click deinen gesamten Bedarf an Hexenartikeln decken kannst. Alle Produkte kommen von unabhängigen Herstellern aus New England und dem amerikanischen hauswitchstore.com.

Little Red Tarot: Nachdem du jetzt mit den Karten vertraut bist, ist es Zeit, dass du ein Tarotdeck findest, das wirklich deine Seele anspricht. Und es gibt nur wenige bessere Orte dafür als Little Red Tarot, ein Online-Shop mit Sitz in Großbritannien, der sich auf Queere, Trans & BIPOC-Kunst und -Magie konzentriert und sie feiert (BIPOC = Black, Indigenous and People of Color). Hier findest du Dutzende prächtige Decks, geprüft von Beth Maiden (immer umsichtig und hilfreich), zu kaufen. littleredtarot.com

Two Sides Tarot: Ein weiteres wunderbares Online-Portal zum Entdecken von Tarotdecks. Hier findest du eine Auswahl an unabhängigen und feministischen Tarotdecks, liebevoll ausgewählt von Marianne in Sydney, Australien. twosidestarot.com

Menschen:

Laetitia Barbier: Barbier ist eine französische Tarotkartenlegerin, Kunsthistorikerin und Bibliotheksleiterin der Morbid Anatomy Library in New York. Sie hat Hunderte von spektakulären und kuriosen Bildern von Tarotkarten und obskuren Decks zum Wahrsagen entdeckt und auf ihrem Instagram-Account geteilt. Sie hat aus diesen Karten eine visuelle Geschichte des Tarots entwickelt: Tarot and Divination Cards: A Visual Archive, Abrams & Chronicle Books, London 2021.

Rachel Howe: Auch bekannt unter dem Namen Small Spells, ist Howe eine in Los Angeles lebende Künstlerin, Tarotdeuterin, Astrologin und Tattoo-Künstlerin. Sie glaubt, dass Tarotdeutungen eine stärkende und ermutigende Erfahrung sein sollten, die der fragenden Person hilft, den Weg zur Heilung zu finden.

Chinggay Labrador: Eine Künstlerin und Tarotdeuterin in Manila, die die Website Practical Magic betreibt, auf der sich alles findet, was mit Tarot zu tun hat.

Sullivan Hismans: Tarot Sheet Revival ist Hismans Herzensanliegen: Lerne seine handgemachten, zu neuem Leben erweckten Versionen der frühesten gedruckten Tarotdecks kennen.

FRAGEN AN DICH SELBST

Das Tarot auslegen zu lernen ist eine Reise ohne Ende – du kannst einsteigen und auch wieder aussteigen, wann immer du willst. Und es ist eine Praxis, die mit dir wächst. Mit der Zeit wird dein Verständnis für die verschiedenen Karten immer klarer und präziser werden, und du wirst neue Bedeutungen in den tieferen Schichten verborgen finden. Und du solltest nie davor zurückscheuen, etwas Neues mit ihnen auszuprobieren: Tarotdeutung ist eine Praxis, die sich stetig weiterentwickelt und die immer etwas Spielerisches an sich hat, dazu eine Prise Neugier, Kreativität und Einfallsreichtum gut brauchen kann. Sammle Tarotkarten, rahme sie ein, meditiere über sie, tausche sie, poste sie an Freunde und Freundinnen, nutze sie als Anstoß zum Schreiben oder spiele mit ihnen – du hast freie Wahl.

Wir geben dir zum Abschluss noch ein paar Fragen mit auf den Weg, die dir helfen sollen herauszufinden, wie du das Tarot nutzen möchtest, und welche Richtung du künftig einschlagen willst.

Was hat dir beim Erkunden der Karten Freude gemacht? Womit hast du dich unwohl gefühlt?

Gefällt dir die Vorstellung, die Karten für andere Menschen zu deuten, oder willst du das lieber nur für dich tun?

Welchen Einfluss hat dein Wissen über das Tarot darauf, wie du eine Legung erlebst?

Wie stehst du zur Idee des Wahrsagens? Macht sie dir Angst? Bist du neugierig?

Kannst du dir vorstellen, die Karten auf irgendeine andere Weise zu nutzen? Wirst du es ausprobieren?

Wie einleuchtend hast du die Karten gefunden – sowohl ihre bildliche Darstellung als auch die Interpretationen? Wie könntest du sie anders interpretieren?

Wie oft legst du dir selbst die Karten? Wie fühlst du dich nach einer Tarotdeutung?

Was erhoffst du dir von der Tarotdeutung? Hast du das Gefühl, das sei jetzt in Reichweite?

Die Karten auf einen Blick

Die Kleinen Arkana	**ASS** **Quelle des Satzes, eine Fülle seiner Energie.**	**ZWEI** **Tägliche Aufgaben des Satzes, aufbauen oder blockieren.**	**DREI** **Eine Erfahrung, die den Satz verkörpert.**
STÄBE **Feuer** **Energie** **Tatkraft** **Handeln**	Du hast Macht in den Händen, aber wohin wirst du sie lenken?	Eine Entscheidung, die gefällt werden muss, damit es weitergehen kann.	Um deine Ziele zu erreichen, brauchst du einen Plan. Wirklich?
KELCHE **Wasser** **Herz** **Gefühl** **Kreativ sein**	Mächtiges kreatives oder emotionales Potenzial, ein Erwachen.	Positive Verbindungen: Liebe, eine Ehe, ein kreatives Projekt.	Gemeinschaft und Freundschaft und die Unterstützung, die sie bringt.
SCHWERTER **Luft** **Intellekt** **Geist** **Denken**	Ein Heureka-Moment von Klarheit und die Chance, danach zu handeln.	Überzeugung und Vertrauen, einen Stillstand überwinden zu können.	Kummer, Herzschmerz und seine Rolle für deine Entwicklung.
MÜNZEN **Erde** **Körper** **Dasein** **Manifestieren**	Fruchtbarer Boden, in den man ein Samenkorn legen und hoffen kann.	Balancierst du die Dinge aus ... oder jonglierst du bloß?	Zusammenarbeit, gemeinsames Tun, um etwas aufzubauen.

VIER **Ein Moment zum Nachdenken auf dem Weg.**	FÜNF **Unbehagen, Konflikt oder Schwierigkeiten.**	SECHS **Eine Verschiebung im Gefüge der Macht.**	SIEBEN **Bewertung und Entscheidungen.**
Feiern ist in Ordnung. Schmeiß eine tolle Party!	Meinungsverschiedenheiten und Spannung, die etwas Gutes bewirken kann.	Schau nur, wie weit du gekommen bist! Wohin jetzt? Vorwärts!	Wählen, wofür du kämpfen willst und deinen Prinzipien gemäß leben.
Neues wird dir angeboten. Aber möchtest du es?	Verlust. Betrauere ihn, aber vergiss nicht, was du immer noch hast.	Nostalgie und Zurückdenken an frühere gute Zeiten.	Fantasie! Geh deinen wildesten Träumen nach! Rrrr!
Stille und Achtsamkeit. Du hast eine Ruhepause verdient.	Andere entmenschlichen, Mangel an Empathie und Fürsorge.	Nehmen, was du gelernt hast, und daraus etwas Neues schmieden.	Manchmal musst du ein bisschen selbstsüchtig sein … oder raffiniert.
Stabiler Tisch, ein solider Ort. Aber … langweilt er dich?	Sich ausgeschlossen fühlen, die einzige Person, die nicht mit hineingenommen wird.	Fairness und Großzügigkeit, deine eigene oder die anderer.	Was funktioniert bei dir? Was nicht? Zeit, dich neu zu fokussieren.

Die Kleinen Arkana (fortgesetzt)	**ACHT** **Transformative Kraft des Satzes.**	**NEUN** **Tief in die Energie des Satzes getaucht.**	**ZEHN** **Das Ergebnis und die Vollendung.**
STÄBE **Feuer** **Energie** **Tatkraft** **Handeln**	Tu es. Tu es sofort. Tu es schnell. Schlag zu, solange das Eisen heiß ist.	Zu viel machen. Eine Bürde ablegen müssen.	Ausgebrannt und erschöpft. Ausruhen ist die einzige Lösung.
KELCHE **Wasser** **Herz** **Gefühl** **Kreativ sein**	Wenn du im Innersten weißt, dass es Zeit ist, weiterzugehen.	Freude empfinden, sich gut fühlen, das Leben würdigen.	Liebe und Glück oder kreative Erfüllung.
SCHWERTER **Luft** **Intellekt** **Geist** **Denken**	In deinen Gedanken gefangen. Nur du selbst kannst dich befreien.	Mitten in der Nacht von deinen Ängsten geweckt werden.	Alles ist schiefgelaufen. Die Dunkelheit vor der Morgendämmerung.
MÜNZEN **Erde** **Körper** **Dasein** **Manifestieren**	Sei sorgfältig und arbeite hart. Übung macht den Meister.	Cher sein: ein reicher Mann, unabhängig und erfolgreich.	Eine Errungenschaft: Reichtum, Sicherheit, materieller Erfolg.

BUBE **Gelegenheiten, die nicht durch Regeln beschränkt sind.**	RITTER **Der kraftvollste Ausdruck der Energie des Satzes.**	KÖNIGIN **Ein tiefes Verständnis für die Energie des Satzes.**	KÖNIG **Meister der Energie des Satzes, Weitergabe an andere.**
Abenteuer, Staunen und Entdeckungsreisen.	Verursacht Chaos, zum Guten und zum Schlechten. Auch geil.	Charismatisch, willensstark, nimmt Menschen für sich ein.	Magnetisch, dominant und oft ziemlich einschüchternd.
»Ich habe so viele Gefühle.« Hallo, das ist dein Unbewusstes.	Sehr intensiv, viel Gefühl, wow. Ein echter Romantiker.	Ein reines Herz! Intuitiv, fürsorglich, ruhig und fair.	Emotionale Selbstwahrnehmung und Wohlwollen.
Ein frühreifes Kind, voller Fragen und neuer Ideen.	Schlagfertig, streitlustig und gelegentlich grausam.	Unabhängig, klug, scharfsichtig und eigenständig.	Wahre Weisheit, eher verdient als beansprucht, lernt immer weiter dazu.
Begeisterung, der Macher, der Führung braucht.	Ernst und langweilig und praktisch, die Dinge werden ordentlich gemacht.	Materielles Wohlbefinden, weil du schöne Dinge haben darfst.	Fülle, Macht, Erfolg – auch einer, der gerne hortet.

Die Großen Arkana

0. DER NARR

Der Beginn einer Reise und ein Aufruf, deinen Instinkten zu trauen. Der vertrauensvolle Sprung, der das Unbekannte annimmt und ganz und gar nicht töricht ist.

1. DER MAGIER

Tatkraft, Glaube und Zuversicht. Die Macht, alles und jedes zu bewerkstelligen. Was willst du herbeizaubern? Wer möchtest du sein?

2. DIE HOHEPRIESTERIN

Die Hüterin des Unbewussten, die hinter den Schleier der materiellen Welt blicken kann. Hier regiert die Intuition. Was sagt dir die deine?

3. DIE HERRSCHERIN

Fruchtbarkeit, aber nicht unbedingt im wörtlichen Sinne. Wissen, dass alles seine Zeit hat und wächst, sobald die Zeit dafür reif ist.

4. DER HERRSCHER

Autorität, Macht, Führungskraft, das Establishment. Ja, es ist das Patriarchat, aber es ist auch eine Vaterfigur und ein Ort der Sicherheit.

5. DER HIEROPHANT

Die Strukturen und Traditionen, die uns prägen oder gegen die wir uns stemmen: Ethik und Grenzen; Wissen und Hierarchien.

6. DIE LIEBENDEN

Das Eingehen einer tiefen Verbindung oder aber persönliche Werte. Geht es leidenschaftlich oder harmonisch zu? Gibt es eine Wahl oder einen Konflikt?

7. DER WAGEN

Mit einem klaren Gefühl von Sinn und Richtung zum Sieg fahren. Dir deinen eigenen Weg bahnen – selbst wenn das bedeutet, gegen den Strom zu schwimmen.

8. KRAFT

Es ist offensichtlich Kraft, aber die stille Art, die von innen kommt, vom Zähmen der eigenen Triebe; Entschlossenheit, Mut, Geduld.

9. DER EREMIT

Zeit für dich selbst, zum Nachdenken und Aufladen. Denk daran, dass Eremiten keine Ausgestoßenen sind, andere verstehen und unterstützen ihr Bedürfnis nach Alleinsein.

10. RAD DES SCHICKSALS

Die Dinge verändern sich. Manchmal zu deinen Gunsten und manchmal nicht. Du kannst die Windrichtung nicht bestimmen, aber du kannst die Segel neu ausrichten.

11. GERECHTIGKEIT

Gerechtigkeit fragt nicht danach, was fair ist, sondern was richtig ist. Lass die Gefühle aus dem Spiel und akzeptiere die Gesetze der Natur und des Universums.

12. DER GEHÄNGTE

Er hängt am Knöchel, nicht am Genick: Hier geht es um neue Perspektiven. Der Preis des Wissens ist das Opfer, was wirst du gewinnen, wenn du loslässt?

13. TOD

Dass Dinge zu Ende gehen, ist notwendig, wenn auch nicht immer leicht – aber im Tod steckt immer auch die Verheißung neuen Lebens. Ist es Zeit für einen Abschied?

14. MÄSSIGKEIT

Ausgleich und Mäßigung, oft zwischen sehr gegensätzlichen Kräften, um etwas Besseres zu schaffen. Eine neue Erkenntnis oder vielleicht sogar Kunst.

15. DER TEUFEL

Die stärksten Überzeugungen und Verhaltensweisen sind sich selbst verstärkende, sich wiederholende Muster. Beherrschst du sie oder beherrschen sie dich?

16. DER TURM

Völlige und unerwartete Zerstörung – der Moment, in dem die Dinge einstürzen oder entwurzelt werden. Manchmal ist das genau das, was nötig ist.

17. DER STERN

Nach dem Sturz kommt die Heilung. Eine Karte des Ausgleichs, der Hoffnung, Heiterkeit und Selbsterkenntnis – aber tendenziell teuer erkauft.

18. DER MOND

Ist es das wirkliche Leben? Ist es nur eine Fantasie? Ein Blick in dein tiefstes Selbst, wo Illusionen und Träume aus dem Ruder laufen können.

19. DIE SONNE

Strahlkraft und Freude, ein Wesen aus reinem Licht. Auf Wiesen herumtollen und von allem entzückt sein, was die Welt zu bieten hat. Sehr schön.

20. GERICHT

Wie hast du dich verhalten, und wie wird dein Handeln beurteilt werden? Eine Chance, dich selbst zu bewerten – und eine Gelegenheit zur Transformation.

21. DIE WELT

Der Abschluss einer Reise, das Ende eines Aktes, Erfüllung und Erleuchtung. Und im Enden auch ein neuer Anfang. Alles wieder von vorn!

Quellenverzeichnis

Bücher

Belletristik

Baum, L. Frank: *Der Zauberer von Oz,* Coppenrath, Münster 2021.

Carter, Angela: *Füchsin, Dummerchen und Zauberin. Märchen aus aller Welt,* Rowohlt, Reinbek bei Hamburg 1991.

Dickens, Charles: *Große Erwartungen,* Dt. Taschenbuch-Verlag, München 2013.

Garner, Alan: *Eulenzauber,* Weitbrecht, Stuttgart 1996.

Grahame, Kenneth: *Der Wind in den Weiden,* NordSüd Verlag, Zürich 2017.

Golding, William: *Herr der Fliegen,* Fischer, Frankfurt am Main 2017.

Groff, Lauren: *Matrix,* Claassen, Berlin 2022.

Hobb, Robin: *Realm of the Elderlings* Series, Harper Collins, 1995. [Auf Deutsch nicht als ganze Serie erschienen, aber es gibt viele Bände, angefangen bei *Die Chronik der Weitseher Bd. 1–3* und viele weitere Titel, A. d. Ü].

Lewis, C. S.: *Die Abenteuer im Wandschrank oder: Der Löwe und die Hexe,* Herder, Freiburg 1956. [Alternativer Titel: *Der König von Narnia*, fortgesetzt in: *Die Chroniken von Narnia,* A. d. Ü.]

Machado, Carmen Miranda: *Das Archiv der Träume,* Tropen bei Klett Cotta, Stuttgart 2021.

Moss, Sarah: *Gezeitenwechsel,* mareverlag, Hamburg 2019.
Pierce, Tamora: *Alanna – Das Lied der Löwin,* Heyne, München 2012.
Plath, Sylvia: *Die Glasglocke,* Suhrkamp, Frankfurt am Main 2009.
Rowling, J. K.: Die Harry-Potter-Reihe
Tan, Shaun: *Der rote Baum,* Carlsen, Hamburg 2012.
Vonnegut, Kurt: *Mutter Nacht,* Piper, München 1997.
Woolf, Virginia: *Die Wellen,* S. Fischer, Frankfurt am Main 1991.

Sachbücher und Essays

Angel, Katherine: *Daddy Issues,* Peninsula Press 2019.
Campbell, Joseph: *Der Heros in tausend Gestalten,* Insel, Berlin 2015.
Didion, Joan: *Das weiße Album,* Ullstein, Berlin 2022.
Drantell, Jennifer: *The Nomad Guide to the Tarot,* 2014.
Fey, Tina: *Bossypants. Haben Männer Humor?,* Rowohlt, Reinbek bei Hamburg 2012.
Gladwell, Malcolm: *Überflieger. Warum manche Menschen erfolgreich sind – und andere nicht,* Campus, Frankfurt am Main 2009.
Heti, Sheila: *Mutterschaft,* Rowohlt, Reinbek bei Hamburg 2019.
Norwich, Juliana von: *Offenbarungen von göttlicher Liebe,* Johannes-Verlag Einsiedeln, Freiburg 2011.
Pollack, Rachel: *Tarot. 78 Stufen der Weisheit,* Droemersche Verlagsanstalt Knaur, München 1985.
Perry, Philippa: *Wie man den Verstand behält. Kleine Philosophie der Lebenskunst,* Kailash Verlag, München 2012.
Snow, Cassandra: *Queering the Tarot,* Red Wheel 2019.
Solnit, Rebecca: *Die Kunst, sich zu verlieren. Ein Wegweiser,* Matthes & Seitz, Berlin 2020.
Solnit, Rebecca: *Storming the Gates of Paradise,* University of California Press 2007.
Warner, Marina: *From The Beast to the Blonde,* Vintage 2014.

White, E. B.: Brief von 1973 aus *Letters of Note,* Canongate 2013.
Winterson, Jeanette: *Warum glücklich statt einfach nur normal?,* Hanser, München 2013.

Lyrik, Drama und Songtexte

Carter, Angela: »William the Dreamer's Vision of Nature« aus *Unicorn* (Profile Books, 2013), copyright © Angela Carter. Abdruckerlaubnis von Estate of Angela Carter c/o Rogers, Coleridge & White Ltd., 20 Powis Mews, London W11 1JN
Hall, Leslie: *Tight Pants / Body Rolls,* 2010.
Jamie, Kathleen: »The Hinds« aus: *The Bonniest Companie,* Picador 2015.
Keats, John: »On First Looking into Chapman's Homer«, 1816.
Liu, Timothy: »The Lovers« aus: *Don't Go Back to Sleep,* Saturnalia Books 2014.
Oswald, Alice: »Moon Hymn« aus: *Woods Etc.,* Faber & Faber 2005.
Shakespeare, William: *Wie es euch gefällt,* übers. von A. W. Schlegel, Reclam.
Shepherd, Nan: »Strange Gifts of Pleasure« aus: *In the Cairngorms,* Galileo Publishers 1934.

Klassische Werke

Homer: *Odyssee*
Plato: *Das Gastmahl*
Anonymus: *Beowulf*

Artikel und Essays

Carson, Anne (Übersetzerin): *Grief Lessons. Four Plays by Euripides,* New York Review of Books 2006.
Gross, Terry: Interview with Maurice Sendak, in: *Fresh Air,* NPR 1986.
Hall, Jerry: »The Party Guide«, in: *The Times* 2010.

Jung, Carl: *Visions: Notes of the seminar given in 1930–1934*, 1934 [Original Englisch, A. d. Ü.].

Marrin, Evie: *What The Fuck?*, Interrobang 2016.

Maslow, Abraham: »A Theory of Human Motivation«, Psychological Review 1943.

Nolan, Megan: »The Pandemic Has Turned People into Tutting Scolds«, in: *The Guardian* 2021.

O'Donoghue, Caroline: *Cheer Up Jen*, 2015.

Pauley, Jane, Interview mit Cher, in: *Dateline*, NBC 1996.

Sontag, Susan: »The Double Standard of Ageing«, in: *The Saturday Review* 1972.

Tierney, John: »What is Nostalgia Good For?«, in: *New York Times* 2013.

Wood, Denis: »An Interview With Denis Wood«, in: *The Believer* 2012.

Zimmerman, Jess: *Hunger Makes Me*, Hazlitt 2016.

Popkultur

Film und Fernsehen

Anchorman – Die Legende von Ron Burgundy (2004)

Casanova (2005)

Father Ted (1995–1998)

Frasier, Staffel 7, Episode 13: They're Playing Our Song (2000)

Karate Kid (1984)

Der Herr der Ringe: Die Rückkehr des Königs (2003)

Matrix (1999)

Girls Club – Vorsicht bissig! (2004)

Moulin Rouge (2001)

Mord ist ihr Hobby (1984–1996)

Die Unendliche Geschichte (1984)

Star Wars (1977)

Die Waffen der Frauen (1988)

Spiele

The Legend of Zelda (Videospiel-Serie)
Street Fighter (1987)

Internet-Memes

Cats are a liquid
How it started, how it's going
Well, well, well, if it isn't the consequences of my own actions

Tarotdecks

Weitere Angaben finden sich in Kapitel 13, aber im Text wurden die folgenden Tarotdecks erwähnt.

The Autonomic Tarot (Rough Trade Books, 2018)
Black Power Tarot
Carnival at the End of the World (2019)
Circo Tarot
Modern Witch Tarot (Liminal, 2019)
Numinous Tarot
Nomad Tarot
Rider Waite Smith (Rider Books, 1909)
Spolia Tarot (2018)
Tarot Sutra (Dorling Kindersley, 2000)
Transient Light
Wild Unknown (HarperOne, 2016)

Anmerkungen

1 Carter, Angela: *Füchsin, Dummerchen und Zauberin. Märchen aus aller Welt,* Rowohlt, Reinbek 1991, S. 15.

2 Didion, Joan: *Das weiße Album,* Ullstein, Berlin 2022, S. 11.

3 Perry, Philippa: *Wie man den Verstand behält. Kleine Philosophie der Lebenskunst,* Kailash, München 2012, S. 129.

4 Vonnegut, Kurt: *Mutter Nacht,* Piper, München 1997[2], S. 5.

5 Fey, Tina: *Bossypants. Haben Männer Humor?,* Rowohlt, Reinbek bei Hamburg 2012, S. 264.

6 Gladwell, Malcolm: *Überflieger. Warum manche Menschen erfolgreich sind – und andere nicht,* Campus, Frankfurt am Main 2009, S. 104.

7 Heti, Sheila: *Mutterschaft,* Rowohlt, Reinbek bei Hamburg 2019, S. 159.

8 *Beowulf: das angelsächsische Heldenepos; Zweisprachige Ausgabe Altenglisch-Deutsch, Neue Prosaübersetzung, Originaltext, versgetreue Stabreimfassung,* übers., kommentiert und mit Anm. vers. von Hans-Jürgen Hube, Marixverlag, Wiesbaden 2012, S. 399.

9 Plath, Sylvia: *Die Glasglocke,* Suhrkamp, Frankfurt am Main 2009, S. 85.

10 Woolf, Virginia: *Die Wellen,* S. Fischer, Frankfurt am Main 1991, S. 188 (Neuübersetzung von Maria Bosse-Sporleder).

11 Aus: Schmidt, Ernst A.: »Zwei Begegnungen mit der Ilias: John Keats und Rudolf Borchardt«, in: *Antike und Abend-*

land, Bd. 54, Nr. 1, 2008, S. 1–10. Dt. Übersetzung von Werner von Koppenfels.

12 Machado, Carmen Maria: *Das Archiv der Träume,* Tropen bei Klett Cotta, Stuttgart 2021, S. 315.

13 Tan, Shaun: *Der rote Baum,* Carlsen, Hamburg 2012, ohne Paginierung.

14 Garner, Alan: *Eulenzauber,* Weitbrecht, Stuttgart 1996, S. 95.

15 Shakespeare, William: *Wie es euch gefällt,* Akt 5, Szene 1, übers. von A. W. Schlegel.

16 Carson, Anne: *Grief Lessons. Four Plays by Euripides,* ohne Seitenangabe.

17 Pollack, Rachel: *Tarot. 78 Stufen der Weisheit,* Droemersche Verlagsanstalt Knaur, München 1985, S. 28.

18 Groff, Lauren: *Matrix,* Claassen, Ullstein, Berlin 2022, S. 68.

19 Moss, Sarah: *Gezeitenwechsel,* mareverlag, Hamburg 2019, S. 283.

20 Solnit, Rebecca: *Die Kunst, sich zu verlieren. Ein Wegweiser,* Matthes & Seitz, Berlin 2020, S. 8.

21 Oswald, Alice: *Moon Hymn,* Faber & Faber 2005.

Dank

Wir schulden so vielen Menschen so großen Dank.

Dank erst einmal an unsere persönliche Herrscherin und Magierin, Jo Unwin, die immer schon den Verdacht hatte, dass wir zu mehr taugen als nur leichter Unterhaltung bei Weihnachtsfeiern, und die buchstäblich Jahre darauf gewartet hat, bis wir endlich mit dem Vorschlag angekommen sind, ein Buch zu machen, und die dann mit ihrem Agentinnen-Zauberstab dafür gesorgt hat, dass er Wirklichkeit wurde.

Danke an Bluebird für die Veröffentlichung dieses Buches und dafür, dass wir Raum bekommen haben, unsere Tarotgeschichten anderen zu erzählen. Tausend Dank an Hockley Spare und Carole Tonkinson für die bereitwillige Akzeptanz unserer langen E-Mails, noch längeren Videochats und extrem langen Arbeitsblätter und Tabellen. Dank an die außerordentlich talentierte Druckgrafikerin Alexis Snell und an die Leiterin der Grafikabteilung, Mel Four, die das traumhaft schöne Cover gestaltet haben. Und noch einmal Dank an Mel Four für die wunderschönen Illustrationen, die in jedem einzelnen Abschnitt über die Karten zu sehen sind. Danke an unsere Lektorin, Chimene Suleyman, und an Cassandra Snow für ihr zusätzliches Fachlektorat: Ihr habt beide sehr sorgfältig gelesen und uns wertvolle Ratschläge gegeben, wie wir das Buch verbessern können. Und Dank an Jess Duffy und Sian Gardiner für eure Hilfe dabei, das Buch unters Volk zu bringen!

Danke an Treadwell's und insbesondere an Suzanne Corbie, die uns das Handwerkszeug beigebracht und geduldig ertragen hat, wie temperamentvoll und streitbar wir waren, als wir mehrere Monate lang beinahe Woche für Woche unser Wissen über das Tarot erworben haben. Dank auch an die weitere Tarot-Community, von der wir als Deuterinnen weiterhin lernen und somit wachsen können.

Dank an John Mitchinson für den Glauben an uns und an Mathew Clayton für seinen Vorschlag, mit dieser Show auf Tournee zu gehen. Und Dank an das Port Eliot Festival, das den Stein ins Rollen gebracht und unseren ersten Auftritt ermöglicht hat: Wir haben zwei ahnungslosen Autorinnen auf der Bühne die Karten gedeutet. Dank an Nina Stibbe und Lucy Mangan, die diese ahnungslosen Autorinnen waren (und noch einmal, Nina: Es tut uns leid, dass wir deine heimliche Heirat verraten haben).

Dank an alle, die uns im Laufe der Jahre gebeten haben, bei ihren Festivals, Veranstaltungen, Partys, Wellness-Wochenenden und Geschäftseröffnungen aufzutreten, und an alle, denen wir die Tarotkarten ausgelegt haben. Ohne euch alle hätten wir dieses Buch niemals schreiben können, weil wir vermutlich nie erkannt hätten, dass jemand gerne lernen würde, die Karten so zu benutzen, wie wir das tun. Ein besonderer Dank geht an Julian Mash, der mehrere Jahre nacheinander Gastgeber für einige unserer wildesten und schlafraubendsten Vorstellungen beim End of the Road Festival war. Du bist ein mutiger Mann, Julian.

Dank an alle, mit denen und an denen wir über die Jahre unsere Tarotkünste und unser einschlägiges Wissen verfeinert haben, darunter Freunde und Freundinnen sowie deren Freunde und Freundinnen, Familienmitglieder, Kollegen und Kolleginnen, Kinder, Haustiere, Autoren und Autorinnen, Prominente und völlig Fremde im Pub. Besonders erwähnen möchten wir Amy Winchester, Caroline O'Donoghue, Maddy Embleton, Caitlin Breeze, Reema Mitra, Steve Cownie, Becks Parnell, Anna Parke, Gavin Day, Alex Reichardt, Amelia Leeson, Grace Ang-Lygate, Melissa van der Klugt, Catriona Balfour, Phil Connor und Stephanie Theobald für eure Unterstützung und Gespräche sowie dafür, dass ihr euch regelmäßig bereitwillig als Fragesteller*in zur Verfügung gestellt habt.

Ganz herzlichen Dank an unsere beiden Elternpaare, Claire und Steve Wilson und Jill und Graham Cownie, dass ihr diesem beruflichen Dreh so aufgeschlossen und überraschend wohlwollend gegenübersteht. Ein kleines Bonusdankeschön an Jill für Babysitten in Notfällen (von Fiona) und dafür, dass du eine ganz wunderbare Mum und ein hervorragender Resonanzboden für Ideen für das Buch bist (von Jen).

Fiona möchte sich auch ganz besonders bei Max Lensvelt bedanken, dem sie häufiger die Tarotkarten gelegt hat als irgendjemandem sonst. Er hat von Anfang an an das Buch geglaubt und musste dann mit den Folgen leben. Vielen, vielen Dank (ich liebe dich). Und bei unserem Sohn, der unsere ganze Freude ist. Während seiner Mittagsschläfchen wurden viele Abschnitte des Buches geschrieben: Danke dir, mein Liebling.

Jen möchte auch gerne der Gladstone's Library danken – der Bibliothek, in der man übernachten kann! Für sie (wie für viele andere) ist sie ein magischer, sehr geliebter Ort, der ihr erlaubt, ihr bestes Eremitenleben zu führen, und daher eine entscheidende Rolle dafür gespielt hat, dass dieses Buch geschrieben wurde.

Dank an Timothy Liu für die großzügige Erlaubnis, *Don't Go Back to Sleep* als Motto zu verwenden, und an Robert Hyde von Galileo Publishing für die Erlaubnis, eine Zeile aus Nan Shepherds Gedichtsammlung *In the Cairngorms* zu zitieren.

Dank an Leslie Hall für das Verfassen des musikalischen Meisterwerks *Tight Pants / Body Rolls*, das wir bei der Acht der Stäbe vorgestellt haben. Es bedeutet uns sehr viel.

Und Dank an das Schicksal, das Glück, das Universum, den Mond, den blinden Zufall oder was immer es war, das vor siebzehn Jahren dazu geführt hat, dass wir uns ein Zimmer geteilt haben, sodass wir beste Freundinnen, Tarotleserinnen und schließlich noch Autorinnen werden konnten. Es geht uns damit ganz wunderbar.

Über die Autorinnen

Jen Cownie und **Fiona Lensvelt** haben in ihren Zwanzigern eine gemeinsame Liebe zum Tarot entdeckt, nachdem sie zusammen einen Kurs bei Treadwell's besucht hatten, das zu den ältesten Buchhandlungen für Okkultes in Großbritannien gehört. Angezogen von der Schönheit und dem Reichtum der Bildsymbolik vertieften sie sich rasch in die Geschichten, die das Tarot enthält, und auch in die Art und Weise, wie diese Geschichten Menschen dabei helfen können, die ganze Bandbreite menschlicher Erfahrungen als sinnvoll zu erleben – von den wichtigsten Momenten bis hin zu den allerkleinsten, von den guten bis hin zu den schlechten und den absolut verblüffenden.

Im Jahr 2018 entwickelten sie ihre Bühnenshow »Litwitchure« und traten seither bei zahlreichen Veranstaltungen in ganz Großbritannien auf, bei denen sie ihrem Publikum das Tarot als Instrument der Selbsterforschung und als Gesprächsthema nahegebracht und die Karten dazu genutzt haben, Künstler*innen und Autor*innen auf der Bühne zu interviewen. Zu ihren Interviewpartnern zählen Jarvis Cocker von der Band Pulp, Nina Stibbe, Autorin von *Love, Nina,* Emma Jane Unsworth, Autorin von *Adults* und *Animals,* und viele andere.

Fiona ist zudem Lektorin beim Verlag Unbound und war vorher die für die Auswahl von Büchern zuständige Redakteurin bei *The Times*, während Jen als Strategy Director bei einer Werbeagentur tätig ist.

Nimm online Kontakt zu ihnen auf unter: @Litwitchure
litwitchure.com